新编21世纪新闻传播学系列教材
—— 广告学与媒介经营管理系列 ——

广告学专业导论

何玉杰　著

Understanding
Advertising

中国人民大学出版社
·北京·

内容简介

本教材为广告学专业大学新生的“专业导论课”编写。

专业导论课能够帮助大学新生了解本科专业内涵及特点、专业与社会经济发展的关系、专业涉及的主要学科知识和课程体系、专业人才培养基本要求等，使得当代大学生对专业形成较系统的认知，从而坚定专业信心，为后续的学习做好铺垫。

本书立足于思想性、知识性和前沿性的高度，按照“行业—专业—职业”的脉络，在侧重阐述广告学科的特点和功能、广告发展的历史和趋势、广告学专业的课程体系以及人才培养等内容的同时，对广告学的一些基本概念、问题进行梳理与辨析，以帮助大学生尽快熟悉广告学专业的学科背景、专业前景和就业方向，明确大学阶段的学习任务和努力目标，增强专业认同感。

对于想要了解新媒体时代广告内涵嬗变、广告媒体生态变化、行业发展动态，以及如何正确认识和评价广告等问题的广告管理者、从业人员和爱好者，本书也有较好的阅读指引作用。

作者简介

何玉杰 先后就读于安徽师范大学、上海交通大学和武汉大学，所学专业从历史学到经济学，再到广告学（博士班），长期在高校教学第一线从事广告教育工作。合肥工业大学广告学系首任系主任、硕士生导师，长期兼任全国大学生广告艺术大赛安徽赛区秘书长、中国高等教育学会广告教育专业委员会理事。现任安徽现代传媒研究中心学术委员会主任、安徽省广告协会副秘书长、安徽新华学院广告学专业学科带头人。主持和参加多项省部级研究课题，翻译、主编或参编的专著、教材有七部，发表论文多篇。研究成果荣获安徽省社会科学优秀成果奖、中国高等教育学会广告教育专业委员会优秀论文三等奖等。学术代表作有《广告隐喻研究》等。主要研究方向为广告与品牌传播。

总序

中国人民大学出版社策划出版的“新编21世纪新闻传播学系列教材”，是一套在新闻传播学领域内，皋牢百代，卢牟六合，贯穴古今，笼罩中外，密切联系新闻传播工作的实际，广泛吸收新闻传播学的最新研究成果，高掲遐揽，取精用宏，供新世纪的高等院校新闻传播院系教学使用的系列教材。

20世纪初以来的100年，是世界新闻传播事业飞速发展的100年。这100年来，随着科学技术的不断发展，继报纸、期刊、通讯社之后，广播、电视、网络和多种新媒体相继问世，新闻传播的媒介日趋多元化，新闻传播的手段日趋现代化，“地球村”变得越来越小，新闻传播事业对世界政治、经济和文化的影响则变得越来越大。

这100年，也是中国新闻事业飞速发展的100年。尤其是中国改革开放以来，发展得尤为迅猛。

进入21世纪以后，中国新闻事业发展的势头更为迅猛。报纸、期刊、通讯社、广播电台、电视台的数量在宏观调控下，虽无大变化，但软硬件的实力都有了很大的提高。据2011年12月出版的《中国新闻年鉴》的最新统计数字，2010年全国共出版报纸1 939种，平均期印数2.14亿份。共出版期刊9 884种，平均期印数1.63亿册。全国共有广播电台227座，电视台247家，广播电视台2 120家，教育电视台44家。广播综合人口覆盖率为96.78%，电视综合人口覆盖率为97.62%。

另据2012年1月中国互联网络信息中心（CNNIC）发布的《第29次中国互联网络发展状况统计报告》，截至2011年12月底，中国网民规模已达到5.13亿，互联网普及率达到38.3%。其中，手机网民数量为3.56亿，博客和个人空间用户数量为3.19亿，微博用户数量为2.5亿，社交网站用户数量为2.44亿，网络视频用户数量为3.25亿。中国居民中具备上网条件和技能的人已经基本转化为网民，大专及以上学历人群中互联网使用率已达96.1%。中国网站总数为230万个，网页数量为866亿个。

这样大的发展规模，这样快的发展速度，在世界和中国新闻事业史上都是空前的。回顾既往，盱衡未来，新闻传播事业在21世纪还将保持旺盛的发展势头。新闻传播，作为上层建筑和意识形态的一个重要组成部分，在全面准确地宣传党的基本理论、基本路线和基本方针以及各项决策，反映人民群众的伟大业绩和精神风貌，以及推动改革开放和社会主义现代化建设等方面，必将继续发挥重要的作用。

与新闻传播事业的发展相配合，这100年来，为中国的新闻战线培养和输送人才的中国新闻教育，也有了相应的发展。中国的新闻教育起始于20世纪初，迄今有近90年的历史。新中国成立前的30年，虽然先后在个别院校中设立了新闻系或新闻专科，但规模都不大，设备也不够完善，在校学生人数最多的时候不超过400人，30年间累计培养出来的毕业生还不到3 000人。新中国成立后，为了给新中国的新闻事业培养人才，新闻教育有了新的发展，但到20世纪60年代中期为止，全国的新闻教育机构也还只有14家。当时全国只有343家报社、78座广播电台和13家电视台，革命老区来的新闻工作骨干正当盛年，足以支撑大局，新闻系和新闻专业的学生统招统分，基本上能够满足中央和省市以上新闻单位梯队建设方面的需要。“文化大革命”爆发后，新闻事业进入低谷，新闻人才的培养也被迫中辍。拨乱反正之后，新闻事业有了飞速的发展，但新闻工作的人才却出现了断层，明显供不应求，因而极大地推动了新闻教育的发展。中国的新闻教育得以重整旗鼓并得到空前迅猛的发展，主要是改革开放以来的这30多年的事情。30多年来，中国新闻教育和中国新闻事业同步发展。截至2011年，全国设有新闻传播学类院、系、专业的高校已由改革开放之初的两三所增加到800所以上，各种类型和层次的专业教学点已不下1 000个。新闻专业的教学已从单一的大学本科教育，发展到博士生、硕士生、本科生、大专生、成人教育、函授教育等多层次的格局，不少院系还设置了新闻传播学方向的博士后流动站。改革开放之初，全国在校新闻系科学生总共只有500来人，现在仅在校本科生就有16万人左右，硕士和博士研究生3万人左右，办学层次、办学规模、办学水平都有了很大的提高。进入新世纪以后，随着新闻传播事业的加速发展和新闻战线人才需求的不断增加，中国的新闻教育还将有更大幅度的发展。

一般说来，新闻教育质量的高低，起决定作用的主要是两个因素：一个是师资，一个是教材。两者之间，教材的作用更大。这是因为，师资的多少和良窳，往往受办学主客观条件的限制，而教材一旦完成，就可以直接嘉惠于学子，风行四海，无远弗届。进一步说，一部好的教材，不仅可以满足教学的需要，培养出一大批人才，而且还可以同时拥有一定的学术含量，推动新闻传播学研究的发展。1919年出版的徐宝璜的《新闻学》，1927年出版的戈公振的《中国报学史》，就是这方面的很好的例子。这两本书都是作者在高等学校从事新闻学理论和新闻史教学时作为教材编写出来的，出版之后，立即引起世人的关注和推崇，一再重版，历久不衰，至今仍然是公认的新闻学理论和新闻史方面的传世之作和经典之作。正因为这样，新闻教育的前辈们，历来十分重视教材的建设。新中国成立初期的十来年，坊间出版的新闻学方面的书籍，绝大部分是教材。改革开放以后，新闻传播学研究空前繁荣，新闻学方面的书籍大量问世，但教材仍然在其中占了很大的比重。这些教材，覆盖了新闻传播学的方方面面，经过出版家和众多作者们的长期努力，门类和品种基本配套齐全，曾经为同时期的新闻教学做出过重要的贡献。但是，随着时间的推移和新闻工作实际的飞速发展，这些教材的体例日显陈旧，观点和内容也亟待调整和更新。一些属于学科前沿和科技含量较高的新开课程的教材尚付阙如，使现有的教材出现了不少缺口。在新世纪已经到来之际，积聚力量，重新编写出一套体系完整、门类齐全、能够为新世纪的新闻教育和新闻人才培养服务的新闻传播学的系列教材，已经成为人们的共识和新闻业界与新闻教育界的迫切需求。

呈现在读者面前的，就是应这样的需求产生的一套系列教材，它将涵盖新闻学、传播学两个二级学科的方方面面内容，满足新闻、广播、电视、广告、媒体经济、新媒体等多个专业的教学需要。负责这些教材编写工作的，是中国人民大学、复旦大学、北京大学、清华大学、中国传媒大学、中国青年政治学院等多所著名院校长期从事新闻传播学方面教学与研究工作的专家学者，其中有相当大的一部分编写者是相关学科的国家级的学术带头人，堪称一时之选。收入本系列的教材中，既有国家级重点教材，也有部级重点教材，其他的也是经过严格筛选的精品，所以，本套系列教材的质量是有保证的，其权威性也将得到社会的认同。

21世纪是一个高度信息化的时代，是信息经济和知识经济占主导地位的时代。信息经济和知识经济有两大支柱，一是以高科技为代表的传播技术产业，二是从事新闻和信息产品生产的媒体产业。新闻传播学作为将这两大领域有机联结的桥梁，在今后的国家建设和社会发展中必将发挥越来越重要的作用。中国人民大学出版社经过精心策划，隆重推出这套系列教材，是具有高度的前瞻性和战略眼光的。在这里，我谨代表编委会和全体作者向中国人民大学出版社表示由衷的感谢。

这部系列教材开始策划于20世纪的最后一年，21世纪初起陆续问世，迄今已编写出版了50余种。在体例和内容的创新和开拓等方面，远远超过同时期出版的同类教材。其中的有些教材，还根据整个新闻传播理论与实践的发展和新闻传播学教学与研究的发展，陆续作了必要的补充和修订，重新出版，实现了内容的与时俱进。

这批教材的问世，将会为新闻传播事业和新闻教育事业的发展和繁荣、为新世纪新闻传播人才的培养做出它应有的贡献。这是出版者和全体作者共同的一点希望。是为序。

方汉奇

2012年3月15日

于中国人民大学宜园

目录

引 言

广告与社会生活

——从一则招聘广告说起

我一直觉得广告是可能让人兴奋的，并且乐在其中，觉得深具价值、意义而可敬。同时广告也是必须深思熟虑、全力以赴的行业。

——李奥·贝纳（Leo Burnett）

若干年前，中国台湾地区 12 家大型广告公司联合刊出广告，向社会公开招聘广告人才。

广告标题：总统，你在哪里？

副标题：不做总统，就做广告人——美国罗斯福总统

广告正文：

广告界正在蓬勃起飞，欢迎有理想的年轻人加入我们的行列！

第三次世界大战——行销战争，已经愈来愈激烈了……

这是一场有史以来最浩大的战争，战火已经扩及全世界每一个角落。它动员了企业家、经济专家、心理专家、艺术家、音乐家、文学作家、行销专家、传播专家……这是一场层面最广的战争，因此它将影响人们的生活、国家和社会的发展，甚至决定人类未来的文化。而这场战争的主要武器，不是核子弹，是“广告”。这也是一场永无止境的持久战，战争的指导原则也不断更新——日新月异，变化万千。这是一场最具挑战性的战争，也是一流人才一展抱负的战争……

看完这段招聘广告，你会有成为一名广告人而倍感鼓舞与自豪的感觉。连当年的美国总统都有选择做广告人的愿望，可见广告事业的崇高性。那么，富兰克林·罗斯福（Franklin D. Roosevelt，见图 0-1）总统当年是否说过这样的话？如果说过，又是在什么场合下说的呢？让我们回顾历史。

20 世纪 20 年代的美国经济繁荣，广告业蒸蒸日上，广告成了人们职业生涯选择中最佳的选项之一。“人们怀着崇敬之情看待商业和广告业，因为它们带来和普及了美好的生活方式。因为广告的推动，那些六缸汽车、超外差收音机、香烟雪茄、胭脂水粉和电冰箱才能源源不断地找到销路。”[①] 广告仿

① 何玉杰．中外广告史．2 版．北京：中国人民大学出版社，2020：331.

图 0-1　罗斯福（1882—1945）

佛是一根魔棒，所到之处，产品销售源源不断，人们笑逐颜开。

1931 年 6 月 15 日，当时还是纽约州州长的罗斯福在美国广告联合会（Advertising Federation of America）举办的纽约大会上发表了题为《为政府做广告》的演讲。他说："If I were starting life over again, I am inclined to think that I would go into the advertising business in preference to almost any other."[①]这句话的大意为：如果我能重新开始生活，我倾向于认为我将投身广告业，而不是其他行业。1963 年，被誉为"广告教父"的大卫·奥格威（David Ogilvy）在他的《一个广告人的自白》中引述了该言论[②]，并将罗斯福注明为"总统"。1973 年，《一个广告人的自白》的中文版在中国台湾地区出版。三十年后的 2003 年，该书的中文版又在中国大陆问世。罗斯福当初的那段言论被概括为一句名言："不做总统，就做广告人。"虽说这样的语义概括并不精准，而且当时的罗斯福还不是美国总统，只是在后来才成为美国历史上的第 32 任总统，但正如一位网友所说的那样："能和总统联系起来，即使有人跳出来解释一百遍这个事实，也不会妨碍人们世世代代地去使用它。"[③] 所以，长久以来，"不做总统，就做广告人"这句话一直激励着千千万万的人投身于广告业，为它而奋斗。广告人也因此被认为是一个充满智慧与成就感的专业群体。

众所周知，"广告是人类历史进程中最早出现的商业文化形态之一，也是人类踏入文明门槛的重要标志之一"[④]。它是社会发展的产物，与人类生活息

① 王天夫．潘洪亮．关于名言"不做总统，就做广告人"的考据．广告大观（理论版），2019（1）：61-64.

② 《一个广告人的自白》中信出版社译本将这句话翻译为："如果我能重新生活，任我挑选职业，我想我会进入广告界。"参见奥格威．一个广告人的自白．林桦，译．北京：中信出版社，2010：186。

③ 广告，其实有更高的艺术性．（2016-11-11）[2022-02-02]. https://www.jianshu.com/p/3168ad45c295.

④ 何玉杰．中外广告史．北京：中国人民大学出版社，2017：1.

息相关，一经产生，就生机勃勃地展现了它特有的社会价值与意义。过去，人们认为广告是在打扰他们，让他们分心，甚至是在浪费他们的时间。然而，“如今，广告是一种最佳的沟通方式。在大数据的帮助下，消费者会切身感受到广告的好处”①。因此，在 20 世纪 90 年代初的美国，人们到处可以见到这样的景象：“广告被数千家电视台和无线电台播放，在飞机后面拖着，在广告牌上和体育场里粘贴着，以及通过卫星传播到地球上的每一个地方。它们被贴在滑雪坡上支撑滑车的柱子上，悬挂在电视播放的游行和节日的彩旗子上，用电讯设备传送到教室或医生的办公室里，编排进故事片的情节中，以及缝在男童子军的荣誉徽章上或职业运动员的运动衣上。”② 美国学者大卫·克罗图（David Croreau）等人也指出：“每天，我们在家里、在车上、在工作单位、在街道上都会受到广告的轰击。由于商业人士总是在寻找新的地方来宣传他们的产品和服务，所以广告几乎是无处不在、无时不有。公共汽车和地铁已经成为主要的广告场地，吸引了司机和行人的注意力。……电视和广播中的广告已经泛滥了。上网的时候，你也会发现各种广告在网络中也是无处不在。广告也充斥在体育赛事里，无论是在电视上还是在体育场上都有它的踪影。”③ 总之，“无论你身处何地，只要你允许，广告就会找到你。这些广告将属于你，是专为你创造的”④。

广告的神奇力量不仅在于它能传递产品和服务的信息，激发人们的需求，还在于它可以通过品牌理念和公益广告，表达对社会发展、环境变化、价值观念和热点事件的关注，引起社会大众的普遍重视。广告以一切内在的组织方式，将物质、观念、制度、文化、习惯，以及包括网络、信息技术在内的一切现代文明成果都作为自己摄取和利用的资源，对产品和服务进行广泛的、卓有成效的传播，在带给人们美好生活的承诺和审美享受的同时，深深地影响着人们的消费观念、消费行为、生活方式乃至价值观念。1925 年，美国广告人布鲁斯·巴顿（Bruce Barton）在其畅销书《无人知晓之人》（*The Man Nobody Knows*）中认为广告是一种自开天辟地以来就存在的力。更有人认为，广告有一种神奇的特权，像是神说：“要有光，就有了光。”大自然所有的资源都可以为广告提供灵感，如同鸟的绚丽羽毛就是彩色广告用来强调情绪的方法。⑤ 大众的生活就是这么庸常，却有间或的广告如太阳细碎的光芒

---

① 温德，海斯．广告的未来：全接触点价值创造．粟志敏，译．北京：中国人民大学出版社，2020：82.

② 杜宁．多少算够：消费社会与地球的未来．毕聿，译．长春：吉林人民出版社，1997：85－86.

③ 克罗图，霍伊尼斯．媒介·社会：产业、形象与受众．邱凌，译．北京：北京大学出版社，2009：217.

④ CARMICHAEL M. This ad's for you. Advertising age，2000，71：105－107.

⑤ 吴修铭．注意力商人．黄庭敏，译．台北：天下杂志股份有限公司，2018：116.

洒落其上，为产品增光，为生活制造梦想。

如今，许多广告语已经成为人们日常生活中的流行用语，这表明广告作品的广泛传播已经成为一种重要的话语再生产方式。“比如，在2011年，日本电通广告公司对1 336名社会大众进行的一次社会调查发现，这一年的十种流行语均来自广告，人们不仅记住了朗朗上口的广告语，同时也接受了这些广告语所承载的世界观与价值观。”[①]难怪美国历史学家波特（David M. Potter）在其《富足的人民》中指出，广告在社会中影响之大，可以与学校和教会等传统制度相匹敌。

现在，中国几乎所有的都市、城镇，甚至是乡村的街道或是路口，无论是店内还是店外，无论是白天还是夜晚，无论是看电视还是上网等，触目之处，都会发现身边有大量的广告在不停地传递着各种各样的信息，让你真切地感受到，广告的存在是不以人的意志为转移的，它已经成为人类生活的一种方式。正如美国当代学者费恩·L. 约翰逊（Fern L. Johnson）所说的那样：“广告不仅是文化环境的一个组成部分，而且贯穿了人的一生，并编织着人们的日常生活。”[②] 也难怪法国著名新闻工作者罗培尔·凯兰（Robel Kellan）发出了这样的感慨：“我们呼吸的空气是由氧气、氮气和广告所组成。”的确，如今要想找到没有广告出现的“世外桃源”，已经越来越难了。

为此，著名新闻学家迈克尔·舒德森（Michael Schudson）曾经力求人们严肃认真地思考这样一个问题——设想有这样一个世界：“新闻事业瞬间被废弃了。人们通过电脑网络连接他们需要的任何信息来源，他们同时发布自己的信息和自己的评论，他们轻松地在新闻发布者和新闻接受者之间转换角色。”“政府、企业、院外说客、候选人、教会、社会运动、动物保护、三K党、罪犯、夏令营儿童、养老院老人、城市无家可归者和乡村隐士……都在发送和接受信息，每个人成了自己的新闻工作者。”[③] 这种场景被多少人赞美过呀！似乎昭示着民主对话、人人平等、无界沟通……可是，舒德森发问了：那接下来将会发生什么？首先，公众将倾向于依赖最具合法性的官员获取新闻，尤其是政府和国家领导人。其次，他们依赖那些经常接近的人——信徒依靠牧师、运动员依靠教练、夫妻则互相依靠……其他消息来源就太难评估了。

因之，人们也可以设想：假如没有广告了，我们的生活将会怎么样？早在20世纪90年代，美国广告代理商协会（American Association of Advertising Agencies，4A）曾经发起一场“关于广告价值与作用”的大众广告运动。其中

① 窦光华，隗辉．关于广告文化责任的理性思考．新闻爱好者，2014（5）：84-88.

② 约翰逊．广告的形象构建：商业中的语言与视觉符码．庞惠莲，译．重庆：重庆大学出版社，2021：2.

③ 舒德森．新闻的力量，刘艺娉，译．北京：华夏出版社，2011：1.

有一则广告引述了麦当劳第三任董事长麦克·昆兰（Mike Quinlan）所说的一句话："Without advertising，everybody would think Ronald was a former president."意为如果没有广告，人们都会认为罗纳德（Ronald，即麦当劳叔叔）是个美国前总统的名字①。"但值得注意的是，当您一想到麦当劳，您就会想到在那里工作的人们。他们是一群友好的人，包括一名快乐的小丑罗纳德欢迎孩子们及爸爸妈妈们的到来，让他们在麦当劳过得愉快。您头脑中的景象正是我们的广告发生的作用。"② 这就告诉我们，品牌的成长离不开广告。没有广告，消费者就难以知道是否有新产品上市，不了解产品质量，也不知道品牌之间的差异何在，难以进行选择。

美国学者托马斯·索维尔（Thomas Sowell）在其著名的《经济学的思维方式》中指出：

> 品牌不是保证。但是，它确实能够减少不确定的程度。如果酒店的标牌是丽思卡尔顿酒店，你就不必担心上一位客人退房之后，床单是否换过。即使你在陌生城镇一家灰暗而破败的小商店里想买汽水，如果汽水瓶或汽水罐上贴着可口可乐或七喜的商标，你也可以不必担心他们卖给你的汽水质量有问题。然而，想象一下，如果这个让人讨厌的小地方的店主，用他自己的汽水饮料机给你做了一瓶汽水，你会怎样想？你还会有同样的自信喝下它吗？③

同样，我国著名经济学家张维迎在其《市场的逻辑》一书中也有这样一段话：

> 如果把市场上所有商品的商标都去掉，你敢买什么东西？可能敢买土豆、大米、水果这些最简单的商品，像汽车、电脑、矿泉水、投影仪这些质量和功能不容易辨别的东西，你敢买吗？你不敢，市场上99%的商品你都不敢买。④

在刀耕火种的生活条件下，生产力极为低下，人类产品极度匮乏，几乎没有剩余产品。即使是偶然发生的商品交换也多是以物易物，且范围十分狭小，自然也就没有广告成长的土壤。在纯粹的计划经济时代，没有真正的市场。街市中没有广告，建筑物只是钢筋与混凝土结合的庞然大物，单调乏味。街道上白天行人稀少，夜晚则孤寂冷清。所有的商品只是产品，没有品牌，没有价格，人们消费的都是一模一样的标准品，还供不应求，更谈不上个性

---

① 指美国第49—50届总统罗纳德·里根（Ronald W. Reagan，1911—2004）。

② 吴柏林．广告学原理．北京：清华大学出版社，2009：2.

③ 索维尔．经济学的思维方式．吴建新，译．成都：四川人民出版社，2018：532.

④ 张维迎．市场的逻辑．西安：西北大学出版社，2019：32.

化。在市场经济的条件下，社会繁荣，产品丰富，广告兴旺，中国人知道可口可乐、李维斯、奔驰、丰田、沃尔玛，外国人也在乎同仁堂、茅台、张小泉、海尔、万科等品牌。毫无疑问，这样的经济发展模式更符合人类社会的本质要求。

法国设计师达米恩斯（Nicolas Damiens）曾做过一个叫“没有广告的东京”的有趣实验。在这一实验中，他将喧闹的日本东京街头的所有广告都剥离，用巨大的白色幕布占据这些空间，结果，东京变得无法辨认。通过这一实验，他证明了没有广告的城市空间会显得多么超现实，从而揭示了广告对大都市的重要性。

在实行现代市场经济的国家中，广告是城市活力的标志，商品经济繁荣的象征。所以，1986 年 5 月在美国芝加哥举行的第十三届世界广告大会上，美国广告界知名人士迪诺・范德努特（Dino Betty Vandenut）发表了题为《文化的艺术和科学》的演讲。她说：“如果没有人做广告，谁能创造今天的文化？你又能从哪里为文化活动找到一种比广告媒体更为生动的宣传方式呢?”

广告也是我国高等教育中的一个专业，称作“广告学”。同学们已经幸运地跨过“高考之桥”来到了大学校园，即将开启自己专业学习的新航程。大学是人类智慧、思想、精神、知识和真理的宝库，同时又是开放的思想文化源头。它以其连绵不断的薪火相传，照耀着人类文明的步伐。所以，自从高等教育诞生以来，大学一直是莘莘学子梦寐以求的地方。当然，大学为满足社会对人才的需求，所设专业很多。就文科方面而言，哲学者，格天下之万物，思形上之诸域；法学者，形众事之规矩，状万物之方圆；经济者，解民生之困乏，济社会之安康；历史者，究天人之本真，通古今之变势；文学者，绘浮世之众相，彰人性之美丑；新闻者，报新近之事实，道价值之判断；广告者，传消费之信息，塑品牌之形象……凡此种种，未能尽数。事实上，在我们最初选择专业志愿的时候，往往既充满期待和兴奋，又倍感陌生与迷茫。例如，什么是广告？广告是怎样兴起的？它有什么样的价值？广告学到底是一门科学还是艺术？广告学专业到底要学什么？广告学专业毕业的学生就业去向有哪些？广告学的发展前景如何？怎样才能学好这门专业？当代大学生肩负什么样的广告责任与使命？

也许，有不少同学都在网上搜索过这类问题的答案。但你会发现，网上能给你的东西太少，不仅不完整，甚至有些答案还相互矛盾，让人莫衷一是，从而导致很多刚入校的大学生由于对自己所学专业知之甚少而感到困惑、迷茫、无助。如果没有得到及时的指导，就会产生认知偏差，走弯路，甚至白白浪费许多学习时间。正如很多已经工作的毕业生所反映的那样：“我们当中有很多人在进入大学后都有过一段时间的迷茫，不知道自己要学什么，要做什么，喜欢做什么或者能够做什么。即使当初的专业是我们自己选报的，但大都是凭想当然报的，其实对专业是不懂的，而大学也没有告诉我们这些。所以我们感到迷茫是很正常的，这种迷茫甚或在毕业之后的一段时间内还存在。”

本书就是为了解决这一问题而编写的，希望能帮助同学们尽快了解所学专业的一些基本问题，以更清楚的认知、更饱满的热情投入到专业学习之中。

思考与讨论

1. 日常生活中，有哪些广告作品给你留下了较为深刻的印象？为什么？
2. 你是如何看待广告的？有过什么感受？为什么？
3. 为什么说在现代市场经济条件下，人们的生活离不开广告？
4. 在来学校的路上，你留意过广告吗？它们都出现在什么地方？告诉你什么？

第一章

广告的定义和学习方法是什么

——广告的内涵、特征和学习方法

我不认为广告是一种娱乐或者艺术，我认为它是资讯的传播媒介。

——大卫·奥格威

本章学习目标：

1. 了解广告概念的来源。
2. 了解广告的定义。
3. 了解广告活动的构成要素。
4. 掌握广告的基本类型与特征。

第一节　广告的概念

初学广告学专业的学生大概都遇到过这样的尴尬：每当别人问你学的是什么专业时，你说是广告。他们可能会疑惑地问你："广告？那不就是街头散发传单大声叫卖，或是到处张贴小广告的那种？这还用学吗？"在这些人眼中，广告就是一种简单的体力劳动，没有什么学问。当然，这是对广告的一种极大的误解或偏见。事实上，"广告"一词有它特定的含义和自身的理论体系。

一、广告概念的溯源

在古汉语中，《康熙字典》和《辞源》都没有"广告"这个词，这个词源于拉丁文 adverture，其意思为吸引人注意，带有通知、诱导、披露的意思。到了中古英语时期（约 1150—1500），该词演变为 advertise，其含义衍化为"使某人注意到某件事"，或"通知别人某件事，以引起他人的注意"。

17 世纪的英国资本主义迅速发展，商业贸易一片繁荣，从而诞生了英文的“广告”一词。1645 年 1 月 15 日，英国 *The Weekly Account* 杂志第一次开辟广告专栏，首次使用了“advertisement”一词来表述“广告”（见图 1-1）。1666 年，《伦敦公报》又开辟了广告专栏。从此，“advertisement”一词便势不可遏地流行开来，成为报纸上商业性信息的代名词。随着历史的推进和人们对广告认识的加深，这时的“广告”已经不再仅仅单指一则静态的广告，还指一系列广告活动。这样，原来静态的名词“advertisement”就被赋予了现代意义，转化成为“advertising”。

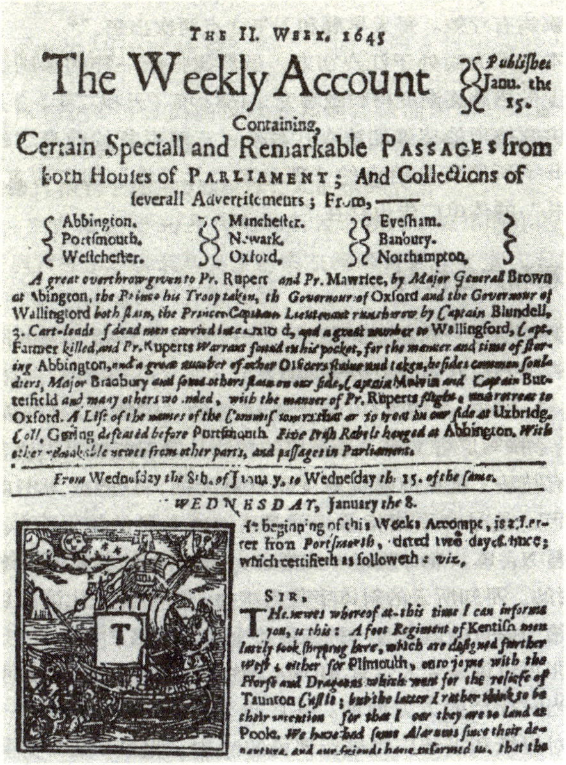
THE II. WEEK. 1645

The Weekly Account

Published Janu. the 15.

Containing, Certain Speciall and Remarkable PASSAGES from both Houses of PARLIAMENT; And Collections of severall Advertisements; From,——

Abbington.	Manchester.	Evesham.
Portsmouth.	Newark.	Banbury.
Westchester.	Oxford.	Northampton.

A great overthrow given to Pr. Rupert *and Pr.* Mawrice, *by Major Generall* Brown at Abington, *the Prince his Troop taken, the Governour of* Oxford *and the Governour of* Wallingford *both slain, the Princes Captain Lieutenant* [illegible] *by Captain* Blundell, 3. *Cart-loads of dead men carried into* [illegible], *and a great number to* Wallingford, *Capt.* Farmer *killed, and Pr.* Ruperts *Warrant found in his pocket, for the manner and time of storming* Abbington, *and a great number of other* Officers *slaine and taken, besides common souldiers, Major* Bradbury *and some others slain on our side, Captain* Melvin *and Captain* Butterfield *and many others wounded, with the manner of Pr.* Ruperts *flight, and retreat to* Oxford. *A List of the names of the Commiss*[illegible] *to treat on our side at* Uxbridge. *Coll.* Goring *defeated before* Portsmouth. *Five Irish Rebels hanged at* Abbington. *With other remarkable newes from other parts, and passages in Parliament.*

From Wednesday *the* 8th. *of* January, *to* Wednesday *the* 15. *of the same.*

WEDNESDAY, January *the* 8.

The begining of this Weeks Accompt, is a Letter from *Portsmouth*, dated two dayes since; which certifieth as followeth: *viz*,

SIR,

T*He newes whereof at this time I can informe you, is this: A foot Regiment of* Kentish *men lately took shipping here, which are designed further West, either for* Plimouth, *or to joyne with the Horse and Dragoons which went for the reliefe of* Taunton *Castle; but the latter I rather think to be their intention for that I* [illegible] *they are to land at* Poole. *We have had some Alarums since their departure, and our friends have informed us, that the*

图 1-1　最先使用“advertisement”一词的杂志

19 世纪以前，中国人将广泛告知大众的信息传播方式称为“露布”“告文”“广白”“告白”等。但汉字的“广告”一词并非直接来源于英文，而是来源于日文。

1854 年 2 月，在美国东印度舰队司令马休·佩里（Matthew Calbraith Perry）率领的军舰威胁下，美日双方在横滨签订了《日美亲善条约》。随后，日本幕府又相继与英国、俄国、荷兰等西方列强签订了亲善条约，被迫结束锁国时代。很快，最早的定期发行的报纸出现在日本长崎、横滨这些外国人比较集中的地区。如《日本使者》（*The Japan Herald*）、《日本贸易新闻》（*Japan Commercial News*）等报纸，刊登商业性的信息。这类报纸越来越多，影响日益广泛。值得注意的是，1867 年 2 月日本发行的第 2 期《万国新闻纸》首次使用了日语“廣告”一词作为发布商业性信息的标题，这是“广告”一词首次在日本出现，该词与中国的繁体字相同。[①] 不过，很长时间内，该词流传范围有限，并没有被日本传媒界普遍采纳。直到 1879 年 1 月 25 日创刊的《朝日新闻》第四版商业信息栏中直接以“広告”作为标题之后，“广告”一词在日本才开始流行，并逐渐成为商业信息公布与营销手段的固定称谓词。

依据现存史料来看，戊戌变法失败后，梁启超等人流亡日本，在旅日华侨的资助下，于日本横滨创办了《清议报》。在 1899 年 4 月 30 日出版的第十三期中，该报刊出了用日文撰写的招揽广告的告白《记事扩张卜广告募集》，可以说，这是中国人自办报刊中第一次使用“广告”一词。大概是受到《清议报》的影响，从此在我国留日学生创办的报刊上，商业性信息多使用“广告”一词。不过，此时的“广告”（広告）一词尚属于日本外来词。

大众传播时代的新语汇仿佛都长了翅膀一样。1901 年 8 月 7 日上海《申报》第 10166 号第四版出现了一则名为“鄂垣厚生福土庄广告”的信息，这是武汉一个土庄在报上刊载的烟膏广告。学界普遍认为，这是中国国内报刊首次使用“广告”一词，已有明确的商业意义表达。从此，“广告”一词在中国开始流行，并逐步取代其他叫法，成为统一的称谓。1906 年，清政府《〈政治官报〉章程》第四条第九项正式使用了“广告”一词：“广告，如官办银行、钱局，工艺陈列各所，铁路、矿务各公司，及经农工商部注册各实业，均准送馆代登广告，酌照东西各国官报广告办法办理。”至此，“广告”一词已得到了官方认可，一直沿用至今。

可见，“广告”一词为舶来品，是近代西方文化影响中国文化的产物之一。

二、广告定义的种类

定义表征了人们在实践中对该事物的认识，是长期经验的总结和概括，使我们能够比较简便而清晰地认识事物的性质与特点。“广告”一词，尽人皆知，但广告活动具有丰富性、多样性和变异性的特点，要完全清楚它的含义，并非易事。有人认为广告就是广而告之，有人认为广告就是无中生有，也有人认为广告就是瞎忽悠，众说纷纭，凡此种种，至今还未能形成一个完全统一的、为社会所公认的解释。其实，广告的定义可以是多角度的，“横看成岭

① 胡春燕，徐少丹．“广告”词义流变考．现代广告（学术刊），2016（12）：54－57.

侧成峰”，关键在于能否表征其本质性的规定。

可以说，人们对广告的定义有两大角度，一个是专家、学者的角度，一个是企业、顾客的角度。前者深刻、严谨，后者往往形象、生动，各有千秋。

（一）感性的定义

1. 对企业家而言，广告是市场的敲门砖，促销的先锋队，品牌的化妆师

在市场经济的情况下，任何新的产品或服务要想尽快打开或扩展市场，都需要借助广告传播。否则，就可能没有什么销路。有人说“好酒不怕巷子深”，这句话在古代也许有它的道理。因为，那时由于交通运输不便、包装材料受到限制以及生产能力十分有限等原因，大部分产品只是在方圆二三十里范围内销售。如果的确是优良产品，即使距离稍远点，消费者也会纷纷趋而购之。但如果距离过远，恐怕就少有人问津了。在现代生产条件下，产品的市场销售范围会扩大到全省、全国，乃至全世界。在这种情形之下，再好的产品，如果在竞争激烈的市场上默默无闻，就会导致销售不畅，乃至滞销。20 世纪 90 年代，奄奄一息的秦池酒就是因为借助广告之力才得以起死回生，后来又以 6 666 万元的最高价击败众多对手，成为 CCTV 标王，在全国一夜之间由无名小卒变成公众明星，产品知名度和企业知名度双双飙升，从而在强手如林的中国白酒市场迅速蹿红，畅销全国。在广告的支持下，1996 年秦池销售额比 1995 年增长了 500％以上，利税增长 600％，完成了从一个地方酒厂到一个全国知名企业的大转变。但后来（1997 年），尽管秦池的广告仍旧铺天盖地，但为何其销售收入还比上年锐减了 3 亿元，实现利税下降了 6 000 万元呢？这不是广告的问题，而是企业的经营管理等方面出现了严重问题，又没有得到及时解决而总爆发的结果。

2. 对消费者而言，广告是热情的推销员，生活的引领者，时尚的代言人

由于名人偶像有很强的心理感召力，借助名人偶像代言，可以有效提高产品的好感度与可信度，带来巨大的说服力效应。

无论是哪一种类型的广告，当出现产品代言人形象时，不论是平时高高在上的财富大腕，还是日常难睹芳容的超级名模、名扬四海的歌手影星、驰名体坛的新星宿将，抑或是气度不凡的社会名流，他们在广告中总是笑容可掬、不厌其烦地介绍产品的特点和功用，推荐消费者选购。他们不仅穿戴新潮，而且举手投足之间尽显流行时尚风范，仿佛就是时尚的引领人，带领消费者寻找时尚的坐标。例如，李维斯、普拉达、劳力士、斯沃琪、香奈儿、迪奥、兰蔻的广告等，都是立在时尚的潮头，诸如“让自己成为别人眼中的风景”“优雅如风，靓丽如花”“低头，享受美丽；抬头，享受瞩目”“依照箭头的指向，你就会永远走在最前头”等，都曾是受到消费者热捧的广告语。

3. 对社会而言，广告是市场经济的晴雨表，社会文明的风向标，国家形象的宣传员

广告与一个国家的政治、经济、文化的发展关系密切，通过广告这面镜子，人们可以看到国家的发展状况。如果一个国家政治稳定，重视社会良好道德风尚的培育和社会文明程度的提高，就会大力提倡公益广告。用主流思想教育、引导人民，用美好风尚滋润人心，促进社会精神文明发展。广告与经济的关系也是一荣俱荣，一损俱损。如果社会经济繁荣，消费兴旺，那么，商业广告也会遍地开花。相反，如果经济萧条，消费匮乏，广告自然会萎靡不振。2020 年的新冠肺炎疫情给中国以及世界广告业的发展带来了沉重的打击，就是明显的例子。广告的传播过程也是人们共享社会文化的过程，在这一过程中，广告在传播商品或服务信息的同时，还自觉或不自觉地传送、强化某种意识形态，不断改变着人们的观念和行为，塑造着一个社会的文明风貌。

一个经济强大的国家，往往会有更多的世界性品牌，这些品牌代表着这个国家的经济、科技、文化的发展水平，它们所拥有的知名度与美誉度实际上也就是一个国家的形象广告。正如日本前首相中曾根康弘说过的那样："在国际交往中，索尼是我的左脸，丰田是我的右脸。"第二次世界大战后，日本崛起了一大批赫赫有名的品牌，如三菱、本田、日立、东芝、松下……它们共同撑起了日本制造的时代，全世界的人们从索尼的 Walkman 和丰田的卡罗拉感受到了日本制造的温度，这是对一个国家最直观的感知。

（二）理性的定义

马克思主义认为，社会存在决定社会意识，社会意识是社会存在的反映。由于历史条件的限制，以及人们认识侧重点的不同，历史上有关广告的定义也是形形色色、不胜枚举。这些不同流派的广告定义，从不同角度揭示了广告的外延、分析了广告的内涵，因而对我们全面理解广告的含义是十分有益的。纵观国内外对于广告的定义，大体上可以划分为四类。

第一类强调广告的新闻性功能。1890 年以前，西方社会对广告较为普遍认同的一种定义是有关商品或服务的新闻（news about products or service)。这一定义反映了那时的人们对新闻与广告的目的及功能界限的认识还很模糊。例如，1894 年美国广告人阿尔伯特·拉斯克（Albert Lasker）就将广告定义为"印在纸上的推销术"（salesmanship in print)。可见，在以纸媒为大众传播工具的 19 世纪，因为广告的形态较为单一，人们对广告的认识还是简单地停留在书写或印刷的层面。但这个定义在当时无疑是非常清晰、有力的，建立了广告新概念，创立了广告业的新策略。这种状况一直延续到 20 世纪 30 年代。

第二类强调广告在商业销售方面的功能和作用。如在 1932 年，美国广告专业杂志《广告时代》公开向社会征求广告的定义，得票最多的入选定义是：个人、商品、劳务、运动以印刷、书写、口述或图画为表现方法，由广告者出资用作公开宣传，以促成销售、使用、投票或赞成为目的的活动。

1948年，美国市场营销协会（American Marketing Association，AMA）定义委员会为广告做了定义，后来又几经修改，形成了迄今影响较大的广告定义："广告是由可确认的广告主在付费的基础上，对其观念、商品或服务所作的非人员性的陈述和推广。"

第三类强调广告的说服功能。其中较有代表性的是哈佛《企业管理百科全书》对广告的定义："广告是指向一群视听大众，为了付费广告主的利益，通过说服来销售商品、服务或观念。"托马斯·奥奎因（Thomas C. O'Guinn）等认为，广告是一种有偿的、以大众媒体为媒介的劝服性活动。[①] 甚至有人直接宣称"广告是一种说服性的工具""广告是一种传播信息的说服艺术"等。

第四类强调广告付费的信息传播特征。例如，《简明不列颠百科全书》认为："广告是信息的一种方式，其目的在于推销商品、劳务，影响舆论，博得政治支持，推进一种事业，或引起刊登广告所希望的其他反映。广告信息通过各种宣传工具，其中包括报纸、杂志、电视、无线电广播、张贴广告及直接邮送等，传递给它所想要吸引的观众和听众。广告不同于其他的传递信息的形式，它必须由刊登广告者付给传播信息的媒介一定的报酬。"

美国广告代理商协会指出：广告是付费的大众传播，其最终目的为传递信息，改变人们对广告商品的态度，诱发其行动而使广告主获得利益。

日本广告业协会（Japan Advertising Agencies Association，JAAA）的定义是：广告是被明确表示出的信息发送方针，是对呼吁（诉求）对象进行的有偿的信息交流活动。

《中华人民共和国广告法》中对广告的定义是：商品经营者或者服务提供者承担费用，通过一定媒介和形式直接或者间接地介绍自己所推销的商品或者所提供的服务的商业广告。

关于广告的定义还有其他不同观点，在此不一一列举。上述各种观点，由于各种定义者的角度不同，所形成的看法自然也有差异。

三、广告定义的厘定

那么，到底应该如何界定广告的定义？我们认为，要定义广告，首先必

---

① 奥奎因，艾伦，西曼尼克．广告学：第5版．兰天，译．大连：东北财经大学出版社，2010：7.

须从广告的本质入手进行分析。

广告的本质是一种营销传播工具，是为产品或服务的营销服务的。但是，它又不是一般的营销传播工具，而是有以下基本特点的营销传播工具：(1) 间接的营销传播工具；(2) 运用艺术手段表现出来的营销传播工具；(3) 非人际的、高度公开的营销传播工具。

综合以上这些内容，我们认为，广告是由可识别的组织或个人使用媒体，向特定的对象传递有关产品或服务、观念等的信息，并说服其行动的传播活动。

一般认为，广告具有以下五个基本特点：

(1) 广告是一种信息传播活动，在大多数情况下，是一种说服性沟通行为。坦率地说，广告就是为促使某人做某事而设计的一种沟通手段。

(2) 广告由可识别的广告主（或称广告客户）发布。

(3) 广告的目的是推销某种产品、服务或观念。

(4) 广告必须通过一定的媒体进行传播，而不是人际传播。

(5) 广告并非一般意义上的广而告之，而是具有特定的传播对象，即目标受众。

这里需要说明的是，其一，人们以前将“广告是有偿的，需要支付一定的费用”这一点作为广告的第六个基本特点。这的确是传统大众媒体传播时代广告的基本特点，但在数字化传播时代，很多广告的发布已经是免费的了，如企业在自己的网站、App、公众号上发布的广告，以及在个人微信、微博、QQ等上发布的广告。美国羚邦公司（Medialink）董事长兼首席执行官迈克尔·卡森（Michael Kassan）指出：

> 在数字生态系统里，不断地变化是一种常态，新挑战和新机遇将会不断地出现，一切都在永恒的运动中，速度惊人，而且就连定义都不会保持不变。①

其二，“在经济全球化的今天，广告传播经历了‘硬性推销时代’‘软性推销时代’‘科学推销时代’‘创意革命时代’和‘整合营销时代’。与此同时，广告的内涵也与时俱进，得到不断的丰富和发展，‘推广和提升’的意味更强”②。所以，有人将市场、营销、渠道、终端四大框架也纳入广告范畴。

---

① 温德，海斯．广告的未来：全接触点价值创造．粟志敏，译．北京：中国人民大学出版社，2020：135.

② 何玉杰．中外广告史．北京：中国人民大学出版社，2017：1.

第二节 广告的类型和特征

对广告进行分类，有助于进一步认识把握广告的特征，进行正确的广告策划与采取相应的媒体战略和策略。

一、广告的类型

由于受到社会经济制度、市场特点、产品或服务的交换方式、分配制度、流通渠道等多方面因素的影响，广告按照不同的标准，可以划分成若干种类型。

（一）按广告内容的性质划分

1. 非商业广告

非商业广告，又称非营利性广告，一般是指具有非营利目的并通过一定的媒介发布的广告。主要有政治广告、公益广告、公告与启事等。

（1）政治广告。

政治广告是指为政治活动服务而发布的广告，如通过广告形式公布和宣传政党和政府的政策、法令，传播各级政府部门的各类公告。在欧美资本主义国家和一些地区，许多政客会运用广告进行参选。如美国总统竞选，在很大程度上就是运用政治广告为候选人摇旗呐喊，去影响选民的态度朝向有利于竞选人的一方发展。我国在不同历史时期，实际上也有很多类似政治广告的活动，比如对有关政策法令的宣传等。随着我国广告活动的不断深化，有意识地运用政治广告这种形式发布和推广有关信息逐渐普遍起来。

（2）公益广告。

公益广告也称公共广告。一般来说，公益广告是指为维护社会公序良俗，帮助改善和解决社会公共问题而组织开展的广告活动。这类广告所传播的信息内容主要是有关道德、教育、环境、健康、交通、公共服务等的，涉及人们当前关心的社会问题，与社会公众利益密切相关。公益广告的主要特征，一是不以盈利为目的，二是为社会共同利益而不是为极少数团体或组织服务。当公益广告、公益行动和商业洞察紧密联系在一起的时候，企业借助公益广告不仅可以提升企业形象，也可以为品牌赋能，创造商业价值。随着社会的不断发展，公益广告的地位越来越重要。

1986 年，由贵阳电视台播出的“节约用水”广告，是我国现代公益广告的发端。此后，具有专业性质的公益广告在我国迅猛发展。

在广告活动比较活跃的一些国家，还出现了一种与公益广告相关的、有些类似但性质不同的广告类型，叫倡议广告。这是广告主为获取社会更多的理解和支持，以在经营过程中出现的某些重要的现实问题为依据，通过广告形式解释和倡导自己的想法和主张，以间接达到有助于企业经营、产品销售等目的。根据广告诉求主题的不同，还有其他形式，诸如意见广告、问题广告、抗议广告、争论广告等。2008 年 4 月 25 日家乐福连锁店在《广州日报》上刊登广告，宣称“一如既往，立足中国，积极参与，共同发展”，就是属于倡议性质的广告。

（3）公告与启事等。

有关政府、社会团体或组织、企事业单位的会议通知、公告、招聘和通告，以及以启事形式发布的声明、寻人、征婚、挂失等也是非营利性广告。

2. 商业广告

商业广告即通常意义上的“广告”，其目的是通过向消费者传播产品或服务的信息，激发其购买欲望与购买行为，以获得利润回报。对于商业广告，可根据媒体性质、传播目的、诉求对象、传播范围、信息内容等多重因素加以细分。

（二）按广告发布媒体的性质划分

1. 市声广告

市声广告是一种以叫卖为主的产品推销形式，这是人类最古老的广告形态之一，如吆喝、吟唱、吹奏乐器、摇拨浪鼓、抖惊闺等，虽然形态简单，传播距离有限，但效果显著，历代屡屡不绝，有的一直延续到当代。

2. 实物广告

实物广告指以待售的产品为实物进行现场展示的形式，具有强烈的直观性、感受性。在以互联网为依托的电子商务出现之前，商贩们在出售衣服、鞋子、家具、工具、蔬菜、家禽、牲畜等物品时，均采用此种形式。

3. 招幌广告

招幌广告指招牌和幌子形式的广告。前者往往是用硬质材料制造，如石头、木板、陶瓷、塑料、金属等，坚固耐用，保存期长；后者通常用软质材料做成，如纸张、棉布、丝绸等，使用方便，价廉物美。当然，也有其他混合形式的，如灯笼、结彩等，传播效果好，消费者认知度高。

4. 印刷广告

印刷广告是指通过印刷品传递广告信息的广告形式，包括报纸、杂志、招贴、函件、册子、年历、产品目录、传单等。其中的报纸广告和杂志广告运用最广泛，属于四大传统广告媒体。现代广告的最初发展是与报纸媒体的出现和发展相联系的。

5. 户外广告

户外广告是指在建筑物、交通要道、旅游胜地以及行人较多的车站等公共场所发布的广告。户外广告形式多种多样，主要有交通类和建筑类两种，其发布媒介具体包括户外的电子显示屏、附着在建筑物上的大型广告牌、霓虹灯、公交候车亭、灯箱、活动人体、设置在公路旁及重要交通路口的路牌、流动广告车以及车体、船体等。近年来，户外广告的数字化发展十分迅速。

6. 电波广告

电波广告是指主要通过电波手段来表现广告信息的广告形式，主要包括电视广告和广播广告，它们均属于四大传统广告媒体。广播广告最重要的优点是收费低，能迅速及时地把信息传达给听众，覆盖面也较广。电视广告是以电视为媒体传播的广告，具有形象、直观、传播范围大、传播迅速等特点，是广告发布的重要形式。此外，电影和幻灯播放的广告亦属于电波广告。

7. 网络广告

网络广告又称互联网广告、在线广告。随着数字技术的不断融入，人们又称其为新媒体广告。联合国教科文组织对新媒体所下的定义是："以数字技术为基础，以网络为载体进行信息传播的媒体。"也就是说，新媒体是在数字化技术的支持下，利用计算机、手机和数字电视等各种终端向用户提供信息和服务的媒体形态。因此可以说，新媒体广告就是指建立在各种数字技术和网络技术支持平台上的具有多种传输形式与内容，并且可以不断更新的媒体介质形态的广告。诸如门户网站广告（新浪、网易、天涯、腾讯、搜狐等上面的广告）、搜索引擎广告［谷歌（Google）、百度、搜狗等上面的广告］、自媒体广告（微博、微信、博客、贴吧、论坛等上面的广告）、知识问答平台广告（知乎、在行等上面的广告）、视频广告和直播广告、社群广告等。与传统广告相比，新媒体广告具有传播速度实时化、传播方式双向化、传播内容丰富化、接收方式移动化、信息交互体验化并且易于计算投资回报率等特点。

我们应当懂得，对于新媒体的认识，新与旧的概念都属于时间演进过程中的周期性存在状态。任何的"新"所代表的都是事物在其初始阶段所呈现的发展形态，在这一阶段中，原有的形态还没有完全被取代，或者仍旧并行发展，那么相对于原有形态而言，人们往往称初始发展事物为新的表现形态。新媒体也不例外，它只是新的媒体形态在初始发展阶段的指称。这就好比电视相对于报纸也曾经是新媒体，但是在今天却和报纸一样被我们归于传统媒体之列。因而，就概念而言，所谓新媒体并不是一个严格意义上的媒体概念，也并没有恒定的内涵。新媒体只是相对于旧媒体或者传统媒体而言的，因其所具有的阶段性特征，新媒体本身就是一个不断变化的概念，从这个意义上来说任何新媒体最终也将成为传统媒体（见表1-1）。

表1-1 新旧媒体对照

传统媒体形态	新媒体形态
电话、邮政 图书、唱片 报纸、杂志 广播、电视、电影 路牌、灯箱、霓虹灯	网络电视、网络杂志 数字电视、数字广播、数字报纸、数字电影 移动电视、触摸媒体、LED显示屏 电脑、平板电脑、智能手机

（三）按广告传播的直接目的划分

由于广告目标的不同，广告有着不同的诉求目的。从大的方面看，可以将广告分为两类：

1. 产品或服务销售广告

此类广告的诉求着重在于突出商品的特征与魅力，其目的是使广告商品能够给消费者留下深刻的印象，进而吸引消费者购买该产品或服务。受到市场竞争和产品生命周期的影响，这类广告又可细分为三种：

(1) 报道式广告。

此类广告通过向消费者介绍商品的性质、用途、价格等，诱导消费者对该商品产生初步的印象和需求。在开发一个新市场或一个新产品投放市场时，较多采用这类广告，属于开拓性广告。

(2) 劝导式广告。

广告以说服消费者为目标，通过强调商品的优秀品质或差异性进行说服，加深消费者对某一品牌商品的印象，刺激选择性需求，进行指名购买，属于竞争性广告。

(3) 提醒式广告。

当消费者已经有了使用和购买某种商品的习惯时，广告的目的是提醒消费者不要忘记这一商品，从而刺激重复购买，以防止消费者发生偏好转移。

2. 品牌形象广告

品牌是与公司或产品相关联的专有视觉、情感、理性和文化的形象。品牌形象广告通常不直接介绍产品或服务的功能、利益点，而是向社会公众传播品牌的理念或企业的信誉、历史与成就、技术与人才、经营与管理等情况，目的在于加强品牌或企业自身在消费者心目中的好感度。如果辅之以广告的场景化，效果会更佳。

此类广告采用大众媒体传播，并且通过色彩、影像、声音等进行出色的创意，是建立并保持品牌知晓度与引起消费者兴趣的理想手段。例如，营销商请消费者说出快餐的五种品牌，最先被记起的代表着他们心目中最熟悉的品牌，这对众多商品或服务来说，就预示着市场份额。星巴克的前营销副总裁斯科特·比德伯利（Scott Bedbury）曾经写道："我昨晚经过一家五金商店，我看到了50种我从未听说过的品牌。或许它们都是很伟大的产品，但是它们不是伟大的品牌。"①

2020年12月25日，享有阿根廷一代球王称誉的马拉多纳（Diego A. Maradona）（见图1-2）在家中突然离世。消息一出，全世界球迷发出一片悲惜之声。为了表达对他的敬意，《帕年卡》足球杂志联合阿姆斯特丹的奥美互动公司，推出了名为"上帝之球"（The Ball of God）的影视广告（见图1-3）。在这段视频中，一位少年在简陋的足球场上默默地向球王道别：他把一只已经踢了很久的足球系在一串气球上，向着天空放飞，希望他心中的英雄无论在天堂的哪里都能继续踢球。因为马拉多纳生前说过："如果我死去，我想来世再做球员，我想再做马拉多纳。"这则广告很好地表达了人们对这位20世纪最伟大的足球运动员的深深眷念，长时间成为人们讨论的话题。

图1-2　马拉多纳

图1-3　影视广告"上帝之球"篇截图

（广告公司 Ogilvy Social Lab Amsterdam/阿根廷，2020）

① 拉塞尔，莱恩．克莱普纳广告教程：第15版．王宇田，王颖，钟莉，译．北京：中国人民大学出版社，2005：86.

（四）按广告的诉求对象划分

1. 零售广告

零售广告又称消费者广告，或 B2C 广告，诉求对象是普通消费者。广告主根据购买者的特点以及购买商品的目的对市场进行分类，有一个为满足生活需要而购买商品的消费者市场，它主要由个人和家庭组成，这是庞大而多样的市场，也是整个经济活动都为之服务的最终市场，理所当然也是广告活动的服务对象。在这个市场上，向广大消费者进行诉求的广告主多是生产和销售日常及耐用的生活用品的企业。在企业的所有广告活动中，这类广告要占绝大部分。

2. 行业广告

行业广告也称作工商广告或 B2B 广告，是指针对从事再生产的工商企业的广告。在商品流通领域，同时还存在着生产资料的交换活动，企业需要把大量的原材料、机器设备、办公用品及相应的服务提供给诸如工商企业、政府机关、社会团体等组织用户，这些用户构成一个产业或组织市场，广告需要面对这一市场用户进行诉求。这类广告由生产与经营原材料、机器设备及零配件、办公用品等的生产部门和批发部门发布，向消费这些产品的企业、机关、团体等进行诉求。接受此类广告信息的目标对象往往是比较特殊的消费群体，可能是某一方面、某一领域的专业人员，有一定影响力的意见领袖等。

3. 贸易广告

贸易广告又称作商业批发广告，这类广告通常以小商店和批发商为诉求对象，主要针对流通行业。商品流通过程中，销售渠道是重要环节，这类广告也是经常出现的。一般由生产企业向批发业和零售业发布，或在批发业之间，或由批发业向零售业发布。广告所诉求的对象，多与这些行业机构的采购进货的决策人员有关。他们应是流通领域中商品经销单位与广大消费者的牵线人和守门人。

向不同的目标对象进行广告信息传播，所采取的广告战略和策略应有所不同。所以，从诉求对象上认识这三类广告是很有意义的。一般来说，面向消费者的广告应用非常广泛，因而研究以消费者为主要诉求对象的广告理论和实践也相对比较受关注。行业广告实际上是针对产业（组织）市场的广告，产业（组织）市场是非最终用户市场，运行机制和购买者行为有其自身的特点，在广告形式和媒体选择等方面要受到一定的限制，需要与其他的信息交流活动如公共关系活动相配合，广告策略要从行业市场中的购买对象和购买者行为的特性来考虑。商业批发广告也要根据流通行业诉求对象的特征来开展相应的广告活动。这样，特别是后两种类型的广告活动，在理论和实践方面需要更深入的系统研究和探讨。

4. 专业服务广告

专业服务广告所针对的不是一个产品的实际购买者，而是能够影响消费者最终决策的专业人士，如医生、律师、金融家、保险师、会计师、建造师等。消费者在做购买决策时，对于专业人士所给出的意见往往具有较大的依赖性，至于对那些需要良好职业判断的产品，就更是如此了。所以，这些专业人士常帮助他们的顾客做出最终的购买决策。

（五）按广告的传播范围划分

根据广告市场的情况，以及广告传播区域的范围、大小等的不同，广告也可划分为四类：

1. 国际性广告

国际性广告，又称为跨文化广告，是指在具有国际性影响力的传播媒体上发布的广告。比如在国际互联网平台、卫星广播、卫星电视或者全世界发行的报刊上刊播的广告。国际性广告的产品，一般是适应性很强的消费品和包含最新技术的产品。

随着国际化市场的发展，国际性广告将具有比国内广告更重要的意义。国内产品要顺利打入国际市场，必须要利用国际性广告作为开路先锋，才能迅速提高产品在国际市场上的知名度和美誉度。如可口可乐、百威、李维斯、万宝路等饮誉全球的名牌产品，都善于利用国际性广告进行传播。

2. 全国性广告

全国性广告是指在全国性传播的媒体上发布的广告。比如国内企业在人民网、新浪网、天猫网、中央广播电视台、《人民日报》、《光明日报》、《参考消息》等媒体上刊播的广告。一般而言，全国性广告只提供关于产品的最为一般性的信息。由于每个零售商对于一个品牌有不同的销售战略，因而这类广告一般不涉及产品价格、购买地点及服务等方面的信息。即使偶尔处理与此相关的内容，也只是泛泛而言。发布全国性广告的以大公司和著名品牌为主。

3. 区域性广告

区域性广告即以特定地区为传播范围的广告。这类广告的诉求对象限定在某个区域，比如华北地区、西南地区、长三角地区，或者某个省（区）市如深圳市、浙江省、江苏省、安徽省、北京市等。所选择的媒体一般是在某一地区发行或播放的地区性媒体，如在区域性网络平台以及省级报纸、杂志、广播、电视等区域性的传播媒体上发布的广告，主要是介绍一些符合地方性消费习惯的产品。此类广告多适用于中小工商企业或者配合差异性的市场营销策略。

4. 地方性广告

与上述广告相比，这是传播范围最窄、市场范围最小的一类广告。此类广告使用的媒体多是地、市、县级地方性传播媒体，如地方网络平台以及地方报纸、电台、路牌、霓虹灯等。广告主是商业零售企业和地方性工业企业，广告宣传的重点是促使人们使用地方性产品和认店购买。

（六）按产品的生命周期划分

根据产品生命周期各阶段的特点，企业一般采取不同的广告策略。产品处在导入期时，企业广告的目标主要是向消费者介绍产品，让消费者理解产品，所以一般采取认知性广告策略。产品处在成长期或成熟期时，市场竞争日趋激烈，所以企业一般采取强调本产品优越性的竞争性广告策略。进入成熟后期至衰退期以后，消费者比较了解产品，需要强化消费者的记忆，保持消费者对产品的认识程度，所以采取提醒性广告策略。

1. 认知性广告

认知性广告（awareness advertising）通过向消费者介绍产品的性质、性能、用途、价格等，促进消费者对产品的认知，促使其产生初步需求。

2. 竞争性广告

竞争性广告（competitive advertising）是一种以说服为目的的广告，通过有效的说服手段促使消费者加深对某品牌产品的印象，进而刺激其选择性需求。

3. 提醒性广告

提醒性广告（remind advertising）也称备忘性广告，是指对消费者已有使用习惯和购买习惯的产品或服务，通过广告提醒他们不要忘记这个产品或服务，刺激其重复购买。

二、广告的主要特征

有人说，广告的特征是充满艺术性，它挖掘人们最深处的记忆和偏好，在带给人们视听享受的过程中，让人们不知不觉地接受了品牌的诉求；有人说，广告的特征是充满策略性，它用多种手法，使产品变得更有价值；也有人说，广告的特征是充满魅惑性，那些会心一笑，那些不约而同，都是对经验的反复总结；还有人说，广告的特征是充满召唤性，它总是给你一种有益的选择，帮助你实现更高的目标。当然，这些说法都反映了广告的一些特点，有一定的道理，但没有抓住广告的根本特征。广告的主要特征有以下几个。

（一）有偿性

广告主发布广告是一种有偿的经济活动，目的是扩大产品或服务的销售。因此，在大部分情况下，广告主既要支付自身管理费用，又要支付媒体发布费用（广告主的自有媒体和免费媒体除外）。广告的持续发布，可以为广告主提高产品或服务的知名度，而美誉度则能使广告主在激烈的市场竞争中处于更为有利的地位，如扩大产品销售、提高市场占有率、增加品牌资产等。

（二）说服性

所有的广告都包含说服受众的目的。即使是那些自认为以传递纯信息为目的的广告，也无法否认其核心目标中还是包括说服受众的意图。广告出于特定目的传递给消费者信息，而这个目的就是使消费者喜欢某个品牌，并最终购买该品牌的产品。如果没有说服的企图，这样的沟通可能只是新闻而非广告。

广告不仅要把特定的信息传播给目标对象，让消费者接受并了解，还要考虑传播的信息能否打动消费者，产生共情作用。只有建立在有效说服策略基础上的广告，才能改变或强化人们的认知或行为，实现特定的传播效果。通俗地讲，广告的说服策略就是广告的诉求方式。感性诉求通过激起消费者的情绪、诉诸消费者的情感来达到说服目的，常用的说服手法有悬念、夸张、幽默、对比、隐喻等；理性诉求通过为消费者提供产品的事实、消费理由或消费根据来达到说服目的，常用的说服手段有承诺、旁证、数据、记录、对比、实验、演示等。也有学者认为，随着数字化时代的到来，这种说服性正在向激励与赋能方面转变。但不管是说服，还是激励，“动之以情”或者“晓之以理”的沟通方式总是广告绕不开的。

（三）营利性

广告是广告主面对市场的经营活动。一方面，广告主要将其生产的产品或服务推向市场，以满足消费者的需求。另一方面，它要在产品或服务销售过程中获得相应的经济回报，并且销售得越多，回报就会越大。所以，广告主传递产品或服务信息的最终目的是获取利润，即使是非直接推销产品或服务的广告，如品牌或企业形象广告，其目的也是通过树立良好的形象，博得消费者的好感，使其获得更高的市场占有率，最终达到盈利的目的。

（四）重复性

现代的市场是广大的，信息是泛滥的，一则广告只有刊登或播放多次，对目标消费者反复刺激，才能累积起一定的广告效果。这需要注意两个方面：一是暴露频次（frequency），二是有效暴露频次（effective frequency）。

暴露频次也称广告传播平均频率，是指在预定时间内，广告信息到达个人或家庭的平均次数。广告暴露频次取决于广告的投放范围、投放密度、投放节奏和持续时长等因素。然而，广告主和广告人真正关心的是有效暴露频次。有效暴露频次又称有效频次、有效到达率，指在一定时间内同一广告通过媒体到达同一个人或家庭的数量界限，也即对消费者达到广告诉求目的所需要的广告出现频率。那么，广告在一定时间内究竟重复暴露多少次为宜？究竟多高的广告发布频次和多长时间的投放才算合理？

1972 年赫伯特・E. 克鲁门（Herbett E. Krugman）提出的“三打理论”认为，消费者对广告的反应有三个阶段：

第一次接触时，这是什么？（知道了谁在做广告）

第二次接触时，在说什么？（熟悉了广告内容）

第三次接触时，我明白了。（通过广告的强化和提醒，决定是否行动）

因此，他认为，三次是有效频次的底线，不够三次难以产生效果，超过三次，其边际效应就开始大幅减弱，因为达到了“饱和点”。当然，对这一结论的评价仍然存在争议。有的专家认为，有效频次应当在 3～6 次为宜。

（五）设计性

广告过程也是一个审美艺术的消费过程。作为审美对象，现代广告已经摆脱那种平庸、乏味、令人生厌的生存状况，转向有设计艺术性、独特创造性、耐人寻味性的审美价值，使消费者乐于欣赏。广告一方面反映或渗透着一定时代的审美观念、审美趣味、审美理想，同时也凝聚着广告人创造性的精神劳动，是广告人审美心理结构的物质化表现。另一方面，广告又是具有一定审美能力、审美意识的人的欣赏对象，是物质美、精神美的能动反映，是一种社会意识形态的呈现。任何一个有生命力的广告从来不是靠着粗糙的写作，也不是随意的涂鸦，而是借助各种艺术手段和技巧去激发广告受众的美感，进而影响消费者态度的一种文字和图像语言的设计，凝聚着广告人的心血。诸如广告中那些荡气回肠或悠扬婉转的音乐，简洁雅致或色彩缤纷的构图，美轮美奂的镜头语言，优美华丽的文案等，都是广告设计美的体现。例如，吉百利巧克力的影视广告、绝对伏特加酒的系列平面广告、资生堂 Neri 香水“舞”平面广告、凡士林润唇膏广告（见图 1－4）等，都被公认为具有极高的艺术水准，比直白式的广告更具审美性和感染力。

当然，广告艺术与纯粹艺术之间有着极大的区别。广告艺术是实用艺术，属于现代设计范畴和领域。广告作品的艺术美以目标对象的审美需要为起点，通过一定的艺术形式和内容来感染消费者，以达到传递信息的目的。虽然创

图 1-4 凡士林润唇膏广告“维纳斯”篇

（广告公司 BBH New York/美国，艺术指导 Diego Fonseca，2016）

作者有一定的主动权，但绝不能以作者个人的心理感受去代替特定消费者的感受。而纯粹的艺术作品往往以艺术家个人的心理感受为特点，艺术美的呈现由艺术家的主观意愿决定，甚至可以将生活丑转化为艺术美，如具有讽刺意味的艺术作品。因而，艺术美通常显得复杂、朦胧，广告美则较为简练、明确。

三、广告的构成要素

广告既是信息传播活动，又是市场营销活动。随着社会和广告业的发展进步，现代广告活动逐步形成了自身的特定内容和规律。大体来说，完整的广告活动包括广告调查与分析、广告战略制定、广告策划与创意、广告媒体计划与执行、广告效果评估与测评等内容。

广告起点和落点都作用于经济领域，为营销目标服务，但其整个活动过程却表现在传播领域，通过一定的传播媒体与目标消费者进行沟通，以改变或强化人们的认知和行为，实现特定的传播效果。根据大众信息传播过程的“5W 模式”，即谁（who）—通过什么渠道（which channel）—对谁（to whom）—说了什么（what）—取得了什么效果（which effect），结合其市场营销活动的特征，可将广告活动构成要素归纳为广告主、广告公司、广告信息、广告媒体、广告受众五个方面。

（一）广告主

广告主，又称广告客户，是指为推销产品或服务，自行或者委托他人策划、设计、制作、发布广告的法人、其他经济组织或个人。广告主在广告市场中扮演着广告商品需求者的角色。早期广告主被单纯理解为工商业组织，而在现实生活中，广告主的范畴已突破了这种理解。现代广告的广告主，除了工商企业这个传统主角外，还包括政府部门、事业单位、慈善机构、宗教团体、社会组织乃至个人。范围之广，难以尽数。

广告主的市场行为就是购买广告商品的行为。广告主支付广告商品的策划、创意、制作和发布的一切费用，并给予广告经营者利润，从而构成了广告市场的需求总量。

通常情况下，广告主会将广告业务外包，委托广告公司代为完成。广告主支付广告费用，在整个广告活动中居于主导地位。当然，广告主也是广告的责任主体，需要对其所做广告产生的一切法律后果承担责任。

作为一个广告主，通常应具备以下条件：

（1）拥有一定数量和质量的产品或服务，这是确定广告主的重要标志。

（2）有明确的广告目标，这是衡量广告主真实动机的标准。

（3）能承担制作和发布广告的费用，这是成为广告主的基本条件。

（二）广告公司

广告公司又称广告代理商，是指专门从事广告业务活动的企业。广告公司受广告主委托，负责广告活动的调查、策划、创意、设计、制作、发布等全部服务或部分服务，并从中获取收益。

通常，广告公司拥有相当专业的广告从业人员，能够为广告主提供优质的解决方案，为客户创造价值。按照现代广告代理制度的运行规则，广告代理商通过为广告主和媒体提供双重服务而发挥其主导作用。

（三）广告信息

广告信息又称广告文本，是指广告主所传递的广告内容，包括商品（产品或服务）信息以及广告主的某种主张或理念。广告能否达到说服的目的，关键在于广告信息。信息既可以是语言的、口头的，也可以是非语言的、书面的或象征性的。在网络传播时代，营销信息的来源与传播已经多元化。从淘宝到小红书的各种定性、定量的用户商品评价体系，以及豆瓣上的评分、微博上的吐槽，还有抖音短视频等，都反映了消费者信息传播的强大作用。信息传播包括很多不同的要素，其中代表传播过程主要参与者的两个要素分别是发送者（信源）和接收者（信宿），还有两个是主要的传播工具即信息和信道。完整的传播过程通常包括信源、信道、信宿、反馈四个环节。最后一个要素是噪声，指的是参与传播并干扰传播效果的各种无关的外生变量。

广告的实质是信息的传播，它由环环相扣、互相联系的各分支要素构成（见图 1-5）。广告信息涉及广告的创意和策略问题，即如何制作有效的广告信息以吸引消费者。要想实现信息的有效传播，受众的解码过程必须和发送方的编码过程相匹配，即接收者必须正确地理解和解释信源所试图传播的信息。如果双方有某种共同背景，实现有效传播的可能性就大。发送者对受众了解得越多、越深入，对其需求把握得越准确，双方的情感沟通就越顺畅，信息传播也就越有效。

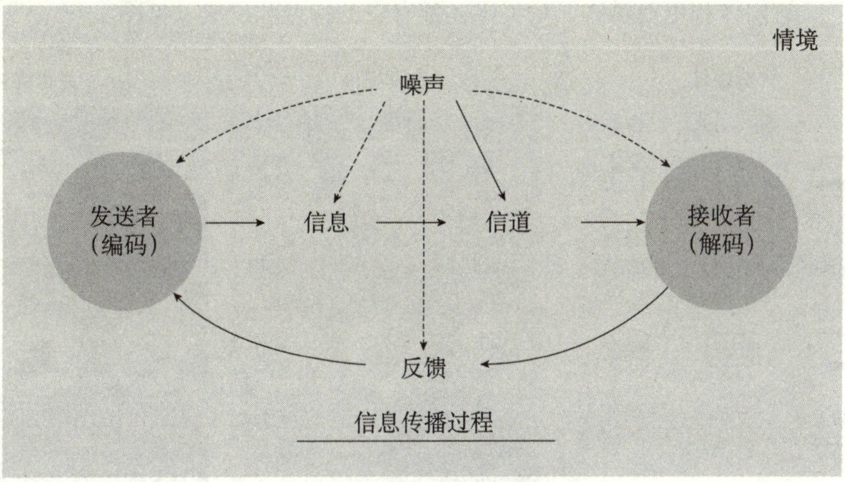

图 1-5 信息传播过程示意图

当然，信息的传递必须采用适合信道传播的方式。具体到广告，既可以用简洁的广告语在电台播放，也可以制作视频在电视或网络上播出。对于许多产品而言，决定传播效果的不是信息传递所使用的实际语言，而是广告所产生的印象或形象。信息中所包含的象征性含义与符号学有关。传播者通过编码的方式赋予产品或服务某种有意义的符号，如麦当劳的金色拱门、耐克的钩形、奔驰的方向盘形等。消费者通过消费产品和品牌而获得价值，例如解决某种问题或彰显自己的社会身份。

（四）广告媒体

广告媒体，也称广告媒介。它是广告信息的传输渠道或通道，是将经过编码的信息传达给受众的载体。它既是连接广告主和广告受众的纽带，又是提高广告信息传播能力的载体。

广告是非人员的销售和推广，其信息传播必须借助一定的物质技术手段才能实现。通过媒体，广告信息得以在空间上移动、在时间上保存。离开了媒体，广告信息交流就会停止。在我国，由于长期以来广告媒体所处的垄断地位，媒体在与广告主和广告代理商的博弈中常居于强势地位。以互联网的出现为标志，当代媒体发生了革命性的变化。互联网之所以是媒体，是因其通过横幅广告、弹出式广告、视频广告等来传递广告信息，但它又与传统媒体有不一样的地方——具有双向互动体验功能，这样的沟通模式不再是单向的，而是双向的。现在没有哪一种工具能像互联网这样提供一个如此完美的传播平台，使企业能够与消费者进行直接甚至一对一的相互接触。在网络技术的驱动下，传统互联网已经进入移动互联网时代，涌现出了更多新的广告媒体形态。

根据媒体的不同特征与功能，人们将媒体分为三大类，即付费媒体、自有媒体和免费媒体，每类媒体都有它的特点和价值（见图 1-6）。

图 1-6 媒体的类别和特点

第一类：付费媒体。付费媒体具有无可替代的及时性和规模性，在一些重要时刻，可以吸引大量人群的关注。当今的付费媒体形式很多，包括从广告牌、横幅到广播电视广告，再到社交媒体上的按点击率收费的广告。我国的付费媒体主要分为以下几种：第一种是国家权威性的官方媒体，这类媒体具有公信力和震慑力，如中央电视台、新华社、《人民日报》等中央官方媒体，以及省市电视台、地方党报等地方性官方媒体。第二种是大型交通枢纽媒体，如机场、高铁、火车站等。第三种是城市圈贴身媒体，如城市户外、写字楼电梯、公交站台等。第四种是停车场、社区栏、小区道闸等其他媒体。

第二类：自有媒体。自有媒体是指在企业自己的管辖范围之内，或企业自己所拥有的信息渠道。公司自有的网站和社交媒体，如微博账号、微信账号、App、QQ 账号等，皆属此类。自有媒体的优势在于，即使在广告费用遭到削减时，仍可通过此类媒体和消费者进行沟通。

第三类：免费媒体。免费媒体是指品牌通过自身的努力与公关策划，吸引媒体的主动关注、报道，而不是花钱去购买媒体发布信息。免费媒体的形式可以是在线媒体或纸质媒体以及有影响力的广播电视等。媒体关注带来价值。企业通过一些有意义的热点事件策划，吸引媒体的主动关注，提高人们对品牌的关注度和好评率。目前，社交平台成了强劲的免费媒体，可以通过用户［如关键意见领袖（KOL）、微信好友、网红、粉丝］点赞，发布体验、心得等，形成口碑传播。

互联网传播作为一种双向互动体验传播方式，其最明显的特点体现于“社会化媒体”（social media，也称社交媒体，见图 1－7）。社会化媒体是人们用来创作、分享、交流意见、观点及经验的虚拟社区和网络平台。它们是互联网技术高度发展的产物，和一般的社会大众媒体最显著的不同是，它们利用互联网技术和工具在人群间分享信息和讨论问题，让用户享有更多的选择权利和更强的编辑能力，自行集结成某种阅听社群。这在国外的 YouTube、脸书（Facebook）、推特（Twitter）、Instagram（一款图片分享应用软件）、Pinterest（一个图片分享网站）、Tumblr（汤博乐，全球最大的轻博客网站），国内的开心网、人人网、博客、微博、微信、QQ、钉钉、快手、抖音、哔哩哔哩（B 站），还有其他成千上万鼓励和要求互动体验的网页上都有体现。据统计，2017 年全球约有 25 亿人使用社交媒体，2020 年这个数据增长到了 38 亿左右，占世界人口一半以上，实现了质的飞跃。

博客，也叫网络日志，是一种通常由个人管理、不定期张贴新的文章的网站。博客是产生较早的社会化媒体，它拥有“公民记者”（博主不必是专业记者，却可以撰写发布新闻）的别名。国内主要的博客网有新浪、网易和搜狐等。

微博，即微型博客的简称，国外有著名的 Twitter，国内有新浪与腾讯两大门户微博平台。通俗地说，微博与博客是相似的，它们都提供了这样一个平台，你既可以作为观众，在上面浏览你感兴趣的信息，也可以作为发布者，

图 1-7　社会化媒体类型

左图为国外主要社交媒体，右图为中国主要社交媒体。

在上面发布内容供别人浏览。由于发布的内容较短，有 140 字的限制，因此得名微博。微博是第一种将人际传播与大众传播完美结合的社交媒体。

Facebook、人人网等属于社交网站，即社会性网络服务（social networking service，SNS）平台，专门提供帮助人们建立社会性网络的互联网应用服务。社交网站与上述媒体不同的地方在于其首要目的与功能是社交，即使人们建立并发展关系。

抖音、快手、哔哩哔哩、火山小视频等都属于短视频网站。在完善的技术平台的支持下，为互联网用户提供在线流畅发布、浏览和分享视频作品服务的网站。随着摄影器材及互联网技术的普及，短视频资讯大行其道。著名的视频网站是 YouTube，在国内也有诸多视频网站强手，如腾讯、优酷、爱奇艺等。到了 2016 年，中国的短视频平台迅速兴起。其后，视频直播也如火如荼，为广告增添了新的传播途径。

网络社区，很多时候也被称为论坛，但其形式可以是大多数社交媒体。网络社区是指一群拥有共同兴趣、爱好、经验或是目的的人，通过各种形式的电子网络、新闻组群、聊天室、会议群、直播间、论坛或博客等方式组成的社区，社区成员可以彼此沟通、交流并获取、分享信息。互联网的社区化是未来的主趋势。

MSN、QQ、微信等提供的是即时通信，即 IM，是基于互联网的即时交流消息的服务。IM 以点对点的传播方式为主，突出对话，强调关系，有利于加强沟通。

目前，微信是我国移动社交媒体中的领导者。它既可以发送语音短信、视频、图片和文字，也可以使用通过共享流媒体内容而获取的资料和基于位置的社交插件和服务插件“朋友圈”“公众平台”“摇一摇”“漂流瓶”“语音记事本”等。根据腾讯发布的业绩报告，奇智睿思（Curiosity China）制作整理出 2015 年微信用户数据，显示微信已经成为中国电子革命的代表。截至该年，微信已经覆盖中国90%以上的智能手机；另根据2019年微信数据报告，截至2019年9月，微信月度活跃账户数达11.51亿，比2018年同期增长了6%，成为覆盖率及活跃率最高的产品，同时显现出对消费的拉动作用。[①] 不过，尽管微信公众平台可以在较大范围传播信息，但这仅是一种附加功能，与本来就是大众传播工具的微博是有区别的。

（五）广告受众

广告受众即广告信息的传递对象。广告受众的内涵十分广泛，既可以是组织、群体，也可以是个人。广告要想取得预期的效果，必须得到目标受众的注意、认可、喜爱并进而行动。

人们通常将广告受众划分为现实消费者和潜在消费者两个部分。现实消费者就是已经购买或使用某种产品或服务的消费者，这些消费者是有消费意识和明确的消费欲望的，且市场上早已存在一个特定的产品或服务与之对应。而潜在消费者则是指当前尚未购买或使用某种产品或服务的消费者，他们的消费欲望朦胧、不确定，有时甚至十分隐蔽，但在将来的某一时间有可能转变为购买或使用这种产品或服务的人。因为潜在需求是对现实需求的一种拓宽，它往往依附于现实需求，有时连消费者自己也说不清楚这种需求到底是什么，但当企业借助于现实需求对消费者进行触发和引导时，这种模糊不清的需求将会逐渐变得清晰。

不过，与以前相比，如今的受众已经有了很大的改变，他们对大众媒体广告的信任度、对品牌的忠诚度都有所降低，对产品或服务也更加了解。导致这些改变的原因是商品的丰富、媒体的发达、产品网络论坛的盛行、消费经验的增多以及营销水平的整体提高等等。对于一般套路的营销传播手法，受众已经产生了免疫力。以前有效的广告营销做法，现在却未必可行。例如，文字型广告的狂轰滥炸也曾造就了商品的畅销，但如今却很难在受众心目中留下深刻印象。

在传统媒体时代，传播是单向的，且有着明确的信息传播端和信息接收端。在传播过程中，主动权由位于信息传播端的媒体掌握，媒体决定着信息内容及传播的具体方式，相比之下，作为信息接收方的受众在传播过程中扮演着被动的角色。而在互联网环境下，单方向的、点对面的线性传播模式已经被点对点的传播模式取代，界限清晰的信息传播端和信息接收端也不复存在，尤其是在社交媒体平台上，每一个用户（节点）都可能同时扮演着信息

---

① 微信发布《2019微信数据报告》：月度活跃用户超过11亿.（2020-01-09）[2021-01-05]. http://www.sohu.com/a/365831531_499322.

传播者和信息接收者的双重角色。每一个互联网用户都可能同时成为信息源头及传播渠道，用户不再处于完全被动接收的弱势地位，他们对媒体渠道的控制权增强。例如，维基百科网站的用户不再是传统意义上的受众，他们既是信息的使用者，也是信息的生产者。例如，知乎提供的是一个方便易用的平台，用户不仅可以在网站上自由地提出问题，也可以针对某些感兴趣的问题给出答案；阅读答案的用户会通过点赞、反对、评论的方式进一步添加自己的意见；回答的用户也可以不断编辑和修改自己的答案。与传统媒体相比，其最大的区别在于这些网站中的内容都是由用户共同创作的，用户既是信息的生产者、传播者，也是信息的接收者。信息传播者和信息接收者的身份是可以切换的。

第三节　学习广告学的意义与方法

对大学生而言，大学是知识传播和学术探索的场所，也是走向社会之前的加油站。常言道，知物由学，学之乃知。大学生正处于学习的黄金时期，应该树立梦想从学习开始、事业靠本领成就的观念，把学习作为一种社会责任、一种精神追求、一种生活方式。为此，我们应当懂得本专业学习的意义及方法。

一、学习广告学的意义

一般而言，学习的意义是很显著的，它是人们获得知识、开阔眼界、提高修养、获得技能、加快成长的重要途径。就广告学专业而言，学习的主要意义在于以下方面：

有利于认识广告在经济建设与社会发展中的作用。学习广告学，可以让我们了解广告的“今生”与“前世”，懂得广告在国家经济建设与社会发展中的重要作用，从而既不会因行业局部的一些不良现象而一概否定广告的作用，也不会因广告发展的巨大成就而文过饰非。坚持管理与服务并举，自觉使广告业更好地为人民消费服务，为社会主义精神文明服务，为促进社会经济健康发展服务。

有利于系统掌握广告学的理论与方法，增强为客户创造价值的能力。广告学是一门应用性很强的学科，既有理论知识，也有方法技巧。学习广告学，可以让我们懂得广告活动的一般规律，了解广告的行业结构与发展前沿，熟悉广告运作的主要内容和流程，提高广告的策划与运作能力，为成为优秀的专业广告人奠定坚实的基础。总之，相比那些只是依靠碎片化的学习所取得的效果，系统的学习和严格的学科训练还是更为深刻的。在谈及科班出身和非科班出身广告人的不同时，原智威汤逊亚太区创意委员会主席劳双恩指出，没有经过培训的人做广告，比较没有包袱，只是凭直觉面对营销问题。专业的广告系学生刚开始可能一碰到问题就翻案例，不懂得市场永远在变。“但是，就像学画画，要做一名‘大家’，基本功一定要扎实，而这正是科班出身的广告人的优势，从基本功中演绎出一些突破，才能有石破天惊的结果。”①

有利于培养创新思维，增强创新能力。创新是广告业的生命，品牌通过创新才能保持活力，广告作品通过创新才能保持新颖。广告课堂的一些优秀的广告作品分析和创意思维训练，不仅可以培养我们的创新意识，也能提升我们的创新能力，而拥有创新力是成功的前提。

有利于加强自律意识，树立远大理想。学习广告学，可以让我们懂得广告的法律法规，提升我们的广告法律意识，强化职业道德，自觉坚持正确的广告舆论导向，创作积极和健康的广告，抵制虚假和恶俗的广告。

二、学习广告学的方法

做任何事情都有一定的方法，学习更是如此。找对了方法，学习效率就会翻倍；盲目地学，可能会走更多的弯路。对广告学专业而言，不仅要有主动的学习态度，还应有正确的学习方法。有人说，读书好比品咖啡，会读书的人能品出书中的韵味与意义，进入快乐的境界，而不会读书的人尝到的往往是苦涩与乏味。

（一）重课堂

早在20世纪30年代，美国普林斯顿大学的校长亚伯拉罕·弗莱克斯纳（Abraham Flexner）指出：“大学是学问的中心，致力于保存知识，增进系统的知识，并在中学之上培养人才。”② 迈入大学校园，面对的虽然是一个全新的学习和生活环境，但大学同样是以学为本的。这种学，需要超越感性欲望和利害关系，不计功利地探求知识与真理。

全日制学校的课堂教学具有临场性、互见性和互动性的优势，其效果是公认的。万丈高楼平地起，无论是什么样的学习都需要有一个循序渐进的过程。知识、概念性理解、判断以及技能要靠渐进式的积累才能获得。学生应当充分利用老师课堂讲授的机会，专心听讲，积极思考，做好笔记。有道是，

---

① TOPYS. 关于创意商业的150个问与答 . 桂林：广西师范大学出版社，2019：10.

② FLEXNER A. Universities：American，English，German. New York：Oxford University Press，1930：230.

最淡的墨水也胜过最强的记忆。传播学概论、市场营销学、经济学、公共关系学、新闻学概论等都属于基础课程，要学好。在此基础上，再扎实推进其他专业课程的学习，如中外广告史、广告调查与分析、广告策划学、广告文案写作、品牌战略与传播等课程。同时，还要积极参与老师组织的课堂讨论，踊跃发言；课后，多与同学和老师进行交流与分享，进一步锻炼自己理解问题和分析问题的能力。

（二）勤阅读

著名学者李学勤说："上大学了，我想这个至少应该算读书的开始，就应该读书了，要不然怎么念大学？不管今后走不走这样的路，你们的学术道路、读书生活都已经开始了。所以，我劝大家，在读书的时候，一定要在专业阅读方面使自己有一个坚实而广阔的基础。"①

倾听是跟随一位出现在眼前的老师学习，而阅读则犹如跟一位缺席的老师无声交流。古人说："世上几百年旧家无非积德，天下第一件好事还是读书。"朱光潜先生说："书籍是过去人类的精神遗产的宝库，也可以说是人类文化学术前进轨迹上的记程碑。"② 虽然学问不只是读书，但读书毕竟是通向学问的一个重要的门径。日本学者斋藤孝在《深阅读：信息爆炸时代我们如何读书》中说："在我看来，不读书是无法培养思考力的。毫不夸张地说，不读书的人生不叫人生。"每次阅读都是一场灵魂的旅行，在阅读过程中，我们会不停地遇见，发现书里书外多的是同路人。有时就像参加一场广告思想的盛宴，与那些学术精英、行业大师们携手而坐，或围炉品茗，聆听嘉言，或观点交锋，质疑问难，最终使我们开茅塞，除鄙见，得新知，广见识，练思维（见图 1－8）。因为世界上大多数的事物都是复杂的，并不是简单地用对错、真假等二元对立的标准就能判断。系统地深度阅读，可以拓展自己的知识谱系，淬炼自己的思想深度，培养自己开放的、多维的分析能力。

曾经有这样一个广为流传的故事，有位学生问老师："我读过很多书，但后来大部分都忘记了，读书的意义到底在哪里呢？"老师回答："当我还是个孩子时，我吃过很多食物，虽然现在已经记不起来吃过什么了，但可以肯定的是，它们中的一部分已经长成了我的骨头和肉。读书对人的改变也是如此。"这段话的意味是深长的。

（三）宽视野

所谓宽视野，是指一个人既要多实践、多观察、多参与，也要多阅读不

---

① 皮庆生．人大课堂：名家的 16 堂历史课．北京：中国人民大学出版社，2019：113.

② 朱光潜．谈读书．南京：译林出版社，2020：3.

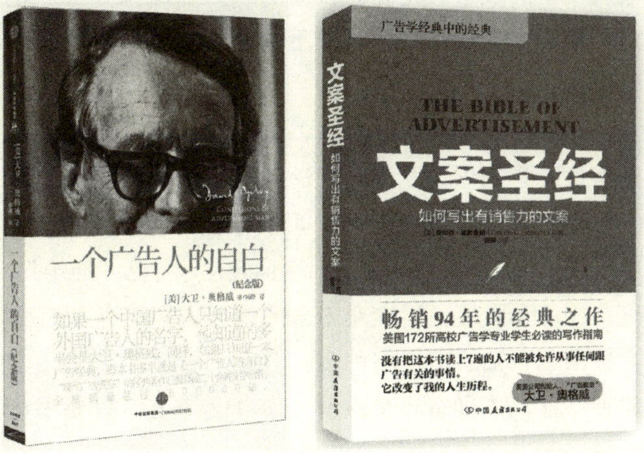

图 1－8　大卫·奥格威和克劳德·霍普金斯的中文版著作

同内容、不同学科的图书。对于广告学人来说，广泛的、大量的阅读可以丰富知识结构，开阔视野，提升对现实世界的判断力。鲁迅先生曾指出："只看一个人的著作，结果是不大好的！你就得不到多方面的优点。必须如蜜蜂一样，采过许多花，才能酿出蜜来，倘若叮在一处，所得就非常有限。"曹雪芹，不仅是著名的小说家，而且精通琴棋书画，博学多才。他的名著《红楼梦》中所涉及的知识包括医学、心理学、音乐、诗词、地理、建筑、服饰、园林艺术、风俗、烹调等，为后人所称道。

通常，学政治可以强化理论武装，坚定理想信念；学人文可以丰富文化底蕴，塑造健康人格；学技能可以掌握过硬本领，成为行业高手，最后达到博学不穷、融会贯通。现在，任何一个产业、任何一个岗位都需要多学科交叉融合的复合型人才。因此，除了专业书籍之外，我们还要广泛涉猎人文社会科学和自然科学方面的书籍。不仅包括萨特、加缪或卡夫卡，特别是像莎士比亚、歌德、托尔斯泰、雨果这些文学大师的作品，苏格拉底、柏拉图、亚里士多德、康德、黑格尔、尼采等大哲学家的著作，也包括一些自然科学方面的著作等。当然，具体阅读时也不宜平均用力，而应当有目的、有重点地读，有些章节要精读，有些可以粗读，有些可以索性不读。正如哲学家培根（Francis Bacon）所说："有些书只要浏览一下，有些书要仔细阅读，有些书要领会和消化。"

利用图书馆是一种很好的阅读途径。德国学者卡尔斯泰特（P. Karstedt）在其《图书馆社会学》一书中认为，图书是客观精神的载体，图书馆则是客观精神得以传递的场所，它使文化的创造和继承成为可能。[①] 对于大学来说，

① KARSTEDT P. Studien zur soziologie der bibliothek. Wiesbaden：Harrassouitz，1954.

图书馆有丰富的藏书，是高等教育的“第二课堂”——正课教学之外的有益补充。相比如今移动互联网背景下大众学习的碎片化、快餐式而言，图书馆所提供的知识会更系统、更深刻、更丰富，而且学习环境十分宁静，是自主性学习比较理想的场所。在这里，记录在纸质载体上的信息和存储在电子载体上的信息都是知识，既可以广泛涉猎，扩展视野，也可以搜集文献，深入研究。平日里课堂教学的学习时间十分有限，单凭老师讲授，许多东西是讲不完的，还需要同学们在课余时间不断地为自己“充电”，增强自己在专业上的广度、深度和强度，以应对未来的挑战。宋代诗人刘过告诉我们：“力学如力耕，勤惰尔自知。但使书种多，会有岁稔时。”这就是说，努力学习就如同努力耕种一样，该勤奋还是懒惰，你自己知道。只要书读得多，总会有大获成功的那一天。

当然，正确的学习要处理好两个关系，即博与专、学与思的关系。

对于学习者而言，博是基础，专是目的。正确的态度应当是博中求专，专上求博。美国学者桑吉特·米特拉（Sanjit K. Mitra）提出，互联网的出现急需一种关于人类认知能力的革新性的概念。互联网的无限存储能力意味着我们将不再需要把所有事实和信息都装在自己的脑子里。学习不再是记忆各种知识，而是自由地去探索知识。用尼葛洛庞帝（Nicholas Negroponte）的话说就是，“博学已经过时了”。的确，人类分工的细化和知识总量的暴增是现实，而人的时间和精力都是十分有限的，唯学无际。在互联网高度发达的今天，任何一个人想要用知识总量的上限涵盖当代知识的总量是不可能的，也是不必要的。谷歌、百度这样的信息系统几乎能做到无所不知，还有云储存、移动硬盘等可以存放海量的图片、文本、视频等。所以，那种纯粹的“掉书袋”式的学习是完全不需要的。但同时我们也应该认识到：(1) 这些信息系统没有思考能力，不能做到利用已知来拓展未知；(2) 计算机的云储存量和硬盘储存量再大，也不会使人自动成为学问家。只有主动地广泛猎取各种知识，融会贯通，才能为专业学习打下宽广而扎实的基础，拓展创新思维的能力。相对博学者，他们的思路会更加开阔。学者胡适在谈到科学研究时曾指出，科学家最重“假设”（hypothesis）。观察事物之后，自说有几个假定的意思；我们应该把每一个假设所涵盖的意义彻底想出，看那些意义是否可以解释所观察的事实？是否可以解决所遇到的疑难？所以要博学。正是因为博学方才可以有许多假设，学问只是供给我们种种假设的来源。这说明，具有丰富知识和经验的人比只有一种知识和经验的人更容易产生新的联想和独到的见解。

托马斯·赫胥黎（Thomas H. Huxley）有句传世名言：“Try to learn

something about everything and everything about something. ”[①] 这句话启示我们，不仅要读好书，还要读得精，尤其是那些与本专业密切相关的学术著作和期刊文章，需要认真研读。现代出版业高度发达，图书既多又杂，良莠难分，一定要有所选择。与其读十部无关紧要的书，不如以读十部书的精力去读一部有价值的书；与其只是走马观花地浏览十部书，不如选一部好书精读十遍，掌握全书的主要观点及其论述的思路、论据，并进行评价。如果只讲数量，只图速度，匆匆掠过，那就等于没有读过，因为书中的精华并没有得到吸收。对于这一点，前人是深明其理的。清代的张之洞就花了两年多时间写成一本《书目答问》，“以告初学”。目的有三：一是为后生指出学习门径，知从何入手；二是能够识别良莠，选择读好书；三是分门别类，添加注释，以助理解。贯穿全书的中心思想就是要读好书，少走弯路。可见，多读书是好事，读好书是幸事，而善读书则为能事。

至于学与思的关系，早在两千多年前，孔子就说过：“学而不思则罔，思而不学则殆。”一个人在学习中，倘若只知死记硬背，囫囵吞枣，而不加以思考、消化，到头来迷惑而无所得，等于白学；而只知道思考却不去实实在在地学习，最终也会精神疲倦，一无所获。在这一点上，中外学者的观点几乎是一致的。例如，朱熹说：“循序而渐进，熟读而深思。”学习不仅需要用眼睛，更需要用大脑。同样，德国著名哲学家叔本华（Arthur Schopenhauer）也认为：“光是不停读书，过后却不深入思考的话，绝大部分知识都会流失，不会在精神中扎根。”

美国学者莫提默·J. 艾德勒（Mortimer J. Adler）和查尔斯·范多伦（Charles Van Doren）在其著名的《如何阅读一本书》中指出：“如果说，自我发现型的学习与指导型的学习是增加知识的惟二法门，那么思考一定是在这两种学习当中都会出现的东西。在阅读与倾听时，我们必须要思考，就像我们在研究时一定要思考。”[②] 同时，他们还指出：

> 你要接受这样一个事实：重要的学问通常是有一定难度的，或者说基本都是如此。你会遭遇挫折，这是努力的标志，不代表失败。挫折伴随着奋斗，而奋斗可以积累专业知识。努力学习会改变你的大脑，创建新的连接，建立心智模型，扩展你的能力。[③]

---

① 意为尽可能广泛地涉猎各门学问，并且尽可能深入地择一钻研。

② 艾德勒，范多伦．如何阅读一本书．郝明义，朱衣，译．北京：商务印书馆，2014：20.

③ 布朗，勒迪格三世，麦克丹尼尔．认知天性：让学习轻而易举的心理学规律．邓峰，译．北京：中信出版社，2018：214.

（四）析作品

“广告入门的途径很多，看书听课、一线实操、拜师学艺，不一而足。还有一种低成本、高效、便捷易用的自我进阶之法，那就是大量地评析广告作品。”[①] 广告作品是广告人心血的结晶，它的背后隐藏着广告人的经验与智慧、意图与策略、审美与文化等，这些作品包括文案、平面设计、音频、视频作品，以及广告策划案等，分析它们的成败得失，可以从中发现有益的借鉴与启发。

1. 广告设计作品

霍普金斯说：“要以严谨的态度研究那些广告。它们是经过实践检验的广告，不是书本上的理论。它们不会欺骗你，它们教给你的经验都是那些有见识的广告人应用在所有广告中的基本原则。”如果把广告活动分为看得见的部分和看不见的部分，那么看得见的部分主要是广告作品，看不见的部分主要是广告策略。广告作品评析主要通过看得见的部分，去分析看不见的部分，关注重点在看不见的部分，即广告背后的策略。评析的对象，既可以是经过市场验证的成功广告，也可以是失败广告，既可以是获奖的优秀广告，也可以是充满争议的问题广告。

对广告作品的评析可以分为初级分析和专业分析两个层次。初级分析，可以从设计作品的创意概念、诉求方式、构图方法、修辞手法、叙事策略、视觉语言、意识形态、消费文化等进行分析。专业分析是指针对一则广告作品，要能准确地推定广告定位并洞悉背后的商业意图，能够第一时间准确地判断该广告的目标受众，能够指出广告背后的策略缺陷或高明之处，能够预判其整体效果（见图 1－9）。要想高质量地回答好这些问题，阅读与思考是前提。广告作品评析应该成为广告人的日常必修课和专业能力。

赏析广告不同于分析广告。“广告作品赏析的重点是‘赏’，通过分析作品进行创意欣赏，追求的是潜移默化的创意启发和艺术熏陶，以获取灵感、积累素材为目的。所以，很多时候我们称其为一次大脑的创意之旅，一场创意的饕餮盛宴。”[②] 广告作品赏析的对象，主要是优秀或经典的广告作品，尤其是当下国际或国内广告大赛中创意出彩的获奖作品，或者是一些市场反响强烈或舆论关注度高的“人气广告”。由于创意具有显著的艺术性、时代性、趋势性，所以广告作品赏析的对象大多是新广告。很多时候，广告作品赏析就是简单描述作品内容和创意思路即表现技巧，赏析对象既可以是十年前的

① 李明合．评作品 学广告：练就把脉广告的硬功夫．北京：电子工业出版社，2019：4.

② 同①9.

图 1-9　苹果 iPod 户外广告

（广告公司 TBWA/Chiat Day Los Angeles/美国，2004）

老广告，也可以是才出炉的新广告。

2. 广告策划案

广告学不像哲学那样被称为“无用之用”，而是有着极强的应用性。学习广告学的目的就是要成为一名合格的广告专业人员，能够为广告客户创作出更好的文案、策划出更好的方案，或设计出更优秀的广告作品。为此，研究那些成功的广告策划案是必需的。通过策划案的研习，可以训练我们的观察方法、创意思维以及策划技巧，培养我们的实战能力。

明末清初的大文人魏禧在《日录里言》中说：“读书听言，当自省者四：不虚心，便如水沃石，一毫进入不得。不开悟，便如胶柱鼓瑟，一毫转动不得。不体认，便如电光照物，一毫把捉不得。不躬行，便如水行得车，陆行得舟，一毫受用不得。”他的话值得每位广告学子深思。

（五）多实践

“纸上得来终觉浅，绝知此事要躬行。”大学的学习与生活，并不能仅仅局限在课堂和课本上，每个人都需要为自己寻找一个更广阔的学习和实践舞台。从这种意义上说，第二课堂关乎学习的兴趣，对于每个人的成长影响更为持久，不容忽视。

1. 学术活动

大学是神圣的学术殿堂，各种新科技、新观念、新思潮、新流派、新的学术文化信息都会在这里汇集、交流、传播、碰撞。通常，院系每年都会举办一场到几场学术讲座，邀请一些知名的专家、学者或者业界大咖进行讲授，其内容往往是当前广告领域中的热点或难点问题。这些讲座或深入浅出讲述深刻道理，或生动形象展示学科精髓，或幽默风趣引人思考，或激情澎湃促人奋进，充分展示了大学的学术氛围。不仅能带来深刻的专业见解，更重要的是为学子们开启了更多角度的思索，提供了更多方面的启发与更为广阔的眼界。

此外，还可以主动融入老师的研究团队并积极承担一定的任务，这也是一种锻炼提升自己的良机，可以让你的大学生活更为充实、精彩。大学者朱光潜先生说："学问是精神的食粮，它使我们的精神生活更丰富。肚皮装得饱饱的，是一件乐事，心灵装得饱饱的，是一件更大的乐事。一个人如果在学问上有浓厚的兴趣，精深的造诣，他会发现万事万物各有一个妙理在内，他会发现自己的心涵蕴万象，澄明通达，时时有寄托，时时在生展，这种人决不会干枯，他也决不会做出卑污下贱的事。"①

2. 实践活动

学习是成长进步的阶梯，实践则是提高本领的途径。古人说："学如弓弩，才如箭镞。"说的是学问的根基好比弓弩，才能好比箭头，只要依靠厚实的见识来引导，就可以让才能很好地发挥作用。大学阶段就是一个边学边用，进行各种尝试的时期。"操千曲而后晓声，观千剑而后识器。"只有将自己所学的专业理论和知识运用到实际工作中，反复总结，才能不断提升自己。这不仅有利于践行专业理想、培养团队精神，而且有利于自己思想、思维和能力的发展，对日后的职业生涯大有裨益。

学生参与实践的途径主要有以下几条：

一是参加学校的相关学生社团，如摄影协会、广告创意研究会、广告读书会等，大家在一起经常交流学习心得，讨论广告现象，提出建设性意见。

二是参加学校组织的社会实践活动，如社会调查、课程实习、参观考察、产学研合作等活动。具体如中国传媒大学广告学院依托不同的教学特色实验工作室，作为教师和学生的重要实践平台；北京大学广告学系与国内头部网络媒体平台合作，将网络平台运营直接变成相关课程内容，便于学生将所学理论应用于实践，增强广告的实战能力。

三是参加相关学科竞赛活动。熟知并非真知。学科竞赛是大学生提高创新能力的实践平台，也是超出课本知识范围的一种特殊考试形式。通过参加学科竞赛，一方面可以检验学生对专业理论的理解能力和对知识的运用能力，使学生对广告作业的科学性、法律性、专业性和创新性要求的体会更加深刻，另一方面也可以检验教师的教学水平和学校的教学质量，推动广告学专业的教学改革，进一步强化应用型人才培养的导向。目前代表性的学科竞赛活动有全国大学生广告艺术大赛、中国大学生广告艺术节学院奖、时报金犊奖、上海国际广告节、One Show 国际创意节、北京国际公益广告大会等，这些

---

① 朱光潜．谈修养．沈阳：万卷出版公司，2018：104.

赛事的命题均取自市场实战的一手资料，命题行业涵盖众多，命题方式灵活多样。这些赛事不仅在大学生中具有很大的影响力，也成为众多广告公司和知名企业遴选人才的重要依据。

（1）全国大学生广告艺术大赛（简称“大广赛”），是中国最大的高校广告艺术传播平台，是由教育部高等教育司指导，教育部高等学校新闻传播学类专业教学指导委员会、中国高等教育学会广告教育专业委员会共同主办，中国传媒大学、全国大学生广告艺术大赛组委会承办的全国高校文科大赛。大广赛是迄今为止全国规模最大、覆盖高等院校范围较广、参与师生人数较多的国家级大学生赛事。全国各类高等院校全日制大学生均可参加。参赛作品类别为平面类、视频类（影视、微电影、短视频）、动画类、音频类、互动类、文案类（广告语、长文案、创意脚本）、策划类、公益类等。

（2）中国大学生广告艺术节学院奖（简称“学院奖”），是由国家市场监督管理总局（原国家工商行政管理总局）批准、中国广告协会主办、《广告人》杂志社承办的国家级大学生广告艺术活动，内容涵盖学术研讨、创意大赛、娱乐评选以及人才交流等方面。全国各类高等院校在校全日制大学生均可参加。参赛作品类别包括平面广告/设计类、漫画故事、影视广告、微电影、短视频、互联网推文、营销策划、广告文案等。

（3）时报金犊奖（简称“金犊奖”），由台湾时报集团主办，因评审严谨、专业、权威，被学界称为“青年创意的奥斯卡”。全球范围内的在校研究生、本科生、专科生（高职）、高中（职高、中专、技校）学生、进修生及其他拥有教育机构学生证明身份的，均可参加。参赛作品类别为广告设计类，包括平面广告类、电视广告类、广播广告类、动画广告类、网络广告类、环境媒体运用类、指定品牌类、技术类等。

为了取得好的成绩，建议参加竞赛的同学组成参赛小组，模拟广告公司作业程序，根据特长分工，利用头脑风暴，集思广益，众筹智慧，使得小组成员的创新活力得到充分激发。

当然，无论是学习还是实践，都不是那么轻松的，都需要艰苦的探索、顽强的毅力和脚踏实地的态度，既不能急于求成，也容不得三心二意。一位网友在知乎上这样写道：“在大学里面真正靠的还是自己，要制定一个长远细致的规划，让自己每天都可以真实地感受到充实。要多读书，多了解时事，让自己学到真本事，使自己真的有实力。……不要随波逐流，男生天天窝在寝室打游戏，想着如何追妹子，女生每天热衷于打扮、购物、攀比等。渐渐地失去了自我意识，没有了创造力，等到大学毕业，要面对残酷的社会的时候，再发现自己什么都不会，大学四年都浪费在无聊的事情上面去了。自己没有真才实学，处处碰壁，然后再来抱怨教育无能，社会不公。我想说，这都是自己造成的结果。"①

思考与讨论

1. 在互联网传播时代，广告的内涵有了哪些新变化？
2. 社会媒体的特征是什么？有什么传播价值？
3. 为什么要进行广告媒体分类？这种分类的意义何在？
4. 广告有哪些基本的特征？
5. 在学习方法上，你自己有哪些值得和同学们分享的经验、教训？

① 知乎网友"忆小艾"关于问题"大学的本质和职责是什么？"的回答，见 https：//www.zhihu.com/question/19672161/answer/21213037。

第二章

广告是怎样产生与发展的

——广告业的演变与特征

只有知道了通向今天的道路，我们才能清楚和明智地规划未来。

———史蒂文森（Robert L. Stevenson）

本章学习目标：

1. 了解古代广告的基本形态。
2. 了解近现代广告的繁荣原因及新形态。
3. 了解中国当代广告发展的轨迹。
4. 了解广告代理制度的意义及模式。

第一节　古代广告的产生与发展

广告的历史源远流长。有学者认为，“广告和销售本身一样古老”[①]。当然，广告也是一个发展中的概念，就其形式与内容来说，它是随着社会的发展和媒体技术的变化而变化的。

一、古代广告产生的背景

追寻广告最初的身影，需要逆着时光的长河而上，追溯孕育于遥远年代的人类祖先的生活状态。那是人类文明曙光初露的时代。

在人类社会的早期，最原始的经济行为是简单的物物交换。物物交换的产生通常需要两个基本条件，一是剩余产品的出现，二是社会分工的展开。在生产力水平极其低下的情况下，如果原始人生产的产品不足以满足他们自身的需求，就不可能跟别人交换各自生产的产品。只有在出现剩余产品后，

① 塔洛．今日传媒．于海生，译．北京：华夏出版社，2000：636.

才可能发生产品交换行为。到了原始社会末期，随着生产力的发展，人类社会开始出现社会分工，“农业和手工业之间发生了进一步的分工，从而发生了直接为了交换的、日益增加的一部分劳动产品的生产，这就使单个生产者之间的交换变成了社会的迫切需要”①。

亚当·斯密（Adam Smith）在其《国民财富的性质和原因的研究》（即《国富论》）中认为，物物交换，互相交易，互通有无是人类本性的一个根本特征，“是理性言语那诸种能力的必然结果”。考古学家发现，在幼发拉底河和底格里斯河流域的古巴比伦、尼罗河畔的古埃及、印度河和恒河流域的古印度、爱琴海地区的古希腊，以及黄河流域和长江流域的华夏是古代文明的发祥地，这些区域先后出现过较为繁荣的农业和手工业及较为频繁的商业交换活动。即使在一些生产技术最低下的以采集为生计主业的状态下，也存在着不同部落之间的产品交换活动。虽然交换形式简单，但都离不开人的口头语言符号和肢体语言符号的传递和交流。

在距今 6 000—7 000 年的中国河南、甘肃、陕西等地属于早期仰韶文化的村落遗址中，都发现了产于沿海的海贝（装饰用），显然，这是古人与外地进行交换的物证。当然，起初的交换尚带有偶然性。经过了漫长的历史时期之后，畜牧业与种植业分离，手工业（制陶、制青铜）也相继与农业分离，交换的范围进一步扩大，种类进一步增多。《易·系辞下传》所说的“神农氏作，……日中为市，致天下之民，聚天下之货，交易而退，各得其所”，即表示百姓之间的产品交换已比较普遍，并且有比较固定的时间和场所。这些场所在什么地方呢？大多“因井为市”，因为水井是古人常常聚集的地方，既便于汲水供人畜饮用，也便于取水将货物洗净（见图 2－1）。所以后世常把“市井”连称，是有道理的。

图 2－1　古代水井遗址

（建于 1369 年，地点为安徽歙县，何玉杰摄，2020）

---

① 恩格斯．家庭、私有制和国家的起源．北京：人民出版社，1972：163.

在早期，交换发生在生产门类、自然条件不同而拥有不同产品的氏族、部落之间，重要的、大宗的交易通常以氏族、部落首领为代表进行交换，而零星的生活用品交换则通常在氏族成员中进行。有虞氏部落的首领舜就是擅长交换活动的一位有名的人物。《史记》记载说，他曾作什器于寿丘（今山东曲阜），就时于负夏（今山东兖州）。所谓“就时”，是指乘时逐利进行交易的意思。后来，舜命禹治洪水，禹一方面领导百姓疏浚河流，另一方面设法组织地区间的粮食调剂，以便通过互通有无来解决灾后的百姓生活问题。《尚书》中记载禹所说的“懋迁有无，化居，烝民乃粒”，即指此事而言。在这里，懋（贸）迁即贸易；化居，“交易其所居积”，即以其所有，易其所无，“调有余以相给”；烝，众多；乃粒，乃有粮食。后人称做生意为“懋迁有无”即源于此。随着产品交换的日益频繁，早期的广告也如影随形般成长起来。

二、古代广告的基本形态

广告作为一种信息传播形态，自古有之。一经产生，就被证明是促进货物交换或销售的最有效的方式之一。

据历史资料记载，广告出现初期，人们主要依靠口头、音响、实物、幌子等形式传递产品信息。在公元前 3000 年至公元前 176 年，古代的巴比伦、地中海沿岸的迦太基和腓尼基等地的港口城市的码头就有商人雇用叫卖人为他们进行口头广告，这些人被称为“叫喊人”。同样，古埃及的一些商人也专门雇用叫卖人在码头上叫喊商船到岸的时间，有的船主还雇人穿上前后都写有商船到岸时间和船内装载货物名称的背心，让他们在街上来回走动并大声叫喊。古希腊和古罗马时期，城内的商业集市已经形成，售卖者大声叫卖，进行各种产品交换。当时，一首化妆品的广告歌曲非常流行：“为了两颊绯红，为了双眸晶莹，为了人老珠不黄，每个爱美的女人都要用克里斯托弗的化妆品。”

文字的出现，使得广告传播的信息既明确也能长久保留。在此基础上，形成了招贴、招牌、对联等广告形态。公元前 1000 年左右，古埃及的一则捉拿逃亡奴隶的广告被认为是世界上最早的文字广告。它是在尼罗河畔的古城底比斯发现的写在莎草纸上的广告，内容为：“奴隶谢姆（Sham），从其主人哈布家逃走，坦诚和善良的市民们，请协助按布告所说将其带回。他身高 5 英尺 2 英寸，红褐色面部。有告知其下落者，奉送金环一只；将其带回店者，奉送金环一副。”古罗马的独裁统治者恺撒（Gaius Julius Caesar）面对即将来临的战争，经常通过散发各种传单来开展大规模的宣传活动，以便获得民众的支持。这是传单广告形式在西方的最早使用。

在东方的古代中国，建立在自然经济基础上的广告活动也十分频繁，成为推动社会经济不断发展的重要力量。从大量的史料中，我们可以看出，从原始社会末期的“抱布贸丝”到春秋时代的“鼓刀扬声”，从唐代酒楼的灯笼到《清明上河图》中的“肩挑担卖”“彩楼”“欢门”（见图 2－2），从《水浒传》中“三碗不过岗”的招幌（望子）到宋代的刘家功夫针铺的招贴铜模等，无不是广告活动的痕迹，广告也成了商业贸易的工具、经济发展良好态势的象征。

图 2－2 《清明上河图》局部

三、古代广告的基本特征

人类古代广告的历史漫长，形式多样，归纳起来，有以下几种基本特征。

（一）市声、实物和户外广告是最为普遍的形态

无论中外，古代商人主要分为行商和坐贾两种形式。行商的广告方式主要有叫卖、唱卖、音响等，坐贾的广告方式主要有店招、实物、酒旗、幌子、招牌、灯笼、对联等。即使是坐贾，也往往离不开市声广告的相助。古代埃及、迦太基和欧洲“叫喊人”的出现，都证明了这一点。

（二）广告传播力较弱，广告发展缓慢

在古代，限于当时的技术条件，很多广告媒体只是简单加工过的自然物，对环境依赖性大，现场告知性强，保存时间较短，因而具有传播范围狭小、区域性显著的特点。再加上经常性的战争影响，广告发展缓慢。往往是平安时代繁荣，战争年代沉寂，在漫长的岁月中不断交替。

（三）媒体形态较为单一

虽然我国宋代已经出现了印刷广告——仿单，但是，当时印刷媒体的发行量小，影响力也不大，远未达到大众化的程度。到了 15 世纪，西方虽然出现了铅活字印刷技术，但是新事物并未普及，影响力不大。所以，广告媒体的形态主要还是古代传统的形式，缺乏广告代理制度的生存空间。

（四）东西方发展道路不同

由于地理和历史差异等原因，人类文化被划分成了几个不同的系统。每个文化系统都有自己独特的历史发展轨迹，并创造出了辉煌灿烂的文明。西方文明诞生于海洋，是古希腊文化和希伯来文化相结合的产物，其产生之初就有“重商主义”传统。学者们也“从来自希伯来传统的基督教中发现了推动资本主义发展的思想文化根源”[①]。与西方世界相比，在其他地区的文化中，商业的色彩要淡很多。在中国，封建社会的统治者长期实行“重农抑商”政策，使得商品经济发展十分缓慢，“直到近代，中国货币经济还不如公元前 4 世纪到公元前 1 世纪的埃及托勒密王朝时期发达”[②]。古代西方的广告，在媒体和广告方式等方面，虽然与其他地区差别不大，但是远比其他地区活跃。

第二节　近代广告业的发展

在近代，由于印刷术的新突破和工业革命的影响，纸质形态和电子形态的大众媒体广泛兴起，广告的传播形态与方式发生了革命性的改变，广告的辐射力和影响力随之空前强大。

一、近代大众媒体广告的繁荣

（一）以印刷媒体广告传播为主的时期

这是一个“铅与火”的时代。15 世纪中后期，印刷术在西方有了突破性发展，印刷广告出现并在欧洲大陆快速发展。1472 年，英国伦敦的一家教堂墙上出现了推销宗教图书的招贴（海报），这被大多数广告专家认定为现存最

① 韦伯．儒教与道教．王容芳，译．北京：商务印书馆，2002：46.

② 徐友渔，周国平，陈嘉映，等．语言与哲学：当代英美与德法传统比较研究．北京：三联书店，1996：173－174.

早的印刷广告（招贴）。

印刷媒体时代是一个较为漫长的历史时期。在普遍的农业经济背景下，世界各国的经济形态和发展水平差异不大，主要地区的广告发展进程基本同步，广告的形态极为简单粗放。到了文艺复兴之后，意大利亚得里亚海沿岸的城市出现了最早的印刷报纸，上面刊有船期和货物到岸的信息。这种信息形式随着定期报纸的出现，变成了现代广告形式。

18 世纪中叶的工业革命是世界史上一个极其重要的转折点。以英国为首的西方国家开始以机器生产代替手工劳动，以工厂代替手工工场，影响深远。工业革命后，主要资本主义国家的生产力获得极大的发展，逐渐由传统社会转型为现代工业社会，工业经济成为社会主导的经济形态。国内市场兴旺，对外贸易高度繁荣，工业文明也随着资本主义的全球扩张而迅速向外传播。同时，在机器化大生产条件下，大量劳动力从土地的束缚中解放出来，纷纷进入城市，从事工业生产。城市人口急剧增加，对商品和消费的需求大幅增长。

到 19 世纪中后期，西方印刷技术获得进一步发展，报刊发行量越来越大，套色的杂志广告、报纸广告相继诞生，标志着大众传播时代的到来。从 1666 年英国《伦敦公报》的广告专栏到号称“永不沉没”的泰坦尼克号（Titanic）在 1912 年处女航之前的海报，从 1833 年美国的《纽约太阳报》（*The New York Sun*）广告收费标准的制定到 1882 年英国人哈默在伦敦街头安装了世界上最早的灯光广告，都体现了近代广告的繁荣。报纸广告延续了早先出现的印刷广告功能，既扩大了产品的消费，也成为支持媒体发展的重要经济收入来源。

同一时期的美国报纸广告更为繁荣。从 1729 年富兰克林（Benjamin Franklin）创办的《宾夕法尼亚报》（*The Pennsylvania Gazette*）创刊时的广告到 1833 年《纽约太阳报》开启的“便士报”时代的广告大众化传播，报纸发行量猛增，逐渐成为富有影响力的大众媒体。据统计，到 1840 年，美国已经有 1 631 家报社，报纸广告涉及从政治、商业、文化等领域到个人生活的各个方面，对西方社会生活和经济生活的影响日益增大，广告收入已经成为报纸营收的主要来源，为促进报纸更好发展奠定了基础。

日本的近代广告也是在 1868 年“明治维新”运动之后，随着报纸的大量出现而迅速发展起来的，但相对于欧美国家而言，起步较晚。从 1871 年《横滨每日新闻》的创办到随后《每日新闻》《读卖新闻》《日本经济新闻》《朝日新闻》等的纷纷兴起，报纸广告的数量越来越多。到 1890 年时，东京报纸的广告费收入已经占报纸总收入的 30%左右。

中国广告的近代化则是在鸦片战争之后开始的。中英《南京条约》签订以后，西方资本主义国家展开了对中国经济的掠夺，把中国作为商品倾销市场和原料供应基地。外国资本和商品的大量涌入，在客观上刺激了我国民族工商业的发展。西方大批商人、政客、传教士、冒险家在带来鸦片的同时，也带来了他们创办的报纸、杂志以及各类广告。这一切必然将中国的广告推向近代化阶段。1833年8月1日，中国境内第一份中文近代化报纸《东西洋考每月统记传》在广州创刊，并刊登了“行情物价表”之类的信息及商业广告。直到1922年止，中国的中外文报纸已达1 000种，报纸成为中国近代史上最重要的广告媒体形式。1853年，英国传教士在香港出版的《遐迩贯珍》是鸦片战争后中国境内最早的中文杂志。从1855年《遐迩贯珍》设广告专栏“布告篇”到1872年上海《申报》的“告白”篇，以及1893年上海《新闻报》的头版巨幅广告，都表明了随着大众媒体的兴起，近代中国的报纸广告逐渐走向了繁荣。

上海是中国近代广告的发源地。除了报刊广告繁荣之外，路牌广告、月份牌广告、车身广告、霓虹灯广告等新型广告也迅速兴起并在周围城镇中争奇斗艳（见图2-3）。其后，随着无线电技术的发展，又出现了更有吸引力的广播媒体广告，使得广告形式更加丰富，对消费者的影响力更大。

图2-3 月份牌广告

（左图绘制者为胡伯翔，右图绘制者为杭稚英，20世纪二三十年代）

（二）电子媒体广告兴起和繁荣时期

19世纪中后期，无线电技术得到进一步发展，继电报之后，电话、摄影机、留声机等又陆续发明，它们不仅使人类的信息传播能够彻底突破时空的限制，而且也催生了更强大的广告媒体类别。当“铅与火”的时代落幕，“光与电”的时代乐章便迅然奏响。

就广告传播媒体而言，广播和电视是20世纪上半叶人类的两项重大发明。它们的问世，使人类的新闻传播活动由以印刷传播媒体为主的时代过渡到了印刷传播媒体和电子传播媒体并驾齐驱的时代，尤其是广播广告，以声音取胜，人们可随时随地收听，极大地弥补了报纸广告的不足。从法国最早的霓虹灯广告到1922年美国电报电话公司（AT&T）位于纽约的WEAF电台播出的第一条房地产广播广告，从1941年美国第一家电视台纽约WNBT插播的布洛瓦手表广告到20世纪50年代的彩色电视广告，都清楚地表明了到20世纪30年代之后，广播、电视在西方国家迅速得到普及，成为全国性的广告媒体。广告的发展也因此实现了跨越式发展，传播形式更生动，传播范围更广大，传播效果更强劲。

二、近代广告业的发展

（一）广告代理的试水——广告代办处

19世纪中后期，由于报纸、杂志成为西方社会的主流媒体，报刊广告的需求激增，专业性的广告公司随之登上历史舞台。

广告行业兴起的标志是广告活动的专业化和职业化。早在1610年，英国就出现了最早的广告代理店，它是由国王詹姆士一世（James Ⅰ）允准两个骑士建立的。1612年，法国的雷纳德（J. Reynard）创立了一家名叫“高格德尔”的广告代理店，但是它们都不是真正意义上的专业性广告代理公司，广告也没有成为独立的职业。

沃尔尼·帕尔默（Volney B. Palmer，见图2-4）是美国新泽西地区一个报纸企业家之子。他曾协助父亲收集日常的广告和广告商信息，并出版小报《新泽西镜报》。1841年，他在费城开办了第一家广告代办处，向那些想在更大范围销售产品的商人或生产者兜售各家报纸的广告版面，并自称为“报纸广告代理人”，这标志着广告代理业的诞生。

图2-4 沃尔尼·帕尔默

帕尔默最初的工作只涉及为客户购买报纸版面和提供广告报价等简单的业务，后来他接受广告主的委托制作简单的广告稿件，并从广告主付给报社的广告费中提取25%作为服务费，这就是现代广告服务费制度的开端。由于帕尔默的工作有助于增加报纸的收入和提高报纸的效率，因此广告代理受到报业的欢迎，逐渐成为专业性的公司。一般认为，帕尔默的广告代办处是美国现代广告最早的代理，也是世界上最早的广告代理公司的雏形。

（二）广告代理的发展——媒体掮客公司

在南北战争后的几十年，美国经历了制造业的快速增长，生产过程实现了自动化和流水化作业，大量产品涌向市场，使得广告的代理功能发生显著的变化。1865 年，乔治・罗威尔（George P. Rowell）在波士顿创办了与今天的广告代理公司更为相似的媒体掮客公司。他与上百家报纸签订了版面代理合同，收取报社 25%的佣金，再把版面分成小的单位零售给广告主，获利丰厚。

1869 年，罗威尔又出版了《罗威尔美国报纸指南》，公开发表美国和加拿大多家报纸的估计发行数量，并向广告代理商和广告主提供各报的版面价格，为广告主选择媒体提供了参考依据。罗威尔所从事的广告版面买卖业务虽然仍是单纯的媒体代理，但比早期的广告代理又进了一步。他正式摆脱了报社附庸的地位，减轻了媒体经营广告的风险。不过，罗威尔的广告业务仅限于媒体代理、版面的批发和买卖，不涉及广告活动的策划、制作等环节，因此他的公司还不能算是真正意义上的现代广告公司。

（三）广告代理的完善——客户服务型广告公司

从 1729 年富兰克林创办《宾夕法尼亚报》开创现代广告业以来，广告已经成为美国人生活中司空见惯的事物，众多商家都开始通过报纸、杂志、广播等多种媒体传播产品、促进销售。广告业务的繁荣促进了广告代理制度的逐渐成熟。

1869 年，韦兰・艾尔（Francis Wayland Ayer）在美国费城创办了艾尔父子广告公司。从 1876 年开始，该公司采用了一种“公开合同”制度，设法降低报社的广告刊登费，然后参考各界手续费情况，把自己为客户提供广告服务的佣金比例定为 15%。大约在 1890 年，艾尔将公司经营的重点从单纯的报纸版面转到了为客户服务，不仅从事报纸广告的媒体代理，也为客户撰写、设计广告。这种广告经营理念的根本性改变，不仅提高了广告经营的质量和水平，而且使广告从媒体的依附地位发展成为独立的新型产业。艾尔的广告公司因此被称为“现代广告公司的先驱”。

这一时期服务专业化与多样化的独立广告代理公司的出现，广告主与广告公司的代理关系以及广告代理佣金制度的建立与确认，标志着现代意义上的广告代理制度真正确立。广告代理制度的确立与实施，确立了广告公司在广告运作中的中心地位，对广告公司的实力与水平提出了更高的要求。同时，在广告市场上，广告主、广告代理人、媒体等多角关系的互动促进着广告活动沿着科学化、专业化、规范化方向不断发展，从而加速了美国广告业走向发达。

20 世纪 30 年代以后，专业意义上的广告代理制度在美国基本形成，并被公认为广告经营的一种最佳模式，相继在日本、英国、法国等国家和地区推广、普及，从而成为国际通行的广告经营机制。同时，一些有规模、有影响力的广告公司出现，如奥美（O&M）、智威汤逊（J. Walter Thompson，JWT）、达彼思（Ted Bates）、奇阿特·戴（Chiat Day）、萨奇广告（Saatchi&Saatchil）、哈瓦斯（Havas）、电通（Dentsu Group）等。

三、近代广告业的基本特征

由于受到资本主义经济的迅速发展、城市扩张、交通改善以及印刷技术进步等诸多因素的影响，广告业的发展更加成熟。

（一）广告传播形态不断飞跃

报纸和杂志诞生于 17 世纪，经过 19 世纪中叶的“便士报运动”，进入大街小巷、千家万户，开创了以广告为中心的经营模式，推动了广告业的快速发展和管理方式的转变，确立了现代广告业的基本框架。20 世纪 20 年代之后，随着无线电技术的飞速发展，又出现了广播媒体广告，它与传统的报纸、杂志广告形态相异，但传播速度更快，传播效果十分强大，对受众有着强大的吸引力，受众易于接受。电视广告也已出现，虽未形成气候，但初露端倪。

（二）广告运作走向科学化

现代大众传媒的蓬勃发展、市场商品竞争的加剧，促成了世界上最早的广告代理公司在欧美出现，广告逐渐走向职业化。为了取得更好的广告效果，广告代理公司注重科学化，越来越重视市场调查与消费者心理。第一次世界大战的爆发在客观上加速了广告业的发展，因为西方许多广告业先驱都是通过为战争做宣传而开启自己的广告职业生涯的。到了 20 世纪 30 年代，专业意义上的广告代理制度在美国形成，并在经济较为发达的英国、法国、日本等国家和地区普及。由此，广告公司的核心竞争力逐步转到了广告的策划与创意上。

（三）美国成为世界广告业的龙头老大

广告业的发展总是与经济贸易的发展相一致，并随着经济贸易地位的转移而转移。新航路开辟之后，曾经繁荣的地中海贸易走向衰落，欧洲贸易集散地由意大利的威尼斯等城市逐渐转向大西洋沿岸各国，从而使荷兰、英国等国经济走向繁荣。英国最终成为新的世界经济贸易中心和广告业中心，广告业发展遥遥领先于其他国家。直到 19 世纪中后期，美国经济强势崛起，社会财富井喷式增长，商品贸易繁荣，从而取代了英国成为新的世界广告业中心。进入 20 世纪，美国广告业更为发达，涌现了一大批著名的广告公司，引导着消费潮流的变化，成为持久的世界广告风向标。

第三节　现当代广告业的发展

进入 20 世纪以来，西方的工业经济和商品经济高度发达，科技发展也是日新月异。虽然经历了两次世界大战的破坏，但世界经济依然能够以超过以往任何时代的势头迅猛发展，达到了人类历史上最为繁荣的时期。这种前所未有的进步表现为以下方面：人类登上月球，潜入深海，洞察百亿光年外的天体，探索原子核世界的奥秘；民航飞机、远洋船舶的广泛使用大大节约了人们奔走世界各地的时间；电视、录像、程控电话、因特网等都出现在生活中，数字化将人类社会带进高度发达的网络传播时代。

一、现当代西方广告业的发展

（一）广告市场的变化

根据美国 NTC 出版公司出版的《1999 年世界广告业发展趋势》一书分析，1997 年世界主要市场上的广告投放量呈持续增长态势。在所调查的全球 80 多个主要国家中，广告投放总量达到了 2 700 亿美元。从区域发展来看，北美地区在 1997 年仍然保持着在世界广告业中的领导地位，广告投放量占世界总量的 40％以上，而仅美国一个市场的广告投放量就占到了世界总量的 39％。欧洲市场的广告投放量次于北美，位居第二，占全球总量的 28％，其中德国、英国、法国是欧洲三个最大的广告市场，这三个市场的广告投放量就占整个欧洲的一半以上。相比而言，东欧国家的广告市场投放量的增长速度普遍较快。亚太地区是世界第三大广告市场，广告投放量占全球的23%，其次是拉丁美洲7%，中东0.8%，非洲0.7%。

进入21世纪以来，世界广告市场由原来的以北美和欧洲为主导变成了北美、亚太和西欧三足鼎立的局面。2008年，北美地区以1 797.6亿美元位居首位，占全球广告收入的36.4%；欧洲以1 210.4亿美元位居第二，占比为24.5%；亚太地区广告收入为1 073.3亿美元，排名第三，占比为21.7%；拉美地区广告收入为304.1亿美元，而非洲和中东地区广告收入总和为202.8亿美元，仅占全球广告收入4.1%的份额。

2019年，全球广告业整体增速放缓。据GroupM在2019年12月推出的“This Year Next Year”报告，2019年全球广告市场增速约为4.8%。各国具体情况有所不同，世界三大广告市场具体情况如下：

美国作为全球广告业规模居首位的国家，2019年广告业增长4.6%。其中，户外广告费用基本持平，变化不大。电视广告费用下降7.1%，是八年来的最低水平。电视广告费用在美国广告总费用中的占比在2018年已不到1/3，2019年更是下降到了不足三成。互联网广告费用增长近两成，占了一半的市场份额。美国是世界头号经济强国，其经济发展势头虽然有所减弱，但依然是世界经济最为重要的构成部分。因此，美国将继续保持世界头号广告市场的地位。

英国广告市场规模近几年增幅稳定，2019年约增加7.8%。电视广告费用在小幅下降的情况下，市场份额也降到了20%以下。但在英国本土，互联网广告费用的份额首次超过了60%，发展势头旺盛。英国的广告经营额虽然落后于美国，但近几年都保持较高的增速，达到7.8%，超过了美国。

德国2019年的广告市场规模增幅偏低，仅有0.9%的增长。电视广告费用略降，市场份额也基本稳定。德国互联网广告费用连续多年维持个位数增长，2019年的市场份额约为38.5%。

（二）广告传播企业的发展

20世纪80年代，西方广告业出现了兼并浪潮，广告公司走向集中化：大公司购买小公司以扩充它们的业务，大公司也与其他大公司合并以增强实力，而广告集团则在全球范围内收购广告公司，借此在全球市场上扩充自身的业务领域和实力。这是世界经济变化的一个关键性时期，有两个重要因素将广告公司推向了世界性的地位。

第一个因素是越来越多的企业逐渐变成跨国公司。第二次世界大战以后，美国的很多公司相继在世界各地扩展它们的业务，如可口可乐、IBM等公司都是跨国公司，它们的决策建立在全球市场的基础上，而不是仅仅考虑国内市场。因此，这些跨国公司希望广告公司能和它们一道，开展全球性的广告活动。用这样的广告公司比在每个国家寻找本土性广告公司更有效率。

促进世界性广告公司出现的第二个因素是全世界新的消费市场的出现，如亚洲（如中国）等新兴市场的出现。伴随全球电视市场的增长，这些新的市场为跨国企业提供了巨大的产品销售机会。为了在不同国家和地区销售产品，必须让消费者知道这些产品的存在，这便是世界性广告公司的作用所在。全球性扩张反映了全球范围内新兴市场迅速增长的需要，尤其是亚洲市场的增长。跨国企业和跨国广告公司的大量涌现导致世界性广告公司的产生。

20 世纪 80 年代的媒体发展对于广告业也产生了深远影响。这就是由于有线电视、卫星电视、电子游戏和互联网等的出现，导致媒体数量激增，受众分流现象严重，广告完全抵达目标受众变得更加困难。这促成了广告公司作业方式的改变和整合营销传播（integrated marketing communication，IMC）理论的形成。到 20 世纪 90 年代，广告的跨国传播变得常态化。

在兼并和跨国化浪潮下，欧美出现了许多巨型广告传播集团——被称为行业控股公司。这些集团都是拥有两家或者更多的广告公司的“伞形”公司，同时还拥有研究公司、媒体公司、公共关系咨询公司、网络公司等，有着庞大的业务量。这些业务一般包括广告代理、直销、媒体购买、信息咨询、体育、关系营销、公关、品牌传播、客户关系管理（CRM）、健康营销、互动营销等。这些集团主要有宏盟集团（Ommicom Group）、WPP 集团（Wire & Plastic Products Group）、英特帕布里克集团（Interpublic Group，IPG）、阳狮集团（Publics Group）、电通集团（见图 2－5）、哈瓦斯集团等，其中规模最大的是 WPP 集团（见表 2－1）。广告公司的集团化发展，使得原本分割的业务内部化，减少了因信息不对称、搜寻、议价等产生的成本，不仅工作效率得到有效提高，公司的收入也呈现大规模的增长。

进入 21 世纪，为迎接数字化传播的浪潮，许多广告传播集团展开了新一轮的整合与重组，而不再是过去那种单纯变更所有权式的收购兼并。在这方面，美国和英国持续领跑西方。2014 年 11 月，阳狮集团以 37 亿美元收购了技术咨询公司 Sapient，随后成立了一家名为 Publicis Sapient 的新控股子集团。接着，又以这家公司来整合重构阳狮从前收购的一系列数字营销公司，包括 DigitasLBi、睿域营销（Razorfish Global）及 Rosetta。

奥美集团在 2017 年 8 月正式发布“Be One”计划，将旗下裂变出来的 10 多个涉及不同领域的子公司一律合并（如奥美广告、奥美互动、奥美公关、奥美世纪、奥美红坊、奥美时尚等），重回一个新奥美。奥美的业务模式由全新综合单元“Ogilvy Delivery”起主导作用，然后再以“组”的形式构成框架，负责具体业务。具体群组包括企业品牌、数字与创新、客户签约与商业、影响与公关、媒体与分发等。

图 2-5 日本电通集团大楼（东京汐留）

WPP 集团于 2017 年 9 月将旗下五家咨询和设计公司（Brand Union、The Partners、Lambie-Nairn、Addison Group 和 VBAT）合并为一家全新的公司超级联盟（Superunion）。而此前，WPP 集团已经将旗下四家健康类别的代理公司合并成 WPP Health & Wellness，将迈势（Maxus）和尚扬（MEC）合并为 Wavemaker，将 Possible 并入伟门（Wunderman，始创于 1958 年）。2018 年 11 月，WPP 集团在宣布将电扬（Y&R）与 VML 合并后不久，又将全球第一家真正意义上的广告公司——智威汤逊和伟门合并，业务体系由新组建的伟门·汤普森公司（Wunderman Thompson）负责。从此，智威汤逊这家全球最早的百年广告公司不复存在。

咨询业也虎视眈眈，竭力向广告业扩张渗透。咨询公司巨头埃森哲（Accenture）成立的子公司埃森哲互动，五年内先后收购了 22 家创意公司、内容制作公司和数字营销公司，已经成为全球最大的管理咨询、信息技术和业务流程外包的跨国数字代理机构，客户包括《财富》世界 500 强企业、各国政府机构以及军队等。

表 2-1　当今世界六大国际广告营销传播集团

排名	名称	总部所在地	旗下主要广告公司	主要媒体公司
1	WPP 集团 WPP	伦敦	伟门·汤普森 奥美 电扬 精信（Grey Worldwide） 达彼思 朗涛品牌咨询公司（Landor Associates） 超级联盟 百帝广告（Batey Ads）	传立媒体（MindShare） 竞立媒体（MediaCom） 蔚迈（Wavemaker） 博雅公关（Burson-Marsteller） 伟达公关（Hill＋Knowlton Strategies）
2	宏盟集团① OmnicomGroup	纽约	天联广告 恒美广告 李岱艾广告 福莱国际传播咨询公司（Diversified Agencies Services，DAS） 沃尔夫·奥林斯公司 (Fleishman-Hillard Wolff Olins)	浩腾媒体（OMD） 品迪媒体（PHD） 英特品牌公司（Interbrand） 凯旋公关（Ketchum）
3	阳狮集团 PUBLICIS GROUPE	巴黎	萨奇广告 李奥·贝纳广告 阳狮恒威（Publicis） 狄杰斯（Digitas）	实力媒体（Zenith Media） 突破媒体（Optimedia） 星传媒体（Bcom3 Starcom）
4	英特帕布里克集团 IPG Interpublic Group	纽约	麦肯环球（McCann Worldgroup） 博达大桥（FCB） 灵狮环球（Lowe&Partners Worldwide）	优势麦肯（Universal McCann） 极致媒体（Initiative Media） 万博宣伟公关（Weber Shandwick） 高诚公关（Golin Harris）
5	电通集团 dentsu	东京	电通 电通安吉斯（Dentsu Aegis Network）	电通公关（Dentsu Public Relations） 信标公关与营销传播 (Beacon Communications)
6	哈瓦斯集团 HAVAS GROUP	巴黎	灵智大洋（Euro RSCG） 精实整合营销（Field Force Integrated Marketing Group） 阿诺国际传播（Arnold Worldwide Partners）	哈瓦斯体育（Haves SPORTS） 灵锐媒体（Media Planning Group，MPG）

① 2013 年 7 月 29 日，全球第二大及第三大广告公司宏盟集团及阳狮集团宣布，以对等方式合并成全球最大的广告商，市值约为 351 亿美元，合并后的公司会以阳狮宏盟集团（Publicis Omnicom Group）命名。宏盟拥有天联广告、李岱艾广告、恒美广告等公司；阳狮则持有李奥·贝纳广告、萨奇广告及狄杰斯等公司。

（三）网络广告的发展突飞猛进

科技的发展加速人类进步的节奏，不断催生新的媒体。20 世纪 90 年代后，一个拥有庞大广告和营销潜力的新兴媒体——网络媒体迅速崛起。出人意料的是，1994—1998 年，网络媒体只用了 4 年时间就成为 5 000 万用户所青睐的新媒体，发展速度前所未有。从历史上看，赢得如此规模的用户，报纸用了上百年，广播用了 38 年，电视用了 13 年。网络媒体使得人类的经济活动方式和贸易方式发生了天翻地覆的变化，也促进了网络广告的诞生和发展。根据美国互动广告局（Internet Advertising Bureau）的统计，1998 年，美国网络广告收入达到 19.6 亿美元，一举超过户外广告收入。网络媒体拥有最具活力的消费者群体。随着网络技术的发展，传统的纸质媒体和电波媒体也大力推进信息技术和数字化技术的运用，使得广告传播的内容更丰富，到达更精准，信息质量更理想。

作为互联网搜索行业的领头羊，谷歌一直是互联网广告行业繁荣的最大受益者。2001 年曾对广告表示反感的谷歌推出了“关键词广告”（AdWords），此后广告收入一路飘红，“就像从木星的外围卫星飞向浩瀚无垠、完全由金钱打造而成的星系”[①]。2016 年谷歌全球网络广告收入达到 631.1 亿美元，年增幅 19%，占全球网络广告市场的 32.4%。eMarketer 认为，2016 年谷歌搜索广告收入达到 528.8 亿美元，占全球搜索广告市场的 56.9%，一直统领全球搜索广告市场。与此同时，YouTube 越来越受欢迎，其程序化广告份额也快速增长。

二、现当代中国广告的发展

20 世纪 50 年代后期，广告在中国被贴上“资本主义”的标签，打入冷宫，广告公司和广告监管也随之消失。直到党的十一届三中全会之后，中国广告业才得以恢复发展，但由于社会机制等各方面都不太成熟，早期的发展也是在摸索中前进。改革开放的深入推动了中国广告业的强劲发展，经营业绩不断刷新纪录。1979 年，全国全年的广告经营额只有 1 000 多万元，两年后的 1981 年已经达到 1 亿多元。此后每年平均以 40%以上的速度递增，1987 年超过了 10 亿元，1990 年达到 25 亿元。

1992 年，大大小小的广告公司如雨后春笋般涌现，特别是民营、中外合

---

① EDWARDS D. I'm feeling lucky：the confessions of Google employee number 59. New York：Houghton Mifflin Harcourt，2011：190.

资广告公司大量出现，全国广告经营额达到了 67.9 亿元，是上一年的 193%，是 1982 年的 45 倍。随着广告代理制度的推行和整合营销传播理念的引入，本土的广告策划创意与制作水平不断提高。1993 年全国广告营业额猛增为 134.09 亿元，突破百亿元大关。

2001 年，中国加入世界贸易组织（WTO），广告行业对外开放步伐进一步加大。尤其是在 2005 年，WTO 相关市场规则的实施，促使我国市场的行政规制全面放宽，各跨国公司涌入我国市场。阳狮、宏盟、电通、WPP、英特帕布里克等全球性的传播集团深度介入中国市场，将北京、上海、广州等一线城市作为拓展中国广告市场的突破点，并渐次向二线城市扩张。它们不仅代理传统广告业务，还涉足公共事务与公共关系、消费者研究、媒体购买、专业培训、品牌及企业形象、营销服务、网络互动等诸多方面。同时，它们还进行一系列与本土公司合资或并购的市场行为，扩大规模效应，发挥本土公司在国内市场的资源优势。这样，我国广告行业进入资本运营和集团化竞争时期。2003 年，中国广告营业额跃升为 1 078.68 亿元，首次突破千亿元大关，中国成为继美国、日本、德国之后的世界第四大广告市场。

2009—2019 年，广告公司的生存环境发生了根本变化，媒体之间的融合不仅给大众传媒生态带来很大压力，也对广告公司的业务模式提出了挑战。为了适应市场竞争的需要，形成了广告综合服务产业链，广告公司集团化、联盟化趋势明显加强。从广告经营额来看，1997—2014 年一直呈增长的趋势。其中，2012 年，中国广告经营额突破了 4 000 亿元（4 698 亿元）大关，增长率高达 50.32%，接近国内生产总值的 0.9%，广告业市场的总体规模开始跃居世界第二位，仅次于美国。这是一个巨大的飞跃。

从网络广告来看，1997 年 3 月中国的第一个动画旗帜广告出现在 Chinabyte 网站，广告主是英特尔（Intel）和 IBM，它们是在中国大陆互联网上最早投放广告的广告主。其后，网络行业经过数次洗礼已经慢慢走向成熟。2000 年初，以新浪、搜狐、网易、雅虎中国为代表的门户网站元气恢复，网络发展更为成熟。随着智能手机的大范围普及，人们获取信息的方式和手段已经摆脱了以往对广播、电视、报纸、杂志等传统媒体的依赖，更多的是通过门户网站、微博、微信、App、QQ、论坛等互联网媒体获得，这为网络广告的传播提供了极大的便利，广告也由此进入了移动互联网时代。到 2012 年，中国的互联网广告收入已经超过报纸广告，2014 年又超过电视广告，从此一骑绝尘，成为媒体市场的绝对领先者。

2019 年是中国广告业恢复发展四十年。四十年来，中国广告业在整体规模、从业人员、媒体形态、技术进步、价值影响等方面都发生了由量到质的巨大飞跃。据国家市场监督管理总局的数据，2019 年我国大陆地区广告市场总体规模达到 8 674.28 亿元，较上年增长了 8.54%，占国内生产总值的 0.88%，维持在近五年来第二高位增长（见图 2－6）。按最新的全国人口计算，2019 年全国人均广告消费额为 619.57 元，相比于 2010 年人均 181.55 元，增长幅度为 241.26%。市场活跃度提升，广告业总体向好：中国已成为全球第二大广告市场，其中互联网广告所占份额已超过 70%。2020 年初的新冠肺炎疫情给整个社会、经济、人们的生活都带来了极大影响，同时也波及广告业，使得广告业务量明显下降。到 2020 年下半年，广告业逐渐复苏，尤其是线上广告出现了明显的加速发展。

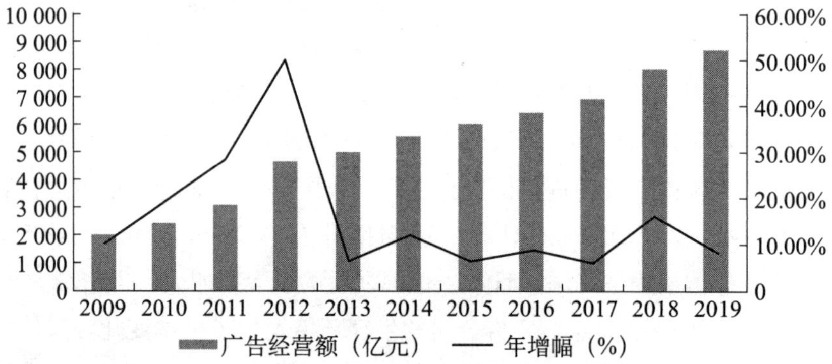

图 2－6　2009—2019 年中国广告经营额

资料来源：2019 中国广告年度数据报告．（2020－03－25）［2022－01－08］．https：//biz. ifeng. com/c/7v8CVm6AVBA.

三、当代世界广告业的特征与性质

（一）当代世界广告业的特征

当代世界广告业的发展表现出新的特征，大致情况如下。

第一，广告传播理论硕果累累。

广告业日渐繁荣，对消费影响日益扩大，但同时也存在不少问题，如虚假广告、色情广告等，危害极大，受到社会大众的广泛批评与责难，由此推动了国家层面的广告立法与监管，促进了广告业的自律。同时，随着广告实践的不断丰富，20 世纪的广告传播理论探究也取得了辉煌的成就，涌现出一大批杰出的广告人和理论家。例如，在产品推销期（20 世纪初至 50 年代），罗瑟·瑞夫斯（Rosser Reeves）提出了“独特销售主张”（unique selling proposition，USP），在转型期的“创意革命时代”（20 世纪 60 年代），李奥·贝纳提出了“与生俱来的戏剧性”，大卫·奥格威提出了“品牌形象理论”，威廉·伯恩巴克（William Bernbach）提出了 ROI（即相关性、原创力、冲击力）理论，在营销与传播整合期（20世纪70年代），艾·里斯（Al Ries）和杰克·特劳特（Jack Trout）提出了“定位”理论，菲利普·科特勒（Philip Kotler）等人提出了“整合营销传播”理论，正是他们的理论贡献推动着广告业的不断前进。

第二，数字化成为广告主流。

互联网以惊人的速度在全世界普及，在数字技术强有力的赋能下，其不仅彻底超越了电视和户外平台，而且逐渐成为广告业的核心主导力量。数字卫星电视频道不断开通，新媒体广告飞速发展，比如基于视频智能识别的视频广告，基于LBS的精准定位广告，基于移动互联网的信息流广告、开机屏广告，等等，数字化技术使信息沟通的速度和效率大大提高，其双向式功能则使信息沟通更为有效。此外，数字技术还更新了广告营销行业的经营理念和经营模式。比如通过程序化购买广告优化媒体投放流程，基于大数据和人工智能进行AI智能营销，通过全媒体监测评估重新界定媒体价值等，都在根本上颠覆了传统媒体的广告经营逻辑。

第三，中国广告发展道路特色显著。

中华人民共和国成立后，广告业的发展初期命运多舛，几经周折，一度消沉，直到20世纪70年代末才开始恢复，其间基本上处于探索状态。但中国是社会主义国家，坚持公有制为主体，多种所有制经济共同发展的制度不仅保证了社会主义市场经济体制的建立和运转，而且推动了国民经济持续快速健康地发展。在政府的积极推动、规范与引导下，广告始终坚持社会主义发展方向，长期保持较高速度的增长。1992年邓小平南方谈话后，中国的市场经济进入了一个全新的发展阶段，广告发展更加繁荣，产业结构更为合理。同时，政府对广告的管理也更加严格、规范。20世纪90年代，中国一跃成为亚洲最有活力的广告市场之一，仅次于日本。2012年，中国广告业反超日本，成为全世界第二大广告市场。这些举世瞩目的成就证明了中国式广告发展道路的正确。

（二）当代世界广告业的性质

早在20世纪20年代，国际劳工局对产业进行了较为系统的划分，即把一个国家的所有产业分为三个类别，分别是初级生产部门、次级生产部门和服务部门。此后，许多国家在对产业进行划分时都参照了上述分类方法。第二次世界大战以后，三次产业分类法在西方国家较为流行。广告业一般被纳入第三产业的范畴。

第三产业通常包括四个层次：第一个层次是流通部门，包括交通运输、邮电通信、商业、饮食、物资供销和仓储等行业。第二层次是为生产和生活服务的部门，包括金融、保险、地质普查、房地产、公用事业、居民服务、旅游、咨询信息服务和各类技术服务等行业。第三层次是指为提高科学文化水平和居民素质服务的部门，包括教育、文化、广播、电视、科学研究、卫生、体育和社会福利等行业。第四层次是为社会公共需要服务的部门，包括国家机关、政党机关、社会团体以及军队和警察等。从这个角度来看，广告业属于第三产业类别中的服务性产业。因为广告经营活动从其目的来看，是为了实现市场营销；从本质来看，则是一种特殊的大众传播活动。广告经营活动的最终目标是实现对广告主和媒体的服务，通过为广告主和媒体提供代理服务，广告经营者获取经济利益的目的得以实现。由此可见，整个广告经营活动运作的过程实际上是一个社会化的服务过程。

20 世纪 90 年代之后，随着世界经济的发展和新技术的进步，作为传媒业、会展业、影视业等诸多文化产业主要收益来源的广告业，与其他产业相互渗透、融合，不仅以创意和技术为核心，大大地推动了广告相关产业的发展，而且日益成为互联网、移动互联网产业发展的重要支撑力量。在这一过程中，原有的广告产业结构逐渐被重构。广告产业的主体变成广告公司、广播、电视、报纸、杂志、互联网等大众传播机构的广告经营部分，以及以各种公共场所、交通工具为媒体发布广告的经营机构。

广告业的深刻变化引起了许多国家政府部门的注意。1998 年，英国政府的文化、媒体和体育部（DCMS）首先对创意产业进行了定义，认为创意产业是源于个人创造力、技能和才华的活动，通过知识产权的生成和利用，使这些活动发挥创造经济效益和增加就业的成效。根据这个定义，将广告、出版、音乐、建筑、设计、艺术品和文物交易、工艺、时尚设计、电影、电视广播互动休闲软件、表演艺术、软件与电脑服务等 13 个行业都划归到创意产业的范畴之内。同时，欧洲其他国家、美国、澳大利亚等国发布的报告和研究成果也进一步丰富和推进了关于创意产业的新观点。从广义上讲，在知识经济时代，凡是由创意推动的产业均属于创意产业。创意产业概念的出现打破了人们原有的产业认知观念，为传统产业带来了新的生机，同时也为世界经济发展带来了新的增长点。

2008 年 4 月 23 日，国家发展和改革委员会与国家工商行政管理总局发布《关于促进广告业发展的指导意见》。该指导意见明确指出："知识密集、技术密集、人才密集的广告业是现代服务业的重要组成部分，是创意经济中的重要产业，在服务生产、引导消费、推动经济增长和社会文化发展等方面，发挥着十分重要的作用，其发展水平直接反映一个国家或地区的市场经济发育程度、科技进步水平、综合经济实力和社会文化质量。"指导意见不仅一如既往地肯定了广告业的"三密集"特征，而且将广告业列入了创意产业的范畴，这对于拓宽人们对广告产业认识的国际化视野，提升广告行业的社会地位具有里程碑式的战略意义。

思考与讨论

1. 广告学与广告业的关系是什么？
2. 媒体发展对广告有哪些影响？
3. 当代广告业的发展具有哪些显著特征？
4. 为什么说广告代理制度是广告主、媒体以及广告代理公司三方博弈的结果？
5. 如何理解中国广告业的创意经济新定位？这种新定位的意义体现在哪些方面？

第三章

广告是如何运作的

——广告运作的流程和基本理论

广告是人与人沟通的行业。我们应永远力行这个原则。

——李奥·贝纳

本章学习目标：

1. 了解广告公司的基本组织结构。
2. 熟悉广告的运作流程。
3. 理解广告运作的基本理论。
4. 了解广告代理制度的内容与意义。

第一节　广告公司的组织结构和运作流程

广告是一个行业，它为客户创造、制作、投放能够满足客户目标的广告信息。但互联网的发展，正在改变着传统广告公司的定义。“广告界如今的业务范围覆盖面非常广，以一种时尚的形式打造品牌影响力和产品/服务知名度。这些广告公司的运作方式各不相同，有些正在开发专长和专利流程。但归根到底，不管怎样，其目标都是销售东西（产品、服务或观念），并且，最终都与创意相关。”① 像其他公司一样，广告代理公司也有它的结构、组织和运行方式。

一、广告公司的功能

广告公司是现代广告经营的核心力量，是广告行业的主体部分。就广告

① 莱恩，金，赖克特．克莱普纳广告学：第18版．程言，王佳雯，刘倩，等译．北京：中国人民大学出版社，2019：149.

主而言，广告公司有能力为其提供全面或部分专业的代理服务，帮助其制定和实施广告决策，以及提供相关的信息咨询和公关等活动的服务。

（一）为客户进行整体广告策划，提供全面或部分专业代理服务

为客户进行整体广告策划，提供代理服务，具体包括以下几方面的内容：

（1）帮助或协助广告主制定广告战略，在市场调查的基础上，提出广告目标、广告策略、广告预算等建议，供广告主选择、确认。

（2）根据广告代理合同，实施广告战略，运用专业知识、技能和手法，将广告主的意愿表达出来，即设计、制作、发布广告。如一些创意工作室、媒体购买公司、影像工作室等提供的服务即属此类。

（3）根据代理合同约定，与广告媒体签订广告发布合同，保证广告在特定的媒体、特定的时间或版面上发布，将广告主的信息及时传达到目标受众。

（4）监视广告发布是否符合发布合同的约定，测定广告效果，向广告主反馈市场信息，评估广告战役成果。

（5）帮助广告主共同遵守广告管理法规，审查广告内容，保证广告符合法律规定的发布标准。

（6）为广告主的产品设计、包装装潢、营销促销、品牌形象等提供公关和其他信息咨询服务。

（二）为媒体单位提供广告业务来源

在媒体关系方面，广告公司首先是为媒体提供广告业务来源；其次，可以让媒体单位把服务重点专注于发布、研究、开发，以提高媒体的收视率、收听率、阅读率和发布水平；再者，帮助媒体单位守法把关，减轻媒体单位的审查压力。广告公司代理广告，已依法进行了审查，客观上减轻了媒体的压力，减少了审查工作量。随着广告代理制度的逐步成熟，广告公司对媒体的功能作用会更加明显。

（三）调节广告市场，促进广告业发展

广告公司对客户和媒体单位的功能，决定了它对广告市场的容量、分配、流向等具有一定的调节功能。在激烈的市场竞争中，广告公司为了自身的生存和发展，必须广揽人才，大力培养人才，提高他们的业务素质和工作能力，使之能为客户提供全面优质的服务。同时会不断开拓创新，研究、采用新技术、新材料、新装备，发展广告理论，促进广告事业健康发展。这种功能不仅体现在广告公司的具体业务上，而且体现在广告公司整体工作的规划上。

二、广告公司的组织结构

现代的广告代理公司通常分为三类：（1）内部广告机构（in-house agency），是在一个产品制造企业的内部建立的广告机构；（2）专业广告公司（boutique agency），专业从事广告创意但不涉及媒体购买等技术工作的公司；（3）全服务广告公司（full-service agency），按照需要为客户提供所有的广告、营销传播和公关服务的公司。所有的大型广告公司都是全服务类型的。服务的内容除了策划、创意、制作、投放、评估外，还包括设计商标和吉祥物、重新设计包装、宣传推广、开展销售培训、展示设计产品，甚至创造新产品等。

随着网络传播的飞速发展，广告公司的类型出现了三种转变趋势。

一是媒体代理型公司。它们逐步放弃户外、电视、报纸等传统代理资源优势，向代理新媒体资源广告公司转型，如百度、微博、微信、今日头条、抖音、快手、网易、搜狐、一点资讯等主流网络媒体。但是，这些代理公司都失去了原有的垄断地位。

二是互联网技术驱动型广告公司。这些公司大都来源于互联网以及各大电商平台，它们熟悉网络运作，懂得利用技术帮助广告主去准确地触达消费者，更高效地实现广告投放预算。尤其熟悉线上与新媒体游戏规则，能够以自己业内独有的身份，搭建与各大平台相契合的技术平台，为广告主及各大媒体平台提供线上营销推广服务。这类公司目前占据着相对优势地位。

三是专业型服务公司。这类公司往往拥有某种特殊人才、技术或设备等，专注于广告营销环节中的某一部分，如广告营销策划方案、品牌设计与推广、媒体策划或是平面设计与制作、视频创意与剪辑等，成为企业营销部门的外包机构。

广告代理公司的部门可以根据其规模和需求来设置，数量不等。通常有三个部门是不可或缺的，这就是客户服务部（account servicing department）、创意部（creative department）和媒体策划部（media planning department）。当然，随着独立性媒体公司的出现，有些广告代理公司已经不再设专门的媒体策划部。

（一）客户服务部

客户服务部也称项目管理部，它的主要工作是与客户联络及制订整个广告活动计划和实施全面的监督管理。其重要人物是客户总管，其下按主管客户不同划分为客户总监（account director，AD）、客户副总监（assistant account director，AAD）及客户经理（account executive，AE）。

客户总监是广告公司与客户之间的关键联系人：一方面，他代表公司与客户沟通，洽谈广告业务；另一方面，他在广告公司中担任客户代表，并负责为客户协调服务。其职责是积极游说客户、确定最终合同细节。因此，客户总监必须熟知客户的业务、利润目标、营销难题以及广告目标，并经常检查客户跟进的总体状况，和客户方代表保持联系，同时还要帮助客户制定传播战略并为具体的广告活动提供指导和支持。

随着企业的壮大和客户的增多，客户总监开始委派客户经理分别为各个不同的客户服务。客户经理要确保创意团队了解消费者和企业的想法，并预测客户需求。在一些小型的广告公司，客户经理的角色可能就由客户总监直接替代了。

（二）创意部

创意部是公司广告活动的生产中心，负责构思及执行广告创意。广告创意能力和水平的高低反映了一个广告公司的专业水准。广告作品的创意、设计和制作的依据是客户部和调研部所搜集的有关客户的广告目标、背景知识、市场状况等方面的资料及分析。在完成初步的创意方案后，创意部人员会同客户服务部、媒体策划部和调研部讨论，拟定出符合客户心意的整套广告方案，供客户审核。在客户确认之后，创意部将着手制作广告。

创意部的人员由各方面的专业人士构成，通常分为文案组、美工组、印刷广告组、音视频广告组、新媒体广告组、户外广告组等，各司其职。

为保障优秀广告创意的产生，世界上许多著名的专业广告公司都建立了相应的组织形式（见图 3 - 1）。国际化专业广告公司中的创意部通常设有执行创意总监（executive creative director，ECD）、创意指导（creative director，CD）、艺术指导（ art director，AD）和文案（copywriting，CW）等职位。由于艺术指导的执行工作通常比较繁复，所以有的创意部还设有助理艺术指导（assistant art director，AAD）协助其工作。开展作业时，创意部还会根据需要划分为若干个创意小组，每个小组设有组长。每组至少要由一位客户总监或客户经理、一位文案和一位艺术指导组成，客户总监或客户经理负责创作意图，艺术设计人员主要负责布局、图像和制图等，而文案人员则负责创作广告的文字，有时也可能会管广告创意概念。摄影人员负责广告摄影、摄像，而制作合成人员负责广告稿的合成制作，包括校对、印刷、配音、制作等。在一个小组内，成员之间需要密切配合，共同构思，尤其是文案人员需要理解艺术指导，而艺术指导则需要吃透文案的意义。这样，才能保证广告创作流水作业的高效完美。

（三）媒体策划部

媒体策划部的主要工作是为客户建议合适的广告媒体，如报纸、杂志、

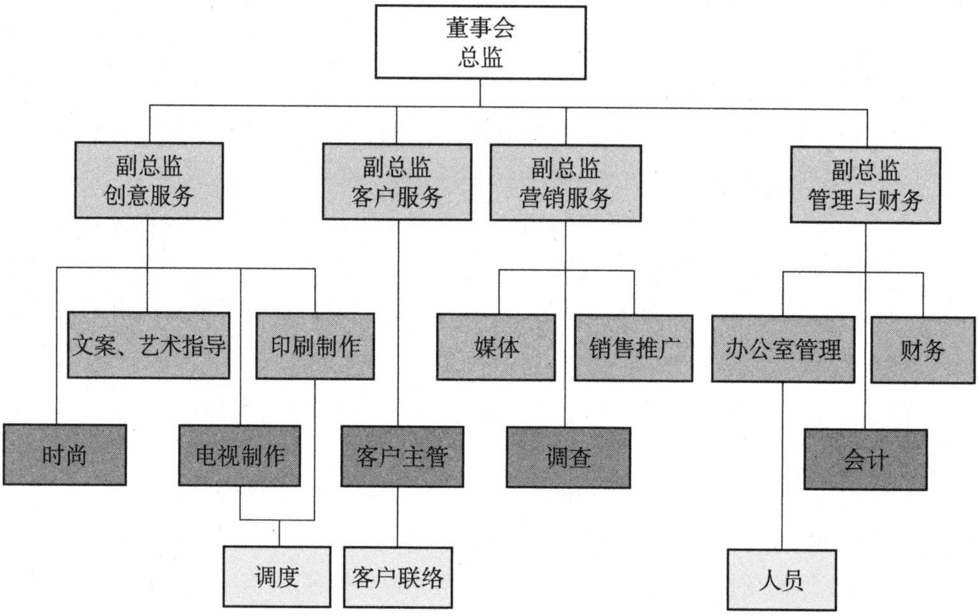

图 3-1　传统广告公司的组织结构

广播、电视、交互、户外、海报等媒体组合，并为客户争取最合理的媒体收费、落实媒体购买和发布任务。此外，还要对广告实施的效果进行测评，根据需要对媒体刊播的广告时间和版面进行及时的调整。媒体策划部主要负责人是媒体总监（media director，MD），下设媒体主任（media supervisor，MS）和媒体策划（media planner，MP）。在购买电视和广播广告时间的情况下，媒体主管也可能利用独立的媒体服务公司来完成。

三、广告的运作流程

广告策划作为企业营销的一项重要活动，需要按一定的程序、步骤有计划地进行。常规的广告运作包括广告调查分析、广告策划和广告实施与监督三个阶段，运作流程一般包括广告调研、广告策略分析、媒体策划、广告预算、广告创意、制作、发布及广告监测、评估等环节。

当一家广告公司接受委托进行广告策划时，需要成立专门的项目小组进行作业，按分工和流程进行管理。一般可以按以下步骤开展工作（见图 3-2）。

（一）成立 AE 小组

通常，AE 由业务主管（客户经理）担任。小组成员包括客户策划、文案人员、艺术设计人员以及市场调研、媒体联络、公关人员等，根据公司规模不同，组成人员多寡不等，特殊情况下，可以一人身兼数职。AE 的水平是衡量一个广告公司策划能力的重要标志之一。

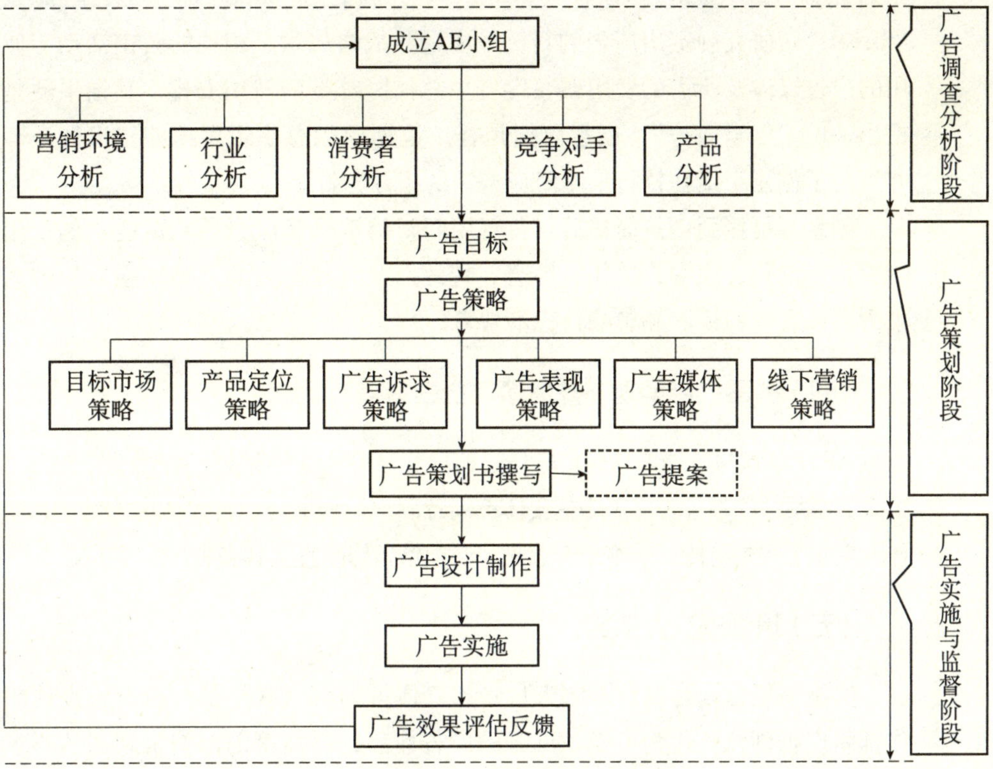

图 3-2　广告运作的基本流程

这里需要说明的是，客户策划的主要工作是为广告公司调研部门和负责客户的创意团队之间建立联系，既能协调公司和客户的利益，也能反映消费者的愿望。客户策划通常由最有经验的人担当，他们可能来自广告公司的不同部门——有研究部门，也有客户服务部，甚至有创意部。他们也可能来自公司外部——独立研究机构或是客户方。因为客户策划是在广告公司内为广告客户谋利益的，因此他们要有能理解客户想法的经验和直觉。他们要消化和诠释客户调研，然后提出广告战役可执行的策略方向，并定下整个广告战役的基调和性质，这便是一份叫作创意简报的文档。一旦客户策划将创意简报交予了创意人员，就等于向创意小组发出了“出发令”，并给出了在执行时必须遵守的策略指导方针。创意小组则负责将生命力注入其中。

（二）开展相关调研工作

按广告主的要求，AE 小组协商后，开展市场调研工作，了解市场、产品、消费者、竞争者等情况，为后期广告策略策划提供翔实的分析数据，或向公司内部的市场调查、媒体、策划、设计制作部门提出相应的工作计划或任务。

（三）制定广告活动的战略战术

在调研工作的基础上，客户策划可以运用 SWOT 等分析模型认真分析对象的优势（strength）、劣势（weakness）、机会点（opportunity）、阻碍点（threats），研究制定出广告的目标、主题、战略战术、相关的营销活动、使用的广告媒体及所需的费用或在广告主总体匡算下的费用安排，其结果便是提出一份“创意简报”。创意简报是客户策划向创意小组发出的“出发令”，并给出了创意小组在执行策略时应遵守的指导方针。

创意人员接到创意简报后，负责用创新的策略为广告活动赋能，如常用幽默、戏剧化、隐喻、感伤、惊恐、特效以及其他必要的策略增强广告的感染力，以有效地说服和影响目标消费者。

（四）撰写广告策划书并提请广告主审核

AE小组编写策划书，这是广告公司提交给广告主的具体广告活动方案，文案人员必须精确领会、完美表达集体策划意图。策划书经广告主认可方可进入制作、发布等实施阶段。若客户有意见，必须重新修改直至其满意，方可定稿。

（五）策划书交付实施

实施一般由设计制作部（人员）和媒体策划部（联络员）执行。设计制作部将广告创意转化为可视、可听的广告作品；媒体策划部按策划书的要求购买相应的媒体空间或时间。

（六）AE人员跟进监测

AE人员跟进监测广告实施情况，开展监督、修正工作，并着手安排广告效果测定、评估相关事宜，以保证广告按既定的方式进行，取得预期的效果。

第二节　广告运作的基本理论

广告的运作是有规律可循的过程，绝不是什么天马行空、随心所欲的举动。概而言之，广告运作的基本理论构成包括广告运作的过程理论、品牌形象理论、整合营销传播理论等。

一、广告运作过程理论

大卫·奥格威指出，好的广告首先必须“做法正确”。所谓做法正确，就是要树立正确的广告观，采取科学的运作方法。

围绕着“对谁广告”“广告什么”“如何广告”“广告效果如何”等一系列

问题，广告学建立了一整套的广告运作理论。广告运作过程可以描述为三阶段七步骤，即 R-STP-CCC。

（一）广告起步于市场调研（research）

市场调研是指以市场、产品和消费者为出发点，从研究市场、研究产品、研究消费者入手，全面地了解广告活动所面临的市场、产品和消费者的情况，通过分析做出正确的判断，进而确定广告的策略。市场调研是广告策划的基础工作，也是广告策划人必须掌握的基本技能。如果忽视市场、产品和消费者，只能是“闭门造车”，就很难保证广告活动的有效性。

市场调研包含了信息收集和数据分析两个重要部分。在数字化时代，对于目标市场调研，既可以采取线下、线上相结合的方式进行，也可以通过后台大数据清晰地分析个体消费者。由于缺乏互联网的支持，在 20 世纪 70 年代到 90 年代建立起来的营销体系中的营销对象始终是一个模糊笼统的消费者概念，但如今互联网仿佛可以看清每一个消费者了。基于大数据洞察消费者，不仅可以通过跟踪其行为进行更精准的营销，还可以据此来创新性地预测消费需求。比如，亚马逊（Amazon）通过考量消费者的购物记录、商品搜寻、愿望清单、购物篮项目、退货记录以及消费者停留在网站观看同一商品的时间，在客户下单前就已经为其挑选好了商品。

（二）STP 分别是 segmenting、targeting、positioning 三个英文单词的缩写，即市场细分①、目标市场和市场定位

根据 STP 理论，市场是一个综合体，是多层次、多元化的消费需求集合体，任何企业都无法满足所有的需求。首先，企业应该根据消费者的不同需求、购买力等因素把市场分为由相似需求构成的消费群，即若干子市场，这就是市场细分。其次，企业可以根据自身战略和产品情况从子市场中选取有一定规模和发展前景，并且符合公司的目标和能力的一个或多个细分市场作为目标市场。现代市场商品丰富，同类商品之间的竞争非常激烈。同时，人们的生活水平不断提高，消费呈现明显的个性化倾向，确定明晰的目标受众成为广告传播的重要内容。不过，广告的目标受众不同于市场营销中的目标市场，尽管有时两者会重合。某个产品或某项服务的广告活动会有特定的对象，但目标受众不一定就是目标市场，如百事可乐的受众定位是“新一代”。

其次，企业需要将产品定位在目标消费者所偏好的位置上，使其产品有

---

① 市场细分概念是美国营销学家温德尔·史密斯（Wendell Smith）在 1956 年最早提出的。此后，美国营销学家菲利普·科特勒进一步将其发展和完善，并最终提出了 STP 理论。

别于竞争产品，并通过一系列广告营销活动向目标消费者清晰地传达这一定位信息，让他们注意到产品，并感知到这就是他们所需要的。

1972年，艾·里斯和杰克·特劳特在《广告时代》杂志以《定位时代的来临》为题发表系列文章，正是这个系列文章及以后刊印的单行本等开创了营销史上著名的定位理论。

1979年，艾·里斯将其公司更名为特劳特和里斯广告公司，自任公司总裁。1981年两人合作出版了《定位：争夺用户心智的战争》，强调指出，随着市场竞争激化，产品同质化、相似化现象日益严重，市场上有太多的产品、公司，以及难以计数的传播“噪声”。在这个传播过度的丛林里，广告不再像过去那样掷地有声，立竿见影。所以，营销者需要通过创造心理差异和个性差异来解决。定位法就是在这个传播过度的社会里解决传播问题的首选思路。

特劳特和里斯认为，定位始于产品，可以是一件商品，一项服务，一家公司，一个人，但“定位并不是对你的产品做什么事，而是对你未来的潜在顾客心智所下的功夫，也就是把产品定位在你未来潜在顾客的心中”。心智像什么？“心智就像内存条一样，为选择存储的每一个单位的信息都设置了一个空位。在运作上，心智和电脑很相像。”① 当消费者产生相关需求时，便会将明晰的定位产品作为首选。当然，这种占位不一定非得是产品具体功能差异所带来的，而是通过差异性的传播策略让其在消费者心里占据一个位置。在执行传播策略的过程中，如果创造了第一，使产品成为“第一说法，第一事件，第一位置”，就能在消费者心里造成先入为主的深刻印象。比如，人们提到咖啡馆就想到星巴克，看到汉堡就想到麦当劳，说到提神饮料便想到红牛。对大多数消费者而言，星巴克、麦当劳、红牛已成为各自品类的代表，其他的竞争品牌都只是“其他选择”而非“第一选择”。

定位理论促使广告策划创意与传播从传统的以“产品为主”“形象为主”转向以“潜在消费者内心想法”为主上来，被认为是20世纪70年代最具革命性的营销理论。2001年，定位理论被美国营销协会评为“有史以来对美国营销影响最大的观念”。

定位通常包括以下三方面的内容。一是产品的市场定位，确定产品在市场竞争中的地位，确立该产品在同类产品中的位置。如安飞士出租车公司（Avis）的定位“我们仅仅是第二”。二是产品概念（product concept）定位，确定该产品与同类产品的个性差异和该产品的独特价值。如王老吉凉茶的定位是“防上火”。三是目标受众的定位，即明确“对谁广告”。如米勒“海雷夫”牌啤酒的“米勒时间”②。定位的目的是形成产品或服务的差异化。美国品牌界的领军

① 里斯，特劳特．定位：争夺用户心智的战争．邓德隆，火华强，译．北京：机械工业出版社，2021：34.

② 米勒时间指下午3点至5点，一般指美国蓝领、工薪阶层工作结束和回家之间的2个小时。

人物大卫·艾克（David A. Aaker）指出，最常用的定位战略是将营销的目标与产品的优点或特性联系起来，这种联系的建立是非常有效的。

美国西北大学市场营销系教授博比·卡尔德（Dr. Bobby Calder）[①] 认为，随着数字化传播的发展，未来品牌定位的重要基础将是消费者的情感需求。他说："未来真正的定位，必须能够在消费者心里将品牌故事和消费者生活结合起来，这是品牌营销未来的方向，所以品牌运营者们必须了解消费者需求，讲更好的品牌故事。情感诉求要从消费者的心灵空缺出发，紧紧围绕消费者的情感需求进行诉求，才能产生巨大的感染力和影响力。"[②]

（三）CCC 分别指 creative、communication、control，意为创意、传播、控制

改革开放以来，我国经济持续高速增长，市场竞争日益加剧、竞争不断升级，商战早已进入"智"战时期，广告也从以前的所谓"媒体大战""投入大战"上升到创意的竞争。创意是广告中出现频率较高的词语，无论是广告策划、广告表现，还是广告媒体运作，都离不开对创意的追求。有一年，台湾作家李敖想送玫瑰花给女友，以庆祝她 18 岁的生日。他觉得 12 枝玫瑰花好像不够震撼，24 枝又有点俗，最后买了 17 枝，并写了一张卡片，告诉心仪的美女："另外一朵就是你！"尽管人们对"创意"一词有诸多的解释，但是其实创意是一种用全新的方式看待事物而形成的非同凡响的概念或表现，是创新思维之果。所谓广告创意，就是围绕广告营销或传播的目标，通过创造性思考而形成的传播概念和表现。优秀的广告创意是引起消费者注意、激发消费者购买欲望的重要驱动力。

创意集中体现为广告诉求（advertising appeal）和广告表现（advertising design）。广告诉求是指广告传播中所要强调的内容，俗称"卖点"，是广告传播活动中关键的环节之一，也是影响广告成败的重要因素。诉求概念包括两方面：一是"广告什么"即内容（说什么），广告要传达的核心信息是什么，是以硬性广告信息为主还是以软性广告信息为主，还是兼而有之？二是"怎么广告"即方法和形式（怎么说），对广告核心信息如何编码，是诉诸理性认知还是感性共鸣？倘若广告诉求选择得当，就会对目标消费者产生强烈的吸引力，激发其消费欲望，从而促使其产生购买行为。通常，人们将诉求分为理性诉求和感性诉求两大基本类别。

理性诉求主要影响广告受众的认知。这类广告通常将产品对于消费者的

---

① 博比·卡尔德曾任美国西北大学凯洛格商学院的市场营销系主任、国际标准化组织（ISO）品牌价值评价技术委员会主席。

② 杨松霖．创造感动消费者的品牌诉求．中国品牌与防伪，2008（3）：46－47.

实际利益点作为“卖点”，追求以理服人。例如，早在2010年之前，在电热水器市场，海尔借助“防电墙”概念牢牢控制了“安全”的概念，而后A.O.史密斯（A.O.Smith）则以“半个世纪还在用”的口号牢牢锁定了“耐用”概念，也有一些品牌主打“加热快”等概念。高露洁牙刷的广告文案是：“360度清洁口腔更健康，大部分细菌都不在牙齿上。口腔360度洁净。”早期的独特销售主张广告大多属于理性诉求类广告，强调某产品与其他产品的差异性，往往采用“问题—解决”的说服方式。

感性诉求富有感染力，是现代广告中非常有效的一种诉求方式。这类广告通常将产品功能与人性关联进行诉求，追求以情动人。如台湾大众银行的电视广告“母亲的勇气”篇、“梦骑士”篇，韩国2%纯净水的电视广告“误会”篇，以及中央电视台播放的“饺子”篇、“父亲的谎言”篇广告等，都十分生动感人。现在，大多数的广告属于情感诉求类广告，采用的是形象匹配或情境匹配的说服方式。广告通过“理想的”产品使用形象、使用者情感和产品使用情境去感染受众。

广告表现是指在创意的基础上，将文字和画面结合起来。文字描绘出基本创意的内容，使其信息清楚明白，表达新颖有趣；画面反映文字所描绘的内容，起到补充或强调的作用，以增加对信息的注意力和理解力。无论是文字的表达还是画面的呈现，都要求跳出产品与消费者的固有模式，用独特的文字、形象或符号创造出与众不同的观念、情境，形成强烈的冲击力，激发受众主动去了解产品或服务的信息，是谓“美色不同面，皆佳于目；悲音不共声，皆快于耳”（见图3-3、图3-4）。

图3-3 “au三太郎”视频广告截图

（广告公司KDDI，创意总监筱原诚/日本电通，2015）

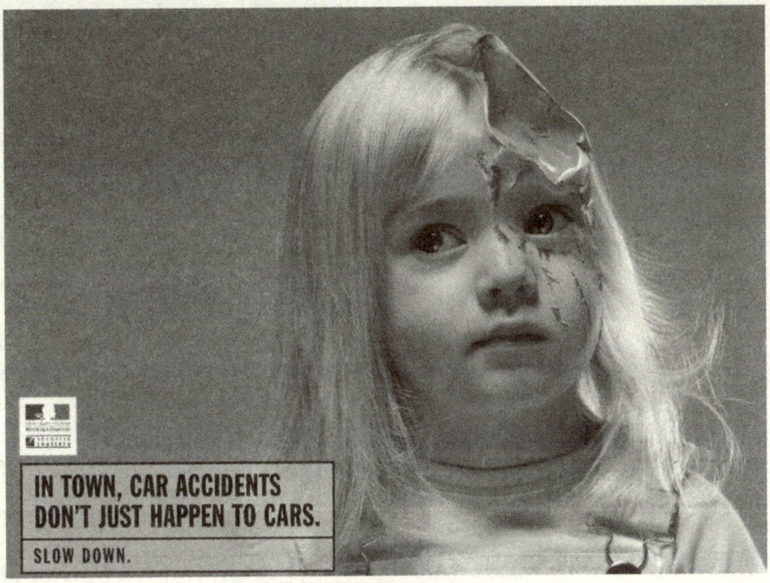

图 3-4　法国道路安全广告

（广告公司 Lowe Alice，艺术指导 Laurent Chehere，2000）

广告控制实际上是对广告效果的评价与调控。广告活动开始后，对媒体的监测就要开始发挥作用。相关人员应通过各种途径对媒体的广告发布效果进行监测。

监测的内容主要有两个方面：一是监测媒体是否按约定刊播广告。例如在电视台播放广告的过程中，可能由于一些特殊情况出现错播、漏播现象，广告公司的检测人员应及时发现并替客户争取到最佳的补偿方案。二是监测广告播出的效果。广告媒体策划是基于对媒体未来情况预测所做出的方案，在实施的过程中可能会遇到一些意外情况，例如电视媒体的某一时段的收视率因观众流失而未达到预期效果，这种情况如果能及时监测到，就可以在短期内做出调整，将损失降低。或者户外广告中的诸如画面损坏、照明灯管不亮等问题，应及时发现和处理。当然，也可能会突发其他一些意外情况，需要迅速调换在播广告，否则将产生极为不良的影响。例如，在 2008 年北京奥运会上，刘翔突然因伤退赛，令许多代言企业措手不及，但耐克公司在知晓代言人刘翔退赛的消息之后，随即于事发 12 小时内（次日凌晨），将以刘翔退赛为题材，主题为“爱运动，即使它伤了你的心”[①] 的平面广告在全国媒体以及零售店内铺开，广告语将耐克品牌的“势能”推到了一个理想高地，不仅及时化解了一场潜在危机，而且新广告也因其优秀的创意获得了受众的一致好评。这种悲壮式的广告没有浓厚的商业味道，但却起到了二次传播的效果。

① 广告文案为：“爱比赛，爱拼上所有的尊严，爱把它再赢回来，爱付出一切，爱荣耀，爱挫折。”

二、品牌形象理论

品牌形象（brand image）是指企业或其拥有的产品在社会公众心中所具有的以个性特征为主要内容的总体印象，它体现了公众特别是消费者的评价与认知。奥格威指出，品牌是一种形象，是在消费者心目中建立的产品与消费者之间的一种关系和纽带，是品牌的属性、名称、包装、历史、声誉、价值、广告风格、文化、个性的无形组合。消费者的知识、体验、购买及使用经验也对品牌有影响。

随着科技的不断进步，同类产品之间的物理性差异越来越小，出现了同质化趋向，而消费者需求却逆向变化，出现了个性化、差异化的特征，这使得市场竞争的焦点渐渐从产品转向了品牌形象力。一个品牌代表一种特定的产品，但又不只是一个名称，不只是一个商标或者一些物理方面的识别要素，更重要的是消费者对品牌心理层面上的认知，包括品牌个性、价值、信仰和产品概念等，是企业与消费者的情感沟通。一个具有“凝聚力”的品牌形象更能强化品牌意义。所以，建立品牌形象是广告的重要职能，因为未来的营销是品牌的战争——品牌互争长短的竞争。工厂制造产品，市场创造品牌，这已经是广告营销界的共识。

品牌形象理论的内容有以下三个基本要点：

（1）塑造品牌形象是广告最主要的目标。奥格威认为，产品和人一样，要有个性。品牌的个性是由许多因素决定的，如产品的功能、名称、包装、价格等。品牌形象不是产品固有的，但良好的形象塑造能够帮助企业将差异化的竞争优势在消费者心中留下深刻的印象，促进消费者品牌满意度和品牌忠诚度的形成。所以在设计广告时要认真考虑广告创意是否与品牌的气质相符，是否对品牌的形象有利。

（2）任何一个广告都是对品牌的长远投资。品牌形象的塑造是长期而又艰巨的过程，“每个广告都应该有助于品牌形象，同时广告必须年复一年地持续呈现相同的品牌形象”①。打造和维护一个好的形象，要敢于牺牲一些追求短期效益的行为。不过，产品的品牌形象塑造一旦成功，就如同拿到了一张通往高度好感乃至高档品牌的通行证，这对于那些感性色彩浓厚的产品来说，更是如此，如服饰、化妆品、酒精饮料、汽车等。

（3）传递品牌的形象比强调产品的具体功能特征更为重要。在当代，随着同类产品的差异性越小，品牌之间的同质性越大，消费者选择品牌时所运用的理性就越少。因此在广告活动中，塑造并传播品牌形象远比单纯强调产

① 奥格威．奥格威谈广告．高志宏，译．北京：中信出版社，2021：19.

品的具体功能重要。比如耐克、阿迪达斯、锐步、李维斯等国际知名品牌的广告早已不再强调某一产品的具体功能，而是邀请明星拍摄品牌形象广告，试图在受众心目中树立“独立进取，超越自我”的形象和精神。苹果手机、LV包、劳力士手表、宾利汽车等，它们之所以能够风靡全世界，离不开自身品牌形象的支撑与保障。假如没有品牌形象，它们也不过是普通的一部手机、一个包包、一块手表或一辆汽车而已。

根据马斯洛需要层次理论，当消费者的物质生活水平达到一定层次后，他们便会追求更高级的需要，如爱与归属的需要、尊重的需要、自我实现的需要。这些需要往往是品牌形象塑造的最佳指南。经典研究证明，人们购买商品时所追求的是“实质利益＋心理利益”，良好的品牌形象能够给消费者带来使用上的满足感。大卫·奥格威为哈撒韦（Hathaway）衬衫创作的“哈撒韦男人”广告所取得的成功就是有力证明（见图3－5）。在广告中，一位中年男子穿着哈撒韦衬衫，他的右眼被一个黑色眼罩戏剧性地罩着，神情高贵而神秘。在随后一系列的广告中，该男子出现于不同的广告场景：或指挥交响乐，或演奏双簧管，或临摹名画，或开拖拉机，或击剑、驾驶游艇、购买雷诺阿的画作等，但无论在哪里，他都是那么风度翩翩、潇洒出众。为了显示高端形象，哈撒韦衬衫广告只选择投放在《纽约客》杂志上。

图3－5　哈撒韦衬衫广告

（创意大卫·奥格威，休伊特·奥格威·本森·马特广告公司/美国，1951）

结果，“1950—1960 年，哈撒韦衬衫每年的销量从 200 万件跃升至 3 000 万件；品牌知名度在短短的十年中，从不到 1%上升至 40%”[①]。这个“哈撒韦男人”一举成为广告史上最成功的形象代言人之一，并作为经典案例被世界各种广告教科书引用。

三、整合营销传播理论

营销包含产品、价格、销售和传播四个要素。现代营销和广告业发展初期，由于对广告的目的与本质认识不够深刻，或多或少地认为各要素互不相干，自行其是；对营销传播各部分关系的认识也不够明确，有时发生相互颠倒的现象。20 世纪 80 年代，人们终于认识到，广告不仅是销售，也不仅是传播，更是一种营销传播活动。但由于这一时期的不同传播元素更加个性化，出现了信息传播不统一，甚至模糊不清、自相矛盾的情况，使得广告传播的效果下降。20 世纪 90 年代以来，随着传播实践的发展，涌现了各种新的营销传播理论，如日本电通的跨媒体沟通策略、奥美的 360 度品牌管家、O2O 线上线下营销传播等。其中，影响比较广泛的是整合营销传播理论。

1992 年，极负盛名的美国西北大学教授唐・舒尔茨（Don E. Schultz）等出版了全球第一部整合营销传播专著《整合营销传播》。不久，该书被台湾广告界翻译成中文。1998 年，该书的中文版又由内蒙古人民出版社出版。2000 年初，唐・舒尔茨开始在中国大陆定期旅行，并举办讲座、会议和培训班，极大地推动了整合营销传播理论在中国的发展。他认为：

> 整合营销传播是一种战略性的商业流程，用来规划、开拓、执行和评估具备可协调性、可测量性和说服性的品牌沟通计划，该计划的目标是建立与消费者、顾客、潜在消费者、雇员、合作伙伴及其他相关的内部和外部的目标受众的沟通，产生短期的收益回报，并建立长期的品牌与股东价值。

唐・舒尔茨等的核心思想是，强调以消费者为中心，注重媒体组合的优化，通过广告、促销、公关、直销、企业形象识别系统（corporate identity system，CIS）、包装等各种传播手段和方法的一体化运用，将统一的传播资讯传达给消费者，力求使消费者在不同场合以不同方式接触到同一主题的信息内容，最大限度地发挥传播的整体效应。这里的整合，包括两个层面的

---

① 克拉克内尔．真实的广告狂人：统治麦迪逊大道的创意之狼．朱玉犇，刘宇波，译．北京：外语教学与研究出版社，2018：39.

含义：一是传播内容的整合，二是传播资源的整合。内容整合是资源整合的基础，资源整合推动内容整合的实现。不管是电视传播、户外传播，还是移动互联网传播，统一主题、统一表达方式、统一视觉和统一声音一次又一次地重复和积累，自然会在消费者心中形成品牌联想，产生一加一大于二的效果。不过，这不是指在不同渠道重复同一个信息，而是指把品牌与企业的所有接触点作为信息传达的渠道，彼此间互相配合。所以，整合营销传播也被称为“用一个声音说话”（speak with one voice），即营销传播的一元化策略。

唐·舒尔茨等认为，内容整合包括以下方面：（1）精确区隔消费者——根据消费者的行为及对产品的需求来区分；（2）根据消费者的购买诱因，提供一个具有竞争力的利益点；（3）确认目前消费者如何在心中进行品牌定位；（4）建立一个突出的、整体的品牌个性，以便消费者能够区分本品牌与竞争品牌之间的差异。至于资源整合，关键是“在什么时候使用什么传播手段”。要了解怎样才能更有效地接触消费者，就营销手段而言，适时综合运用广告、促销、公关、包装、商品展示等传播手段，全面触达消费者；就媒体而言，综合视频、音频、纸质媒体、在线搜索、网站、户外广告、移动终端、社交媒体帖子、店面设计展示、包装等，进行统一发声。总之，无论是内容整合，还是资源整合，两者都要统一到建立良好的“品牌—顾客”关系上来。

整合营销传播理论主张用一种全景化的方式制定包括营销方案、促销计划以及协调广告在内的多样化传播工具，力求使公司所有的营销与促销活动在市场上传递出“同一种形象、同一个声音”。对广告而言，整合营销传播理论明确了广告活动不仅要自身协调一致，还要与整体的营销理念保持统一，使消费者接触到明确、统一的信息，因而受到广告业界和学界的广泛认同。广告传播也因此进入了一个系统化的时代。

当代移动互联网的快速发展使得线下线上不再是彼此独立、分行的渠道。整合营销传播必须在目标消费者的决策链条上模拟、界定、选择如何影响消费者、接近购物者、感动用户的新方式、新地点和新介质，创造出全新的营销传播模式，让营销触角能够无限接近目标的真实需求。

当然，广告学作为一个理论体系，还有其他许多概念和理论，以上只是列举了其中最基本的部分。

第三节 广告代理制

广告代理制是在广告行业长期发展的历史过程中，逐渐形成和建立起来的一种经营管理机制。它既是广告业自身发展的产物，也是国际通行的广告经营与运作机制。

一、广告代理制的内容与性质

广告代理指在广告活动中，由广告主委托广告公司代理实施广告传播计划，媒体通过广告公司出售时间或空间。广告公司处于中间位置，为广告主和媒体提供双向服务，同时获取一定的酬劳。如此，广告主、广告公司、媒体三方在委托代理关系的基础上，实现广告交易行为。其中，广告主（客户）代理和媒体代理构成了广告公司代理业务的主要范围。

广告代理制最初确立在美国，是广告主、媒体以及广告代理公司三方博弈的结果。到19世纪中期，随着市场经济的发展和大众传媒的进步，广告主和媒体都产生了对广告代理服务的需求。对广告主而言，他们认识到广告传播需要专业性的服务来保障其效果。而对于媒体而言，四处招徕客户不仅分散精力，而且所需付出的成本昂贵。此时，广告代理制出现，并得到广告主和媒体的认可。

广告代理具有双重代理的性质：一方面，广告主必须委托有广告代理权的广告公司代理其广告业务，不得与广告媒体单位直接联系发布广告（分类广告除外）。广告经营单位可以全面代理广告主的各项广告活动，包括市场调查、广告策划、广告设计与制作、广告文案撰写、广告发布、广告效果测定等一系列服务项目。另一方面，广告经营单位又代理媒体的广告时间与广告版面的销售，为媒体承揽广告业务。也就是说，媒体单位不能直接承接广告主广告的发布、设计和制作等业务，这些活动都应该归属于广告公司的业务范畴。

广告公司在双重代理、双向服务的过程中，其劳动收入主要来自为媒体出售广告版面和广告时间而获取的佣金。按国际惯例，代理佣金的比率为大众传播媒体的佣金比率是广告刊播费的15%，户外媒体的佣金比率为16.7%。在我国，承接国内广告业务的代理费为广告刊播费的10%，承办外商来华广告的代理费为广告刊播费的15%。

在广告制作费方面，国际广告界也有一定的收费标准，即广告主除了如数承担广告公司各项广告制作支出外，还要给广告公司17.65%的加成，这是对广告公司代理其广告制作活动的报酬，也正好与媒体代理佣金相一致。

虽然广告公司的代理佣金主要来自媒体，其媒体佣金比率是固定的，但这也容易引起广告主的不满，因为对于广告公司而言，媒体传播广告的总费用越高，广告公司的代理收入就越多。为缓解双方矛盾，此后又出现了协商佣金制、实费制、议定收费制、效益分配制等收费制度。

二、实施广告代理制的条件

广告代理制是广告业务发展到一定程度的产物，是社会进步、科学分工的结果，是衡量广告行业成熟与否的重要标准之一。广告业现代化的主要标志之一就是在整个产业结构中，广告代理公司处于中心地位。

实施广告代理制的基本条件如下：一方面，需要有与广告代理制相匹配的完善的市场经济环境和成熟的广告市场环境。没有经济的繁荣，没有发达的市场经济体制和良好的行业环境，广告代理制就不可能顺利推行。另一方面，广告公司自身的状况和能力是能否成功实施广告代理制的决定性因素。

广告公司要从事广告代理活动，首先必须获得有关政府管理部门的认可，并取得合法的代理资格，才能在规定的范围内从事相应的广告代理活动。同时广告公司代理广告业务必须得到广告主或广告媒体的认可与委托。其次，提高广告公司自身的代理能力是增强其竞争能力的唯一途径，而高水平的各类广告专业人才、精良的广告制作设备和先进有效的内部管理机制是实现这一途径的有力保障。进入 21 世纪，整合营销传播成为广告公司的努力方向，对广告公司的全面代理能力提出了更高的要求，广告代理的业务范围进一步扩展。广告代理活动变得更为精细的同时，又要求广告公司能够根据消费者的具体情况确立统一的传播目标，有效发挥各种不同的传播手段向消费者传达本质上一致的声音，为广告主提供包括广告传播、公共关系、形象策划、包装与新媒体、直销、CIS 等内容的综合性服务，为企业的整体市场营销战略提供全面的、专业化的服务。这与广告代理兴起之初简单的媒体代理已有了天壤之别。广告经营单位必须不断创新，以适应现代广告代理制发展的需要。再次，具备充足的流动资金和雄厚的经济实力是媒体代理的前提。

三、实施广告代理制的意义

广告代理制的实施，有利于促进广告行业的科学化、专业化建设，有利于提高广告业的整体水平和消除行业内的不正当竞争，明确广告主、广告公司、广告媒体各自的权利和义务。只有真正全面推行国际通行的广告经营机制——广告代理制，才能使广告市场的三个主体各司其职，各就其位，互相合作，共同推动中国广告业朝着健康、规范的方向发展；而本土广告公司在我国加入世界贸易组织后，在面临跨国广告公司、国际性传播公司、营销顾问公司等业内、业界间的激烈竞争时，只有不断提高自身实力，改变服务观念和方式，从零散运作转向集约运作，从经验型服务转向专业化和科学化服务，才能在资本力量和专业化服务的新一轮洗牌中站稳市场。只有这样，我国广告业才能迅速地适应并融入国际大市场，顺利实现与国际市场的接轨，在激烈的国际竞争中求得生存与发展。

在我国，广告业恢复之初，由于广告时间和空间短缺，媒体处于强势状态，客户直接找媒体制作发布广告和媒体越过广告公司直接拉客户的现象屡见不鲜，形成一种见怪不怪的广告经营体制。1993 年，政府制定了《关于加快广告业发展的规划纲要》，提出要通过 10 年左右的时间在我国全面实行广告代理制，当年下半年开始在全国一些经济发达的大中城市进行广告代理制试点。1994 年，广告代理制逐步在全国范围内推开。实行广告代理制，就是要打破广告业恢复之初比较原始、落后的运作机制，推进我国广告业合理分工，提高广告专业化运作水准，促进广告业健康发展。但由于种种原因，广告代理制在实际运作中依然举步维艰，存在不少问题。其中最大的问题就是广告主、广告公司、广告媒体三者之间的关系还没有真正理顺，分工不明确、广告行为不规范、行业结构不合理等问题使得广告经营秩序混乱。如何建立既科学合理又符合中国实际的广告代理制度，还需要进一步探索。

思考与讨论

1. 广告运作的基本流程是什么？

2. 什么是品牌形象理论？主要内容有哪些？

3. 整合营销传播理论的内容是什么？有何价值？

4. 什么是广告学的“三基点四策略”？

5. 广告代理制的内容是什么？为什么要实行广告代理制？

6. 品牌和企业形象在购买决策中非常重要，据你观察，哪些品牌或企业应当改变自己的形象？为什么？

第四章

广告是科学还是艺术

——广告学科的形成、研究对象与研究方法

广告的艺术是一门难度很大、很复杂的学问，它需要高度的敏感。

——莫泊桑

本章学习目标：

1. 了解广告学科体系形成的原因。
2. 了解广告学成为高等教育正式学科的形成过程。
3. 了解广告与其他传播手段的异同。
4. 了解广告学的性质与研究对象。
5. 了解广告学的研究方法。

第一节　广告学科的形成与发展

每一门学科的建立都依赖于实践经验的积累和多学科理论的发展，广告学发展也不能例外。广告作为一门学科，其创立、发展和完善是有其内在的科学的必然的规律的。

一、广告学科体系的形成过程

尽管人类广告活动的历史源远流长，但广告从“术”到“学”的转变是一个从经验积累到理论升华的漫长的蜕变过程。这个过程是在商品经济飞速发展，广告技术不断进步，广告实践更加深入的大背景下完成的。

首先，广告学成为一门学科是生产力普遍提高、市场竞争加剧、大众传播媒体发展等因素相互影响的结果。在 18 世纪中叶之前，由于印刷技术和交

通运输的限制，广告传播实际上处于“小众时代”。此后，广告和正在兴起的大众媒体逐渐相结合，传播范围空前广阔，广告的价值得到进一步释放，对大众的日常消费行为带来显著的影响。以美国为例，19 世纪中叶以后，经济迅速发展，市场繁荣，广告业出现了职业化、规范化的发展趋势。到 1867 年时，美国的广告费已经占国民生产总值的 0.68%，而到了 1904 年，这个比例已经达到 3.5%。在媒体方面，以《纽约太阳报》的创办为标志，大批报刊纷纷涌现，广告传播进入了真正的大众媒体时代。据统计，仅在 1834—1840 年的短短六年时间里，全美就有了 1 631 家报社，几乎所有报纸的主要收入都来自广告。可见，广告在推动商品销售、促进经济发展的过程中显示出了举足轻重的作用。在这种背景下，一些学者开始关注广告现象，试图在理论上对广告进行探讨、归纳和指导。

其次，人们对广告实践经验的总结、基本规律的探索是促使广告学学科体系逐步形成的重要因素。历史学家卡尔·贝克尔（Carl L. Becker）说：“19 世纪常被人们称为科学的时代，同时也被称为历史的时代。”广告业的日益繁荣吸引着一些新闻学、心理学、商学和广告学的专家、学者从不同的角度探讨广告，并开始广告科学化的努力。1866 年，美国学者拉伍德（Jacob Larwood）和哈顿（John Camden Hotten）在伦敦出版了《路牌广告史》一书，这是已知世界上最早的广告方面的专门著作。1875 年，英国人亨利·桑普森（Henry Sampson）出版了《早期广告史》一书，全书共 20 章，对当时伦敦街头的叫卖广告、路牌广告、手抄广告、报纸广告做了深入、细致的考察和描述，尤其是对 17—18 世纪的广告发展与演进进行了全面的阐述和研究。同时还对虚假广告、彩票广告、征婚广告和传单等作了评述。美国出版记录显示，到 19 世纪末有近 10 种图书是关于广告技巧方面的，其中 1895—1900 年间出版的广告著作有 4 种。1901—1910 年间至少有 75 种关于广告的图书出版，其中有许多是关于广告的基本原理的。

那时，广告业界及学术界的广告人都热心于提升广告科学性及有效性的研究，他们将自己的经验和心得写成文章或图书发表或出版。因此，许多讲述“如何”运作广告的著作陆续出现。1888 年 7 月 15 日，乔治·罗厄尔（George P. Rowell）创办发行的《印刷者的油墨》（*Printer's Ink*）是第一份广告行业杂志，也是其创办后 40 年中广告业内最重要的杂志。该杂志内容主要包括如何撰写广告文案，为什么要做广告，如何做广告，分析各行业、各市场的竞争情况，新的广告客户如何寻找合适的广告代理等。杂志还对当时的广告文案、版面设计等进行点评，回答读者的提问等。之后，又有一大批广告行业杂志创办，如《动脑》（*Brain*）、《感觉》（*Sense*）、《招贴》（*Poster*）等。美瑟 & 克劳瑟公司（Mather & Gowther）在 1895 年出版了《广告实践》一书。班森（Samuel Herbert Benson）以《广告的智慧》（1901）和《广告的力量》（1904）紧随其后。智威汤逊也在1906年出版了《广告蓝皮书》。这些早期的广告评论与研究著作对于促进英国广告的健康发展起到了积极的作用。

再次，广告心理学等理论与广告实践的深入结合，使得广告学科体系日趋完备。随着广告研究的深入展开和业界对广告专业人才的需求日益迫切，广告教育也提上了议事日程。美国一些大学的新闻、商业、经济院系开始开设广告课程，广告现象和理论的研究受到学界更多的关注。1900年，明尼苏达大学心理学家哈洛·盖尔（Harlow Gale）在多年研究的基础上，出版了《广告心理学研究》一书。他率先将心理学原理引进广告研究领域，对消费者从看广告到采取购买行动的整个过程进行了分析，强调产品广告的内容应该使消费者容易了解，并应适当运用心理学原理以引起消费者的注意和兴趣。

1901年4月，广告专家兼经纪人埃米莉·福格（Emily M. Fogg）在一本经济学杂志上发表了一篇具有里程碑意义的文章《广告在现代商业中的地位》，产生了广泛的影响。同年12月，美国西北大学校长、心理学家瓦尔特·斯科特（Walter D. Scott）在一次学术报告中，发表了广告应该成为一门学科，心理学可以在其中发挥重要作用的见解。1903年，斯科特将他的12篇论文汇编出版了《广告论》，该书被视为真正的广告学术著作。1908年，斯科特又出版了《广告心理学》，全面论述了心理学和广告学之间的关系。从此，广告心理学成为广告学的重要分支。1913年，“工业心理学之父”雨果·敏斯特伯格（Hugo Munsterberg）在他的《心理学与工业效率》一书中概述了他与斯科特所做的关于广告效果的实验，发现了杂志广告读者回忆率与广告篇幅大小以及提示次数的关系。这些著作可谓是现代广告学的开山之作，极大地丰富了广告理论。

1925年，美国广告人克劳德·霍普金斯（Claude C. Hopkins）出版了《科学的广告》一书，对广告学成为一门科学这一命题进行了全面论述，对广告的科学化产生了巨大影响。1938年，美国成立了“国际广告协会”（IAA），为广告研究国际化架起了桥梁。这样，在对广告实践活动进行经验总结和概括的基础上，广告学界形成了较完整和较先进的知识体系，用于指导实践，形成了学界和业界的良好互动，广告行业获得快速发展，广告学科体系也得到进一步完善。

最后，市场营销学和传播学的引入，以及广告大师对广告理论的总结使广告学的发展步入了成熟阶段。到了20世纪中期，营销学、传播学两门新学科形成，其中的理论和方法被一些广告人引入广告实践，极大地增强了广告活动的有效性。例如，市场营销学和传播学被认为是广告学科体系中的两大理论支柱。至此，以心理学、传播学、市场营销学为基本理论支柱的广告学的理论体系基本形成，广告学终于有了自己相对独立完整的学科体系。特别是学界对广告活动的研究并没有停留在仅对业界的实践经验进行总结和概括上，而是在提炼的基础上形成较完整和较先进的知识体系，用于指导实践，实现学界和业界的互动。1912年，哈佛大学教授赫杰特奇（J. E. Hagertgy）访问了许多大企业主，在研究了他们的市场活动和广告活动之后，总结他们在销售过程中一些成功的经验，出版了《广告与营销》，对广告理论做了较为深入的探讨。1918年，哈佛大学教授丹尼尔·斯塔克（Daniel Stark）开始研究有关识别、检测广告摹写的方法。他和当时的A. C. 尼尔森（A. C. Nielsen）、乔治·盖洛普（George Gallup）各自成立了自己的调研公司，把市场调查引入广告活动。广告人甚至将这些工作与社会科学家、企业总裁、内科医生、心理学家、自由派新教牧师联系起来。他们希望能在整合中创设一种"人的科学"，并积极地应用这些科学成果。①

20世纪60年代以后，在世界经济形势的推动下，广告学研究有了空前的发展。它不再局限于单一的经济学、营销学的范围，而是从社会、政治、文化、伦理、心理、科技、传播等社会科学和统计学、预测学、电子科学、声学、光学等自然科学多角度地对广告进行了全方位的研究，引领广告学进入了一个新的发展阶段。与此同时，一批长期从事广告活动、具有丰富经验又善于思索的广告大师脱颖而出，他们总结了一系列广告创意和制作的理论和方法，如罗瑟·瑞夫斯的"独特销售主张"，大卫·奥格威的"品牌形象理论"，威廉·伯恩巴克的"ROI理论"，李奥·贝纳的"与生俱来的戏剧性"等，这些理论应用到广告实践中，产生了巨大的经济效益，也为广告学科体系的形成奠定了坚实的基础。

二、广告学科地位的确立

（一）美国

在大学开设广告学课程之前，美国广告人才的培养主要依赖于广告公司内部的培训。随着广告行业的迅速发展，这种学徒式的培养难以满足市场对广告人才的需求。于是，美国广告俱乐部联盟（全美广告联合会的前身）开始致力于推动早期广告教育正规化的活动。1905年，美国芝加哥、圣路易斯和辛辛那提的广告俱乐部是其核心成员，此后该组织在全美其他城市发展俱乐部会员。美国广告俱乐部联盟的主要任务就是促使广告专业化和提高广告

① 李尔斯．丰裕的寓言：美国广告文化史．任海龙，译．上海：上海人民出版社，2005：97.

人的社会地位。美国联合俱乐部从广告技能标准化和广告教育正规化方面下功夫，推动了广告学专业教育的诞生。

广告学的专业学科地位最早在美国得到了确立。1902—1905 年，美国的哈佛大学、宾夕法尼亚大学、加州大学、西北大学、密歇根大学的经济系开设了广告类课程。

1908 年，密苏里大学建立了世界上第一所新闻系，并开设了“广告与发布”课程，由查尔斯·罗斯（Charles Ross）主讲。其后，纽约大学、波士顿大学等相继开设广告类课程。

1913 年是世界广告教育史上极为重要的一年。这一年，密苏里大学的新闻学院设立了全美第一个广告学专业。此后，得克萨斯大学、纽约大学、马奎特大学、西北大学和威斯康星大学也相继设立广告学专业。各校广告学专业培养的侧重点有所不同，主要取决于广告学专业设于什么样的院系。通常，新闻（传播）系广告学专业的教学倾向于广告创意和广告策划，而商学（经济学）系广告学专业的教学则侧重于广告管理。

1914 年，哈佛大学教授保罗·切林顿（Paul Cherington）撰写了第一本广告学教科书。1922 年，《哈佛商业评论》正式出版，该杂志将营销、广告、零售、金融、房地产、消费心理学作为一个相互关联的整体进行研究，很快成为商品、营销、广告研究领域的主要学术代言人。人们认识到，广告学是在综合了市场营销学、新闻传播学、心理学、管理学、社会文化、艺术等相关学科的知识后形成的独立学科，广告学与这些学科相互影响、相互渗透、相互联系。同时，广告学又是一门独立的学科，与这些学科研究对象有着根本的不同。至此，广告学科的雏形已经形成。

第二次世界大战后，美国广告业获得空前发展，专业广告教育在美国扩展、完善。20 世纪 30 年代时，美国还只有 30 多所大学开设广告学课程，到 1950 年时，几乎翻了一番，达到 61 所。伊利诺伊大学是最早开办广告学课程的大学之一，到了 1959 年，该校建立传播学院，将营销系和新闻学系中对广告感兴趣的教师整合在一起，率先设立了广告学系。这是美国高校中的第一个广告学系，更是广告学科形成的一个里程碑，标志着广告学已经脱离了传统的营销学，正式成为一门独立的学科。

不久，现代市场学和传播学两门学科被先后引入广告学，将广告战略和广告技巧置于科学的基础上，极大地增强了广告活动的有效性，也进一步巩固了广告学的学科地位，逐步形成了以广告策划为主体，以科学和艺术为基础，以创意为核心，融各门学科为一体的现代广告学科体系。正如霍普金斯在《科学的广告》中所说：“经过无数人的努力，广告终于发展成了一门科学，以固定的原则为基础，并且相当准确。有关原因与结果，都经过仔细的分析研究，直到被彻底理解。有关程序的正确方法已然得到求证和确立。现在，我们知道什么最有效，我们是依据基本原理行事的。”“在这种新形势下，广告业蓬勃发展起来。从数量、声望和受重视程度上看，它都有了成倍的增长，几乎没有什么风险，效果也成倍地增长。原因就在于这种赌博已经变成了一门科学，一项相当保守的投机事业。”①

从学科教育来说，早期的广告学注重实践技能，到了20世纪50年代后，许多学者认为，广告学教育应该强化理论性和学术性，注重学生综合素质的培养，致力于提高学生的理论素养和思维能力。

（二）日本

在日本，20世纪20年代初，广告活动和广告学研究开始起步。1914年1月，早稻田大学创建了广告研究会，这是日本最早的学生广告研究团体。1921年，神户高等商业学校开设了日本最早的广告学课程。1924年9月，中川静所著的《广告语宣传》由宝文馆出版。到20世纪30年代，日本初步形成具有现代意义的广告学科体系。

（三）中国

在中国，稍晚于日本，广告学的课程也陆续进入高校，并逐渐成为一门独立的学科。起初，广告学是新闻学教学研究的一个分支。1918年，北京大学新闻系开设了广告学课程。

1919年，徐宝璜在《新闻学纲要》中辟有一章“新闻纸的广告”，专门阐述报纸广告问题。1920—1923年，上海圣约翰大学、上海南方大学、厦门大学、北京平民大学、北京国际大学、燕京大学等校报学系、新闻系都开设了广告学课程，并将广告学列为必修课程之一。

新中国成立之后，1953—1978年期间，广告逐渐减少，乃至停止。1978年中共十一届三中全会之后，中国实行改革开放政策，广告也随着商品经济的到来而逐渐恢复。广告学作为一门学科也开始恢复它在中国高等院校应有的地位。

与此同时，我国广告学的研究也成果渐丰。1981年潘大钧与张庶平合著的《广告知识与技巧》出版；同年，唐忠朴与贾斌主编的《实用广告学》出版。

据统计，1949年之前，各类中文版广告图书有16种；1949—1978年各类中文版广告图书仅为4种；1979—2005年7月各类中文版广告图书达2 000多种。

改革开放之后，中国的市场经济迅速发展，广告业经历了启蒙与开创、引进与对接、融合与探索几个阶段。1979年1月，上海广告公司的丁允朋在

---

① 霍普金斯．科学的广告 我的广告生涯．邱凯生，译．北京：华文出版社，2010：1.

《文汇报》上发表《为广告正名》一文，打破了社会对广告的偏见，提高了人们对广告在经济生活中重要性的认知。有关广告学研究的文章与著作开始出现，研究议题逐渐丰富。在广告理论研究方面，20 世纪 80 年代初，我国先后翻译出版了不少日本和美国广告方面的著述，台湾地区的广告学论著也被介绍到中国大陆，出现了一批质量较高的丛书、译著。

为满足广告行业、媒体的人才需求，建立与之相适应的人才培养体系，全国许多高等院校纷纷开设广告学系（专业）。1983 年，厦门大学在全国率先设立广告学专业并开始招收本科学生，开启了真正意义上的中国当代广告专业的高等教育。1988 年、1989 年，北京广播学院（现为中国传媒大学）和深圳大学分别创立了广告学专业。其间，暨南大学、长春广播电视大学也先后开始了广告学专业方面的课程和培训。由于当时广告学专业的高等教育具有鲜明的市场经济服务功能，非常适应改革开放和经济建设的需求，完全符合“教育为经济建设”的思路，自然也就成为一些高等院校服务经济建设、提升学校影响力的重要途径之一。因此，广告学专业的数量不断增加。

1992—1999 年是中国高等教育的快速发展期。1992 年开始，北京广播学院等高校陆续开始招收广告学硕士研究生。同时，武汉大学、北京大学、南京大学、复旦大学等纷纷开设广告学专业（系），招收广告学本科生或研究生。2000 年开始，北京广播学院招收全国第一批广告学博士生。此后，武汉大学、厦门大学、中国人民大学、北京大学、复旦大学、上海大学、华中科技大学等十多所高校也获得了广告学博士的招生资格。博士招生资格的获得，对于广告学而言，意义重大，标志着广告学专业全面归属于新闻传播学学科体系，并且在其学科体系内相对完整地建构起了自己的专业体系。广告教育的发展不仅为中国广告业输送了大量优秀人才，而且为现代广告理论的传播与学术研究提供了舞台。

有资料显示，截至 2007 年 9 月 30 日，我国（港澳台地区除外）设有广告学专业的高等院校有 322 所（其中有专业硕士点近 50 所，广告学方向博士点近 10 所）。2010 年，教育部进行新一轮的学科调整，广告学由三级学科上升为二级学科，成为新闻传播学一级学科下属的二级学科，学科地位大大提升。到了 2019 年，我国开设广告学专业的院校达到 600 多所（其中本科 302 所，专科 327 所），比 2007 年增长了近一倍，形成了专科、本科、双学士、硕士研究生、博士研究生的多层次培养体系，推动着中国广告学的研究与教育不断走向深入，教育与培养体系不断完善，学科的国际化与本土化方面都有所进步。

近年来，随着科技的进步、新兴媒体的发展、全球经济一体化步伐的加快，广告学研究出现了许多新课题，广告学科的建设和研究也更加成熟。

三、广告学科教育的主要模式

广告学属于跨学科的边缘学科，与新闻、商业、文学、美术等都有不解之缘，因此，许多高等院校的不同院系都建有广告学专业，从而形成了不同的教育模式。这种情况，无论中外，同样存在。

第一类是以新闻传播院系为基本教育平台，倾向于培养学生的传播策划与管理能力，课程设置大量地借鉴、模仿新闻系的有关新闻、传播等理论色彩较浓厚的人文课程。这类广告学专业的院校更重视硕士生或博士生的培养，对广告传播的宏观理论予以更多的关注，因而这类院校的专业教学很明显带有一定的局限性，即偏重于理论教学，对广告创意的视觉表现操作能力的培养稍显不足。这种教学模式的后果自然使许多学生长于坐而论道，但要具体去运作一个市场品牌或具体拿出一个广告方案就十分为难。不过，这类广告学专业的院校多是公办大学，其毕业生本身就为数有限，并且大多数都要考研、出国，进入国内广告行业工作的微乎其微。而且，其中大部分毕业生更多的是选择在媒体单位工作，真正在广告公司工作的人数偏少，在广告行业内的影响力似乎有限。但是，由于这类院校在全国学术界的客观影响力和专家、教授的主观努力，其在广告学科方面的学术研究成果赢得了广告学界的尊重，并在全国的广告学界占据了主流的地位。

第二类是以中文系为基本班底经过一定程度的组合所开设的广告学专业。这类广告学专业倾向于培养学生的广告创意和广告文案写作能力，课程设置偏重于语言文学方面。从本质上说，这类广告学专业的教学模式与第一类的广告学专业教学模式并没有什么不同。只是前者偏重于新闻传播，后者偏重于汉语言文学。

第三类是以艺术院校为背景所开设的广告学专业，倾向于培养学生广告创意表现的综合视觉传达能力。课程设置比较全面，偏重于实际的动手能力。由于归属于设计院系统一管理，在相对浓厚的艺术设计氛围里耳濡目染，这类广告学专业的学生对广告作品的视觉表现与把握具有较敏锐的审美感觉。这类院校多为省属二本院校，其毕业生的考研比例相对较低，绝大多数学生在校期间即非常重视专业实践，毕业后基本上都是在广告公司工作，在广告业界的影响力较大。

第四类是以工商管理、市场营销为背景而增设的广告学专业，倾向于培养学生的市场策划能力。课程设置以工商管理或市场营销方面的课程为主。此两类都比较倾向于广告学专业的市场应用性，只是前者的师资优势在于广告表现，而后者的师资优势则在于营销策划。

从总体上说，广告学专业由于自身的学科性所凸显的边缘色彩，无论其脱胎于新闻传播、中文还是艺术设计，抑或是市场营销，都无可厚非。高校必须在正确分析和把握广告行业自身有别于其他行业独特的专业性的前提下，才有可能制定出符合广告行业人才市场需求的广告学专业培养目标，并在培养目标的规范下，根据高校自身资源优势，确立与之相适应的教学体系。

第二节 广告学科的性质与研究对象

人们对广告学科的性质归属认识存在着各种迷思。广告学究竟是属于艺术还是属于科学？是属于营销还是属于传播？它的研究对象和内容是什么？一直以来，众说纷纭。

一、广告学科的性质

长期以来，人们对广告学科性质的认识存在着很大的差异，有着一些截然相反的看法。

（一）广告属于艺术还是属于科学

在广告发展史上，西方广告大师曾围绕广告究竟是一门艺术还是一门科学的问题争论不休，形成了“艺术派”和“科学派”两大阵营。

一种意见认为，广告虽然是一种营销传播活动，但它的内容是说服性的，呈现方式是艺术性的，要用艺术的创作方法才能完成作品。因此，广告是一门艺术而非科学。直至20世纪中叶，仍有些人把广告视为单一的广告作品，认为广告人所要共同探寻和解决的就是作为广告作品的广告诉求与广告创意这些核心问题。解决这样的问题，只能靠艺术的手段沟通，而不是靠抽象的统计数据。广告通过各种艺术表现形式和造型，引起人们的注意和欣赏，传递了信息，刺激了人们的心理欲求，而那些没有艺术性的广告是不能产生效果的，成功的广告作品都是艺术的杰作。

20世纪30年代，美国广告客户的内部期刊中就经常讨论“将电影戏剧融入摄影照片中”的前景，并建议人们使用摄影艺术，因为它能够“将你的广告信息升华到现实戏剧那激动人心的高度”。1931年，一个名叫詹姆斯·耶茨（James Yates）的艺术总监在一次智威汤逊工作会议上建议大家多学习好莱坞，因为人们需要浪漫的冒险传奇。1937年，弗兰克公司举办了一次国际现代广告海报展览，艺术批评家克里斯蒂安·布林顿（Christian Brinton）

极力赞美那些展出品具有“鲜活的设计理念”，以及“欧几里得式的简洁风格”，建议参观者“对这些大胆的魔法魅力……进行有条件的屈服”。

在业界为广告营造艺术氛围的过程中，爱雅公司一直充当着领头羊的角色。它的艺术总监查尔斯·科伊纳（Charles Coiner）回顾说：“我们那时试图用（艺术）来使客户的广告能够拥有自己的个性。”艺术史家米歇尔·伯加特（Michele Bogart）也认为，这种行为将高雅艺术和商业艺术之间的区别转换成一种市场营销策略。这种做法的受益人，既包括艺术家，也包括广告客户和广告人。①

为广告是艺术的观点站台者，有著名的伯恩巴克、李奥·贝纳、乔治·路易斯（George Lois）和查尔斯·萨奇（Charles Saatchi）等人。伯恩巴克旗帜鲜明地表示：“广告基本上是说服……而说服的发生并不是科学而是艺术。”② 广告没有说服力，不能令人花钱购物，就不算好广告。芝加哥广告学派的李奥·贝纳也认为：“怎样找出关于商品能够使人们发生兴趣的魔力，以引起他们的兴趣，并能极为迅速地引导他们得出应该买那种东西的结论，实在是另外一种艺术。”③ 当有人对广告是艺术表示怀疑时，被称为美国“广告狂人”的乔治·路易斯斩钉截铁地说道：“如果广告是科学，那么，我就是女人。”他坚信广告就是艺术，不容置疑。

另一种意见强调广告的科学性，认为广告是一门科学而非艺术，它是经济运行中传递信息不可缺少的要素。

他们认为，广告运作遵循并反映了广告活动的客观规律，属于科学。科学是在社会历史发展过程中所积累起来的关于自然、社会和思维的各种知识的总和。它的任务是透过偶然的、杂乱的现象去发掘和研究规律，并以这些客观规律去指导实践。从雷蒙·罗必凯（Raymond Rubicam）的广告效果评估④到斯坦利·雷索（Stanley Resor）的消费者市场调研⑤，他们在推动广告业从混沌状态进入科学领域的过程中扮演了先驱的角色。经过众多广告研究人员和广告工作者的共同努力，总结大量广告活动成功与失败的经验，运用

---

① 李尔斯．丰裕的寓言：美国广告文化史．任海龙，译．上海：上海人民出版社，2005：242-256.

② 狄龙，等．怎样创作广告．刘毅志，译．北京：中国友谊出版公司，1991：64．倪宁．广告学教程．4版．北京：中国人民大学出版社，2014：5.

③ 海金司．广告写作的艺术．刘毅志，译．北京：中国友谊出版公司，1991：27.

④ 雷蒙·罗必凯1916年进入广告业，1923年与约翰·扬合作，成立扬&罗必凯广告公司，这就是广告史上大名鼎鼎的Y&R广告。1932年，盖洛普加入Y&R创建了文案研究部。雷蒙请他来负责广告阅读率的研究工作，并根据研究结果来做广告，所以Y&R制作出的广告总是比其他广告公司的有着更高的阅读率。

⑤ 斯坦利·雷索1904年进入宝洁公司负责推销商品，1908年加入智威汤逊，1916年成为智威汤逊的掌门人。1922年，斯坦利·雷索又聘请哈佛商学院著名教授保罗·彻林顿来公司主持市场研究工作，对各种消费习惯、购买习惯进行大规模调研。同时，还将一些家庭定为样本，他们每月报告本月购物种类、数量及品牌，为公司制定广告策略提供切实的依据。这在当时是广告界的首创之举。

先进的研究方法，借助现代科学的运算分析，并通过对广告知识的系统整理、总结、提高，探索出广告活动的规律，形成了广告原理，于是广告学便在此基础上建立起来了。在实际运作过程中，广告活动要达到预期的目的，就要科学地研究市场、研究商品、研究消费者和竞争对手，并在此基础上制定广告策略，确立广告目标、广告主题、诉求方式与创意表现，然后科学地选择和组合媒体，最后要进行广告效果的测定。只有经过这样的科学决策过程，广告才会富有成效。

所以，克劳德·霍普金斯在其《我的广告生涯·科学的广告》中说："无论社会的流行趋势、消费偏好和人们的欲望如何变化，广告的某些模式怎样变，这本书确定的广告基本原则仍会像阿尔卑斯山一样长久。"① 一些人认为，广告属于科学，尽管它诞生的历史时间不长，理论积累不多，还存在着这样那样不完善的地方和未知空白区，但绝不能因此否定广告学是一门科学。虽然广告也运用艺术，但只是作为广告的一种视觉呈现手段，目的是为传递广告信息服务，而不同于纯粹的艺术创作。为广告是科学的观点站台者，有克劳德·霍普金斯、罗瑟·瑞夫斯和大卫·奥格威等人。

以上两种关于广告学性质的观点都是特定时期的产物，在当时的广告环境中有一定的合理性。当然，这种非此即彼的认知也是片面的。早在 19 世纪 60 年代，英国的博物学家和教育学家托马斯·赫胥黎就指出："科学和艺术就是自然这块奖章的正面和反面，它的一面以感情来表达事物的永恒秩序，另一面则以思想来表达事物的永恒秩序。"这就是著名的奖章比喻，意为两者具有一致性，是殊途同归的。20 世纪 30 年代，美国著名科学史家乔治·萨顿（George Sarton）从人类文明进步的角度，将科学、宗教、艺术形象地比喻为一个金字塔的三个面，指出："当人们站在塔的不同侧面的底部时，他们之间相距很远，但当他们爬到塔的高处时，他们之间的距离就近多了。"至此，科学家们已经相信，科学与艺术其实是相通、相近的。

从美学的视角认识和理解科学，人们早就发现，科学中就有美的形式存在。亚里士多德说："虽然数学没有明显地提到善和美，但善和美也不能和数学完全分离。因为美的主要形式是'秩序、匀称和确定性'，这些正是数学研究的原则。"古希腊数学家普罗克拉斯（Proclus）则坚定地认为："哪里有数学，哪里就有美。"数学不仅具有对称、简洁、统一、奇异的形式之美，而且也像人的美不单在外表更在内心一样，具有真实、准确、简洁、和谐与普遍的内在之美。所以古希腊的帕特农神庙被称为东西方古代建筑美学经典。在 20 世纪，由计算机演算，对迭代方程进行有效的折叠、缩放、翻转等，形成

① 林升梁．美国伟大的广告人．北京：中国经济出版社，2008：120.

了具有美学意义的3D分形艺术，千变万化的图形充满装饰韵味，堪称奇妙。从物理学的角度，深一层理解牛顿的运动方程式、麦克斯韦方程式、爱因斯坦的狭义和广义相对论方程式以及狄拉克方程式，都感受到一种精神境界的美。这些方程式涵盖广阔的时空，控制着宇宙中大到星云，小到基本粒子内部，时间长到100亿年，短到10的负28次方秒。杨振宁说："这是一种大美。"①

事实上，大多数的现代学者倾向于认为，现代广告不再是单纯的艺术作品，而是一个艺术与科学相互融合的整体运动，广告既是科学也是艺术。如果分解开来看，广告中的市场调查、策划程序、媒体评价、广告决策、效果测定等要按照科学的程序与方法进行，具有明显的科学性质。而广告创意、文案创作、广告设计、广告音乐等具有浓郁的文学、艺术的特征，属于典型的艺术形态。在具体的实践中，人们既要运用传播学、社会学、心理学等社会科学的理论与方法，同时还要运用大数据、美术、影视、音乐等方面的知识与技能。那种认为注重科学就会在一定程度上扼杀伟大创意的观点是错误的。相反，正是因为有了艺术的在场，广告的科学性才更有效。例如，2015年5月，美国达美乐比萨公司发布了表情订餐服务广告，即告诉消费者可直接在Twitter上下单购买比萨。消费者在Twitter上下单的时候，只需要向达美乐发送代表比萨的emoji表情即可。这种"推特预订"服务广告活动获得了戛纳国际广告节金狮奖。

因此，可以说广告既不是纯粹的科学，也不是纯粹的艺术，而是科学与艺术的结合体。正如日本"电通之道"所认为的那样，广告既是科学，也是艺术。② 著名物理学家李政道认为："艺术与科学事实上是一个硬币的两面。它们源于人类活动最高尚的部分，都追求深刻性、普遍性、永恒性和富有意义。"③ 可见，科学和艺术在本质上是一致的。这一观点体现在广告上，就如同广告公司MATCH·马马也的创始人、上海国际广告节主席莫康孙所说的，广告是"以科学为起点，以艺术为终点"的专业。

（二）广告属于营销还是属于传播

广告史上发生过这样一件真实的事情：1904年，年轻的拉斯克到芝加哥后，就职于洛德&托马斯广告公司，但此时的他对广告的本质到底是什么始终迷惑不解。一天下午，拉斯克和老板托马斯都在办公室里，有人递给托马斯一

① 杨振宁．美在科学与艺术中的异同．中国艺术报，2015-04-24（5）．
② 杨名皓．奥格威谈广告：数字时代的广告奥秘．庄淑芬，高岚，译．北京：中信出版社，2019：364.
③ 李政道．科学与艺术．上海：上海科学技术出版社，2000：9.

张便条。托马斯扫了一遍，不禁笑了，随手把纸条抛给拉斯克（见图 4-1）。纸条上写着：

图 4-1 约翰·E. 肯尼迪（John E. Kennedy）和他手写的便条（1904）

> 我现在正在楼下的大厅。我能告诉你们广告是什么，我相信你们并不知道。让你们知道广告究竟是什么，对我意义重大，对你们也同样意义重大。你们如果想知道，就让门童捎个话来。
>
> 约翰·E. 肯尼迪

托马斯说："那家伙肯定是疯了。我不想在他身上浪费时间。"拉斯克却说见见看怎么样。不一会儿，肯尼迪出现在办公室。他们一直聊到午夜。

肯尼迪问道："你们知道广告是什么吗？"拉斯克给他讲了他研究查尔斯·H. 富勒公司广告的情况，认为广告就是商业新闻，它让我们诚实。

肯尼迪说，不对，新闻是一种陈述的技巧，而广告只是一种非常简单的东西，详细而坦率，不应使用韵诗或一般性断言；广告表达方式应类似于推销员直接面对消费者时所讲的话，提供一种合情合理的理由，说明这种产品值得购买的具体原因。用三个词（英文）就能说明白，那就是"印在纸上的推销术"（salesmanship in print）。这三个词建构了广告的新概念、新策略，从根本上改变了广告理论。后来，拉斯克回忆道："他这句话一说出口，我立刻明白了。"于是，决定高薪雇用肯尼迪。在肯尼迪的帮助下，公司取得了巨大的成功。

从这个故事中，我们可以知道，有人认为广告属于营销，有人则将广告归为新闻（传播）。那么，广告到底属于什么？

诚然，广告的出现与新闻的发展密切相关，先有新闻而后才出现广告。但是，新闻是新近发生的客观事实，而广告则是一种商业信息，两者之间有着显著的不同。此外，在20世纪初，人们所能接触到的大众媒体，主要是纸质报刊，其他媒体如广播、电视等当时还没有出现。也就是说，那个时代还是报刊一统天下的时代，发布广告，离不开印刷机，离不开油墨，广告主只能通过文字或文字加图片的形式传递产品信息。当然，这些信息不是简单的、直白的信息，而是一种销售策略。但是，随着时间的推移和技术的进步，电话、广播、电视、互联网等新的大众媒体先后出现，广告的形态更加多样，内容的呈现方式更加丰富多彩，远非"印在纸上的推销术"所能涵盖。

"一切以时间、地点、条件为转移。"20世纪40年代传播学兴起之后，人们发现，广告的现代化过程也是和传播技术的现代化过程一致的，只有依靠各种传播手段，广告信息才能传递给一定的受众。于是，传播学开始将广告纳入自己的研究范畴，使广告学成为传播学的分支。传播学认为，广告是围绕销售目标而进行的信息传播活动。广告的目标是营销，而广告本身是一种信息传递，离开销售目标的信息传递就失去了广告的意义。那种认为广告本身就是销售的看法，忽视了广告信息传播的本质特征，而试图用广告代替销售则忽视了广告信息的传递目的。在传播学理论的观照下，广告学逐渐形成了广告受众研究、广告媒体研究、广告符号研究、广告效果研究等研究领域。20世纪80年代以来，我国学者也开始尝试打破旧有的"广告营销"的理论框架来建构新的广告传播理论体系，明确提出了广告的目的是销售，广告的本质是信息传播。诚然，大卫·奥格威曾经说过："我们做广告是为了销售产品，否则就不是做广告。"① 但这是针对广告的目的性而言的。

随着整合营销传播理论的兴起，广告又不再被认为是单纯的营销或纯粹的传播，而被视为既是营销又是传播，或者说广告是一种营销传播。广告学必须脱离对营销学或传播学的依附状态，吸收各个新兴学科的理论成就，开创自己独立的学科体系和学科品位。

二、广告学的学科体系与特点

每一门学科在确立自己的理论和思想体系的时候，都需要有逻辑出发点作为支撑该体系的基本前提和假设基础，同时，还要有自己的运作理论。当然，广告学也有这些理论作为支撑。

① 奥格威．一个广告人的自白．林桦，译．北京：中信出版社，2008：6.

（一）广告学的学科体系

广告学是一门应用型交叉学科。它一方面回应行业实践需求，解决实际问题；另一方面不断从相关学科汲取营养，丰富本学科的理论体系。

广告学学科体系分为两大领域：（1）理论广告学：包括广告传播、广告哲学、广告语言、广告认知与行为、广告文化与观念、广告的历史（国别史、地区史、领域史等）、广告媒体、广告与社会等。（2）应用广告学：包括广告产业、广告经营、广告管理、广告法规、广告调查、广告策划、广告制作、广告写作、广告设计等。

两大领域的关系是相辅相成、互相促进的。广告理论指导广告实践，使广告更成功；反过来，广告实践又可以验证、修改广告理论，促使广告理论更加完善。

（二）广告学的学科特点

根据广告学的学科背景、学科内涵与外延，可以归纳出广告学科的基本特点。

第一，跨学科性。广告学是在传播学兴起的背景下成长起来的，但它的源头却是社会学、营销学、心理学、新闻学等。除此之外，广告学还嫁接了品牌学、消费者行为学、设计学、公共关系学等相关学科，具有浓厚的跨学科性。

第二，实践性。广告学是业界和学界共同孕育出的学科，一头连着工具性，一头连着学术性。也就是说，一方面，广告学需要从行业中汲取教学资源和学术研究资源；另一方面，通过向行业提供智力支持，彰显广告的教育价值。

第三，发展性。随着社会、技术的发展，广告学研究的对象、内容和范围也在不断延展、升级。在媒体较为粗陋的时代，广告传播形式也简单，广告研究较少。但当大众媒体兴起之后，广告形式丰富多彩，研究范围迅速扩大；当数字化、移动化技术及社会化媒体到来之后，学科调整及研究重点“成为引人关注的话题”①。未来，广告还将随着智能化的发展而进一步改变。

三、广告学的研究对象与范畴

（一）广告学的研究对象

广告学是在众多学科基础上发展起来的一门综合的、年轻的边缘学科。

---

① 陈培爱．数字化时代中国广告教育改革的思考．广告大观（理论版），2011（4）：31－36．

和其他学科一样，它是独立的学科门类，有自己特定的研究对象。

一般认为，广告学是以广告活动及其规律为研究对象的科学。广告活动的基本程序是从市场调研、产品分析、消费者研究入手，确定广告定位、广告诉求、广告表现、媒体选择与组合等策略，在此基础上发布广告信息，最后测定和评价广告效果。广告活动涉及广告主、产品或服务、广告专业人员、广告信息、广告创意、广告作品、广告媒体、广告受众、广告管理等因素，这些因素在广告活动中承担各自的功能和角色，并按照一定的程序组合在一起。要实现最佳广告传播效果，广告活动的所有因素和环节都必须围绕广告效果这一核心目标。这就必须要研究广告活动的有关因素和运作环节，探寻其规律性的东西。

由此可知，广告学研究的内容十分广泛：既包括历史上的广告活动，也包括当下的广告活动；既包括广告的产业结构、经营战略、发展规律，也包括广告的组织、实施、监督与管理；既包括广告的策划、创意与表现，也包括广告理论的形成、传承与创新；既包括广告各要素的变化和发展，也包括广告各要素之间关系的结构与变化；既包括微观层面的广告活动，也包括宏观层面的广告战略。

随着新媒体的不断发展，广告学的研究视野得到了进一步扩大，已经从一个较为狭窄的领域走向了一个更为开阔的空间，开始在“营销”和“传播”两个层面上对广告运作进行审视，形成了整合营销传播的新理论，强化了广告作为营销组合中的一个有机构成的事实，使广告研究的视野更为开阔。

（二）广告学的研究内容与范畴

广告学的研究内容与范畴纷繁多样，但归纳起来不外乎三大领域、两大范畴。

1. 三大领域

通常，我们将广告学的研究对象分为广告策略与效果、广告运营与管理、广告历史与文化三大领域。广告策略与效果主要包括广告策划，品牌定位，广告态度、认知与行为等。广告运营与管理主要包括广告产业、产业政策、广告经营、广告监管等。广告历史与文化主要包括广告历史、广告哲学、广告创意、广告批评、广告与艺术、广告与社会、广告与媒体等。

近年来西方广告学所研究的热点问题，如消费者与受众、广告效果、品牌与营销沟通、广告与社会文化、广告产业、广告媒体、广告现状与发展等，都属于以上三大领域。

2. 两大范畴

（1）经验范畴。这一范畴包括广告媒体选择、广告制作合成、广告效果监控、广告经营管理等研究，主要解决“如何更好”的问题。将注意力放在如何洞察消费者心理需求、如何有效地利用媒体影响大众行为和心理以及多营销框架下的广告经验理论总结上，目的是在最合理的广告成本下的传播效果和促销效果最大化，手段是通过对营销传播管理的技能、企业特点、战略规划、外部条件等方面的关注来揭示广告的内部运作和外部环境等物质要素。

(2) 价值范畴。此种研究并非“就广告论广告”，而是立足于广告的社会文化、意识形态和政治经济结构的影响，从人文社会科学的视点对广告传播进行研究，主要解决“应该如何”的问题。广告属于上层建筑，作为一种社会意识，广告与社会经济、政治、文化是紧密相关的。马克思指出，对于观念形态，既不能从它们本身来理解，也不能从所谓的人类精神的一般发展来理解，相反，应从观念形态根源于物质的生活关系这一点着手研究。据此，其一，作为社会文化思潮之一的广告传播观念和作为独立的社会观念形态之一的广告学，有着相对独立性，有着自身的本质属性和运行规律。其二，广告学有着不同于其他意识形态的科学体系，其理论部分不同于一般的哲学与政治科学，其历史部分不同于一般的历史科学，其应用部分又不同于一般的写作学、出版学、新闻学，不考虑这些个性，不尊重这些特点，会吃大亏。这是问题的一个方面。另一方面，马克思的这一论述又告诉我们，如果脱离经济与政治背景，孤立地从事广告传播现象的研究，或者摈弃社会分析的方法，纯粹用自然科学的方法去研究广告学，也会一事无成。这种倾向，也是研究者要注意避免的。

广告的理论形态可分为两大类：一是通过对广告内容和内部结构的研究，揭示广告的意识形态作用，运用符号语言和内容分析等方法检验广告对受众的心理影响，如威廉姆森（Judith Williamson）的《解码广告》等；另一类是将广告置于更宏大的社会文化背景中，从人类发展史、社会文化变迁的角度透析广告，如席勒（Herbert I. Schiller）的《大众传播与美利坚帝国》等。

第三节　广告学研究的基本方法

现代大学除了传授知识外，还是一个学术平台，教师在这里传授知识，引发最有想象力与创造力的年轻人在这个平台上相互交流，形成思想的碰撞与火花。社会在发展，实践在变化，世界上没有任何一种广告理论是跨越时空、放之四海而皆准的普适理论。作为大学生，应当重视广告理论的学习和探索，紧跟时代发展的步伐，对新的实践经验做出新概括、新认识，积极回应现实发展中遇到的新问题、新挑战。为此，除了要有敢于探索、勇于创新的精神之外，还应做到以下两点：其一，坚持马克思主义方法论的基本原则；其二，遵循人文社会科学研究的基本规范。

一、科学思维和理论抽象

研究广告学，就要能够在喧嚣浮躁的世界里保持安静的灵魂和良好的思维方式。马克思指出，所谓科学，就是用理性的方法去整理感性的材料。对广告学研究来说，应当坚持理论联系实际，在广告实践中，运用判断、推理方法对客观现实（包括行业发展、广告现象、广告作品、广告效果、广告学论争、广告监管等）进行概括和抽象，揭示其本质属性和内在规律。在研究过程中，要具体地分析广告传播实际，不能简单化、标签化，更不能用某些僵化的模式去套变动不息的广告现象。“我们的研究目光，应集结于基本规律的探索，应放在新情况、新经验、新观点、新问题的研究和考察上，放在对于研究对象的不同历史阶段不同质的规定性的探讨和论证上，而不能把兴趣和追求，放在经验的描述和‘不完全的理论’以及‘低层次的简单重复’上。”①

无论是偏理论性还是偏实践性的问题，研究的核心或起点都在于提出问题。一个好的问题比问题的答案乃至由此形成的论文更重要。这取决于以下方面：第一，你对专业领域知识掌握的广度、深度；第二，你对该领域相关的现实状况、前沿问题的了解程度；第三，你的思维方法与研究框架设计。

二、历时与共时的方法

只要考察广告史，就会发现不同时期或历史阶段的广告有着不同的形态和特点，显示出时代的烙印。历时广告研究是一种纵向的“线性”研究。虽然广告的历史不是很长，但我们已经足以观察到不同时期广告运作、广告形态、广告观念等的一些特征。

广告的差异、广告的发展是多种力量共同作用的结果，政治、经济、科技、文化的发展变化都会推动广告的发展。历时广告研究关注的是广告媒体、观念的变化与广告发展的内在联系和规律。不同时期有不同的广告观念、评价标准。例如，广告不论是作为伦理表现形式还是作为传播者和受众之间的“话语”方式，都会自然受到它们所处时代伦理道德规范的约束。历时广告伦理学应在广告发展和伦理进步这两条线索之间找到联系性和规律性。从这个

① 童兵．理论新闻传播学导论．北京：中国人民大学出版社，2000：10.

意义上说，广告伦理学是广告史研究的一部分。

广告既是一个历史的又是一个现实的概念。广告研究可以沿着历史发展的“历史轴”进行，也可以沿着并存的“共时轴”进行。前者是关于广告史的研究，后者是关于广告发展的共时研究。

共时广告研究是一种“截面”研究。如果从动态的观点看，广告是在不断地变化发展着的；但从静态的观点看，广告在某一历史时期又有相对稳定性。共时广告研究以承认这种相对稳定性为基础，以某一历史时期的广告为横截面，研究该时期的广告运作方式、广告形态、广告观念与经济发展、媒体变化等之间的联系，从而揭示它们互动的规律。共时研究是一种静态研究，原则上只涉及“如此”的广告与“如此”的环境，不涉及广告的演化和伦理的演化问题。这里，要提到广告研究中的比较借鉴法。所谓比较借鉴法，是对广告学的概念、范畴、历史以及相关的广告理论进行比较研究。任何学科理论的建立都有借鉴、继承和扬弃的过程，必须认真学习和借用一切有用的经验，包括西方发达国家在广告方面的先进技术和有益经验。通过对比分析研究，做到博采众长，融会贯通，推陈出新，在比较中丰富和发展广告学。

广告学的比较研究是就不同时期、区域的广告，从相同或相异方面研究它们之间的联系。不同时期有不同的广告运作方式、广告形态、广告观念，受到不同的政治、经济、文化等环境的影响，可以进行比较研究，分析广告与这些现象之间的某些对应性。广告学的共时研究在很大程度上依赖于比较研究，所不同的是，不同时期之间的比较研究侧重于广告的异同并做出阐释，而历时研究除了比较异同并做出阐释以外，还要找出不同时期广告之间的联系，以及广告与文化发展过程之间的联系。

不论是不同时期之间还是不同区域之间的比较研究，都必须注意不同比较对象各自的同一性。例如，我们可以比较中国广告与日本广告的现象，这不仅因为中国广告与日本广告之间有差异，而且因为这些差异可以从中国伦理道德观与日本伦理道德观的差异上做出解释，但这种比较要以中国广告、日本广告、中国伦理观、日本伦理观各自的同一性为基础。中国和日本只是国家概念，而今天的广告传播已经超出了国家和地区的限制，这使得一个国家或地区的广告形态多元化、复杂化，因此不能把出现在中国的广告现象都归入中国广告，将出现在日本的广告现象都归入日本广告。有人对西方广告与东方广告进行了比较，并从东西方观念差异进行解释，这是完全可能的。

不论是历时研究、共时研究还是比较研究，都是广告学的研究方法，虽然研究的侧面不同，但它们都是在广告学的研究框架下进行的。

广告的历时研究和共时研究各自的侧重点和方法不同，但研究的目标是一致的。它们的研究成果是互补的。同时，历时研究要以共时研究为基础，只有在对一个个共时的截面有了明晰的认识以后，才能准确、清楚地把握事件发展的脉络。

三、定量和定性的方法

社会科学领域存在着两种不同的研究范式。第一种范式是实证主义方法论，它效仿自然科学的研究方法，用数理统计工具来分析社会现象，以说明任何事物都存在可检验的因果关系。定量研究是实证主义方法论的具体化，它侧重于数据的分析和统计。第二种范式是人文主义方法论，它从人文学科发展而来，注重文本信息的收集和从整体上对目标对象进行理解。定性研究是人文主义方法论的具体化，强调对研究对象的整体认识和把握。

定量研究是通过有目的、有计划地收集事实来证明假说的一种研究方法。一般情况下，是研究者先提出假说，然后根据检验假说的需要去收集相关事实（包括资料、文献等）对假说进行证实或者证伪。定量研究有助于人们更加客观、精细地认识事物。

美国著名学者多米尼克（Joseph R. Dominick）在《大众传媒研究导论》中将传播学的定量研究方法分为四种：内容分析法、问卷调查法、实验研究法、纵向研究。这些研究方法都适合广告研究采用。（1）内容分析法是一种对广告内容（文献）做客观、系统的定量分析的专门方法，其目的是弄清或测量文献中本质性的事实和趋势，揭示文献所含有的隐性内容，并做出情况预测。其基本做法是把广告中的文字、非量化的有传播价值的信息转化为定量的数据，建立有意义的类目来分解广告内容，并以此来发现某些特征。（2）问卷调查法是调查研究中采用最频繁的一种基本方法，它是研究者用统一严格设计的问卷，通过书面语言向被选取的调查对象了解情况或征询意见的调查方法。（3）实验研究法是系统地操控一至数个假定有关的自变量，并在客观状态下，以及在固定其他自变量可能的干扰影响的条件下，观测其对某些因变量的独立效应和交互效应，又称控制研究，它可以是关于变量、统计、环境或抽样的控制。比如，一个设计用来验证某个广告效果的项目，可将受众是否选择广告中的产品作为因变量。因变量会受诸如产品包装的颜色与质量、参与实验的男女性别等自变量的影响。通过操纵所关注的变量，控制其他变量，可以确认究竟广告中的哪些构成要素（自变量）在促成消费者的选择行为（因变量）方面最有效。（4）纵向研究也叫追踪研究，是指在一段相对长的时间内对同一个或同一批被试进行重复研究。纵向研究是基于前三种方法的一种高级研究方法。

定性研究是通过不断地采集和积累事实来发现理论结论的。一般情况下，先积累事实，然后进行推论，形成结论，目的是理解事实。定性研究的方法主要来自人类学的观察、访问，以及政治学的文献分析方法，它比定量研究更容易发现理论和形成有意义的假设。[①]

陈向明指出："定性研究方法指的是在自然环境下，使用实地体验、开放型访谈、参与型和非参与型观察、文献分析、个案调查等方法对社会现象进行深入细致和长期的研究；其分析方式以归纳法为主，研究者在当时当地收集第一手资料，从当事人的视角理解他们行为的意义和他们对事物的看法，然后在此基础上建立假设和理论，通过证伪法和相关检验等方法对研究结果进行检验；研究者本人是主要的研究工具，其个人背景及其与被研究者之间的关系对研究过程和结果的影响必须加以考虑；研究过程是研究结果中一个不可或缺的部分，必须详细加以记载和报道。"[②] 这说明，定性研究是有严格的程序性要求的，不可简单"对号"，或轻易"画线"。

定性研究的方法包括实地观察、焦点小组、深度访谈、案例研究、人种学等，这些方法适合对广告性质、广告文化、广告价值、广告功能、广告媒体等问题的研究。但应注意遵循严格的研究程序，以保证其研究结论的可信度。

四、大数据的方法

随着以博客等社交媒体为代表的新型信息传播工具的兴起，以及云计算、移动通信技术及其应用的蓬勃发展，数据正以前所未有的速度增长和累积，大数据时代已然到来。2007 年，计算机图灵奖获得者吉姆·格雷（Jim Gray）提出了"数据密集型科学发现"（data-intensive scientific discovery）说，从而成为社会科学研究的一种新范式。

大数据由于其数据规模巨大，因而难以通过人工在一定合理时间内整理成为人们所能理解的信息。[③] 大数据的特点可以用五个字来概括：大（数据存储量巨大）、多（数据种类多样化）、值（筛选出需要的数据）、快（数据增长速度快，处理数据速度快，获取数据速度快）、信（数据准确性、可信赖度好）。在大数据思维下，计算政治学、计算传播学甚至计算犯罪学概念相继出现，计算广告学也应运而生。

大数据研究的第一步是获得数据。其中，利用搜索引擎进行搜索查询是

① 孙旭培．规矩与方圆：新闻传播学研究方法与规范．北京：清华大学出版社，2010：19－20.

② 陈向明．社会科学中的定性研究方法．中国社会科学，1996（6）：93－103.

③ KUSNETZKY D. What is "big data?"．（2010－02－15）［2022－01－08］．https：//www.zdnet.com/article/what-is-big-data/.

获得数据最为便捷的方法之一。接下来就是采用各种分析手段和方法。大数据的应用包括各种新的手段和方法，如语料库、网络爬虫，情绪分析、机器学习，计算机辅助的定性分析、社会网络分析等。除了采用传统的统计分析，大数据还采用最大信息系数来分析其中的相关关系。当然，由于大数据的统计分析还是初级的，这样的最大信息系数也就如一般数据当中的简单相关分析，而一般数据更深入的分析，如回归分析，在大数据中的应用还未真正地开发出来。

通过“全样本”数据的挖掘、储存和分析运用，数据的量和质都发生了前所未有的转变，从而规避了过去实证研究范式中以“小样本”解释“大道理”的片面性。具有代表性的成果是《消费者是如何反映女性广告：YouTube上多芬“追求真正美丽”的数据挖掘》，该文基于 YouTube Comment Scraper 抓取 YouTube 上共计 20 419 条评论，运用定性文本分析、基于人工智能的内容分析、基于机器学习的数据挖掘方法，提出了一个用于分析社交媒体上的用户生成内容（UGC）的流程，也为标准化的大数据研究分析方法和流程提供了一个范本。

思考与讨论

1. 广告学学科体系的形成原因有哪些？大致过程如何？
2. 广告学的学科地位是怎样得到奠定的？有什么意义？
3. 你认为广告学的研究对象是什么？包括哪些具体的范畴？
4. 科学研究的基本方法有哪些？请分别举出这些方法在研究著作中的典型运用。

第五章

如何评价广告的社会影响

——广告的作用与影响评价

广告不仅仅是一种信息传播，它是我们社会的一个组成部分，是一个影响我们生活方式同时又被我们生活方式影响的社会力量。

——巴茨（Rajeev Batra）

本章学习目标：

1. 了解广告的三项基本功能。
2. 了解人们对广告影响的不同评价及原因。
3. 树立正确的广告评价观。

第一节 广告的作用

广告既具有经济功能，又具有鲜明的文化功能。它既是引导消费、拉动内需、促进经济增长的重要力量，也对塑造社会文化、传播消费理念、构建大众生活方式具有潜移默化的影响。早在 1926 年，报学巨擘戈公振就提出了这样的著名论断："广告为商业发展之史乘，亦即文化进步之记录。人类生活，因科学之发明日趋于繁密美满，而广告即有促进人生与指导人生之功能。故广告不仅为工商界推销出品之一手段，实负有宣传文化与教育群众之使命也。"世界广告主联合会（World Federation of Advertisers，WFA）认为，"从经济贡献到媒体和就业，广告是全球健康、社会繁荣的驱动力"。

对于广告的作用，我们可以从以下几个方面来认识。

一、广告对企业的作用

绝大部分的广告是为企业所做的，目的在于传递产品或服务信息，以塑造品牌形象或促进产品销售。没有效果的广告，企业是不愿意投资的。

（一）传递信息，沟通产销

按照马克思主义理论，广告是商品流通的重要环节。这种重要性首先体现在广告对商品信息的传播有助于产品从生产到消费的到达效率的提高上。

广告是企业的信息传播活动，也是消费者获取产品信息的重要来源。在信息受限的世界里，“内容”具有特殊的价值与权利。在工业化生产条件下，参与市场交易的各方，包括生产商、中间商和消费者之间的信息往往是不对称的，因而各方都需要借助广告信息来缩短这种距离，以减少信息不对称。同时，由于生产力的不断进步，市场上产品竞争日趋激烈。生产商在未识别真正的消费者之前，只能通过发布广告信息在市场上“投石问路”。这样，生产商就可以通过广告活动了解市场和产品需求，根据市场信息的反馈不断调整自己的经营策略，根据市场需要制定相应的产品和销售策略，以获得相对于其他生产商的市场优势和有利地位，这样才能在市场竞争中取得主动权，立于不败之地。正如黑尔曼（Kai-Uwe Hellmann）所说的那样：“广告是负责将生产者与消费者之间逐渐扩大的‘心理学信息缺口’以交流的方式重新缝合”，是一种“销售言谈”[①]。无论是大型的跨国公司还是中小企业，要想成功，都离不开广告的助力。可口可乐从美国的一个小城开始发展成为全球性的大品牌，并生龙活虎地走过了将近一个半世纪，广告的作用功不可没。

消费者的需求包括信息需求与选择需求。信息需求是指知晓某类产品或服务信息的需要，尤其是在新产品或新服务进入市场初期，消费者往往不知道、不了解，这就需要广告进行信息传递，让产品或服务“脱颖而出”，传递给消费者一种差异化的认知信息。当这些信息进入消费者大脑之后，产品或服务就进入其购买的重要范围了。选择需求是指消费者对某种产品或服务的特定需求，这是信息需求形成后的一种更高级别的需求形式。在现代科技高度发达的条件下，面对琳琅满目、高度同质化的产品或服务，人们会根据是否“喜欢”的标准来进行选择。优秀的广告不仅能提高产品或服务的知名度，还能使产品或服务“讨人喜欢”，成为消费者选择的“消费理由”。据美国零售商协会的调查，约有 68.6%的顾客是因广告而到商场去选购物品的。

（二）促进竞争，改善经营

市场经济是竞争经济，竞争的市场能带给消费者最大的利益。这里的竞争主要指同类产品或企业在同一市场销售或活动过程中所存在的相互依存与相互威胁的关系。随着经济和工业文明的高速发展，人类社会物质财富的生产呈现出一派繁荣景象。技术的进步使得高品质产品或服务成为同类企业取

① 黑尔曼．品牌社会学．吕律，张雪，译．上海：上海三联书店，2019：238.

得“厂商资格”的基本要求。在现代市场活动中，除了一些特殊行业外，总会有各种不同形式的竞争存在。通过广告，可以增强企业产品或服务的影响力，进而创造消费需求，使企业在竞争中处于有利的地位。正如李岱艾公司的执行副总裁汤姆·帕蒂（Tom Patty）所说的：“客户之所以雇用广告公司，本质上是因为它们认为广告公司能帮助它们说服消费者做出某些行为或产生某种想法。”① 这就意味着，广告公司的真正身份是充当一个帮助客户劝服消费者的合作伙伴。美国《广告狂人》联合制片人及广告顾问乔什·韦尔特曼（Josh Weltman）这样写道：

> 人们总是问我：“广告有用吗?”提问者都是聪明人，他们绝不会问工程师“工程管理有用吗”，也不会问医生“吃药有用吗”。2015 年，仅在美国，公司在广告上的花费就达到了 1 400 亿美元。我相信花这些钱的人都获得了一定程度的回报。②

显然，广告是市场竞争的利器，它为企业提高品牌知名度，扩大市场份额，提高市场竞争力，进行大规模生产提供了得以实现的条件（见图 5－1）。因为广告加速了资本周转，使得产品零售价得以降低而有利于提升零售商的利润。由于广告在销售活动中促成了购买的完成与销售额的增长，在花费了

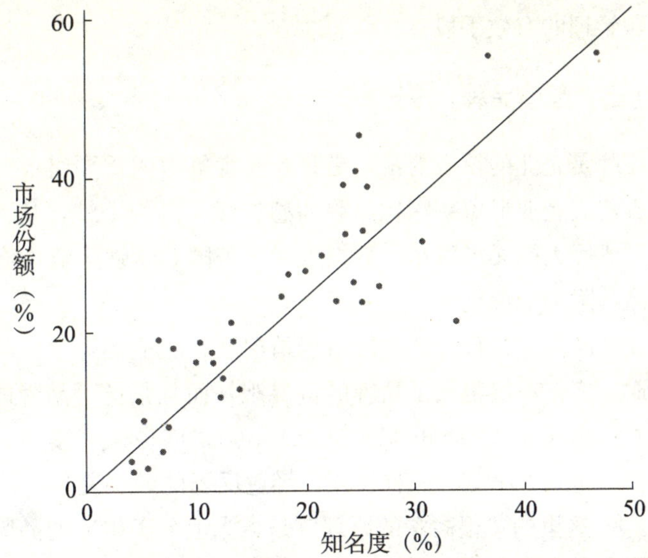

图 5－1　品牌知名度与市场份额关系图

资料来源：拉塞尔，莱恩．克莱普纳广告教程：第 15 版．王宇田，王颖，钟莉，译．北京：中国人民大学出版社，2005：31.

---

① 拉塞尔，莱恩．克莱普纳广告教程：第 15 版．王宇田，王颖，钟莉，译．北京：中国人民大学出版社，2005：173.

② 韦尔特曼．一切都与广告有关：成功吸引顾客购买的秘密．汤珑，译．北京：中信出版社，2017：5.

一定广告费用的同时，也相对节约和减少了商品运输、保管、折损等多方面的费用以及加强了资金的再利用，使企业的生产成本随着总管理费用的减少而减少，从而给生产者带来规模经济效应，也提高了利润。相反，如果我们在经营活动中没有通过广告来进行商品供求之间的信息沟通，不仅会使流通费用的支出急剧上升，还有可能因信息不畅导致流通过程的中断和停滞，从而影响企业的正常发展。

这样的案例在现实中得到无数次重演：原本默默无闻的小企业通过广告提高了知名度，产品打开了市场，企业迅速发展、壮大。相反，原本具有较强实力的企业，由于只专注于产品质量，迷信“酒香不怕巷子深”的古老信条，从不注重广告传播，最终被市场无情淘汰。

在我国，从 2006 年开始，王老吉以大热之势迅速成为中国营销界最具黑马本色和价值的名字。在此之前，没有人会想到，地方老字号品牌王老吉在两广的大街小巷不温不火地沉淀一百多年后，还能将凉茶带入全国饮料业的主流市场。2006 年王老吉突然蹿红，年销售额达 30 亿元。用王老吉管理层的话来说，广告是王老吉的空中部队。[①] 当然，产品在市场中立足并不意味着企业取得了最佳的经济效益。只有当企业达到规模经营、投入与产出比率相对稳定时，企业才处于合理的发展状态。可以说，广告活动是促进企业改善经营管理的有效手段。

（三）塑造品牌，提升资产

品牌是企业的核心财富，更是企业竞争力的重要组成部分。企业通常借助广告建立企业形象、深化品牌情感、强化品牌个性，从而创造出产品附加值，形成巨大的无形资产。数据表明，美国 500 强企业中有四分之三的产值是由品牌附加值形成的。

在产品同质化日趋严重的市场情况下，企业的竞争实际上发生在品牌形象层面。广告不仅定义了品牌的世界观，而且张扬了品牌的理念。著名传播学家麦克卢汉（Marshall McLuhan）说：“广告似乎按照一条很高深的原理发挥作用：一个小球、一种模式，经过反复的鼓噪之后，均可以确立自己的形象。”[②] 这里的“很高深的原理”是指大卫·奥格威的品牌形象理论，它强调品牌“在公众心目中是什么样的形象”。对于许多公司而言，大众媒体广告一直是建立品牌形象的奠基石，每一则广告都应该被看成是对品牌形象这种复杂形象的贡献与投资。当代广告专家威廉姆·巴雷（William Barre）进一步指出：“一旦一个品牌有了名字和样子，那么品牌广告就能通过赋予其人

---

① 李东进，秦勇．现代广告学．4 版．北京：中国发展出版社，2015：244.

② 麦克卢汉．理解媒介：论人的延伸．何道宽，译．北京：商务印书馆，2000：282.

格，可持续地将品牌由‘陌生的东西’转化为‘朋友’。这种人格可以是温柔的、坚毅的、有趣的、严肃的，或其他各种各样的个性，即品牌广告创建并维持品牌人格。”[①] 可见，广告和品牌的关系就像一对相互扶持的恋人：品牌需要广告的支持，广告让品牌尽显风采。

广告的创意、基调和表现形式奠定了品牌的基调，有助于消费者在脑海中将简单、抽象的名称及标志扩展为丰富的品牌联想。例如：当人们看到耐克时，可能会想到迈克尔·乔丹（Michael Jordan）或“Just do it”；当提到哈根达斯时，可能会想到“爱”“甜蜜”与“浪漫”；当提到国际商业机器公司（IBM）时，可能会想到“蓝色巨人”。记住品牌名称及与该品牌具有积极关联的事实使消费者更容易选择产品，并提高从产品中获得的价值和满意度。所以，哪怕百事可乐在味蕾的盲测上赢了可口可乐，但事实是，购买可口可乐的人仍比购买其他可乐的人要多。

此外，广告还通过对企业或品牌的价值观、品牌理念、员工风貌、历史发展、环境设施、经营理念、经济效益、社会贡献等方面信息的传播，使企业获得公众的认可，为企业建立良好的声誉，从而实现产品或服务的溢价销售、提升品牌资产价值，并且可以在增强消费者信心、获得国家相关政策支持等方面拥有相对优势。如美国伯明翰钢铁公司通过广告向美国大众传播其对进口钢铁的看法，从而赢得公众支持，使美国保护钢铁工业的法案得以顺利通过。实践证明，品牌形象广告不仅有利于商品的销售，而且对企业提高自身的社会地位，让企业在社会事务中发挥其影响力，加快企业发展等都有很大的益处。

这方面有两个经典的案例：一个是力士香皂，另一个是万宝路香烟。

1927年，智威汤逊发动了一场举世瞩目的广告运动——“10个明星中有9个使用力士香皂呵护她们的肌肤”，画面则是16个好莱坞女明星的集体签字背书，从而将美女在广告中的运用推向极致，使得力士香皂的销量达到了广告运动前的5倍。在长达近百年的时间里，力士香皂及后来的力士品牌下的系列洗护产品，一直坚持使用明星证言这种诉求方式，有效地传播了力士品牌的卓越品质和独特的明星气质。

美国菲利普·莫里斯公司（Philip Morris）的万宝路最初定位是女士烟，但口碑和销量一直乏善可陈。直到20世纪50年代初，著名的广告人李奥·贝纳加盟后，万宝路被重新定位为男士烟，并加重其口味。堪称完美的是，他们在得克萨斯州找到了一个理想的广告形象代言人。这位代言人出身牛仔，既有沧桑感又洋溢着男子汉的粗犷气质（见图5-2）。这一形象令无数美国人为之倾心，其名气之大在当时可以和米老鼠或自由女神像相提并论。从此，万宝路香烟

---

① 巴雷．品牌广告手册：从策略到执行全实战指南．刘洲，译．北京：中信出版社，2017：13.

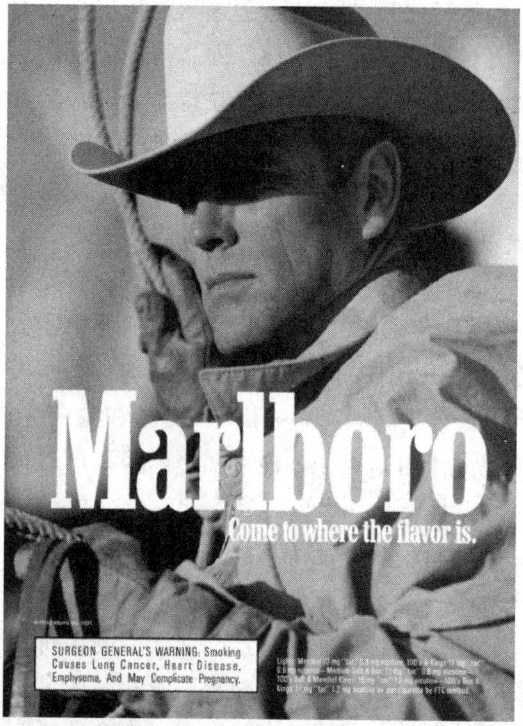

图 5-2　万宝路品牌形象广告截图
（菲利普·莫里斯公司/美国，20 世纪 70 年代）

的销量一路飙升。1975 年，万宝路成为全美卷烟销量第一的香烟品牌。菲利普·莫里斯公司的总裁麦克维尔（McQuay）认为，品牌如同储蓄的账户，当你不断进行广告宣传累积其价值时，便可尽收源源不断的利润。[①]

1989 年，万宝路在全世界售出 3 180 亿支，超过了瓶装可口可乐和罐装金宝汤的销量。而在此之前，万宝路在广告中尝试展示过多种男士形象，如绅士、士兵、农夫、潜水员等，但都反响平淡。

当今许多企业都很注重自身文化建设，在为社会提供优良产品或服务、获取生产经营利润的同时，积极履行企业的社会责任，关心自然环境和社会环境发展。例如，我国不少企业在参与“一带一路”、脱贫攻坚、低碳环保、资源回收等社会事业上做出了很大的贡献，树立了良好的品牌形象，赢得了消费者的尊重。

二、广告对消费者的作用

消费者是广告的目标所在，打动不了消费者的广告就是无效广告。所以，广告必须通过各种策略以唤起消费者的注意，并激起他们的种种购买行为。

（一）促进认知，改善态度

认知反应理论认为，在与广告接触的过程中，受众会积极主动地卷入信息处理过程，他们根据已有的知识和态度对广告信息加以分析评价，形成认知反应，从而影响他们的态度改变，甚至成为态度改变的基础。通过广告，消费者能比较容易地获得有关产品或服务的信息，从而节省大量收集信息的成本，有助于消费者行使产品知情权和决策权，增强消费者的消费信心（见图 5-3）。一些旅游形象广告，对于受众了解该区域特点、城市特色起到了很

① 中国品牌年鉴编辑委员会．中国品牌年鉴：2002. 北京：中国经济出版社，2003.

大作用。如河南的“老家河南”，山东的“好客山东”，山西的“晋善晋美”，安徽的“徽风皖韵”，以及“一个有戏的地方”（昆山），“一座来了就不想走的城市”（成都），“一生不得不来的地方”（大理），等等，让人记忆深刻。

图 5-3 影视广告“牛肉在哪儿?”截图
（导演 Joe Sedelmaier，文案 Cliff Freeman，
丹瑟·菲茨杰拉德·桑普尔广告公司/美国，1984）

广告中的文化知识信息具有教育作用，它对于改变消费者对产品或服务的看法、形成新的消费认知，有着潜移默化的影响。特别是那些公益广告，是以大众为受众进行传播的，有着明确的思想主导性，通过提醒、规劝、批评等形式向社会传播有益于社会进步的思想、行为方式或道德准则，是一种非常有效的教育形式。如 2013 年由奥美巴西广告代理公司为联合利华旗下的多芬（Dove）产品策划的广告活动“Real Beauty Sketches”产生了广泛的影响。广告记述了这样一次实验：一位在警察局服务 16 年的画师给从未谋面的 7 位年龄、社会背景不同的女性画速写像。他隔着帘子，通过被画者对她自己相貌的口述画出她们的相貌，然后，再根据别人的口述，画出别人眼中所看到的被画者的相貌，并将前后两张速写像放在一起对照，供活动参加者观看。这让被画者感到惊讶：原来别人眼中的自己比想象中的自己还要美丽。广告推出后，极大地触动了广大女性的心灵，促使她们重新审视自我、评价自我，引发了社会各界对美丽的关注与探讨。广告创造了国内近 7 000 万次、全球超过 1.65 亿次的点击观看纪录，广告对于美丽的诠释以及所表达的文化理念和价值取向，极大地改变了女性的审美认知，增强了她们的自尊和自信。参与者福劳伦斯说道：“作为女性，我们花了太多时间纠结于已经很完美的事情，其实我们应该更多地关注自己热爱的事物。”同样，我国希望工程的公益海报“大眼睛”、环保公益广告“没有买卖就没有杀害”、电视公益广告“老爸的谎言”等，都产生过较大的社会反响。

（二）引导消费，创造流行

广告是一种大众消费文化。早在1947年，麦克卢汉在考察美国通俗文化之后就明确指出："显而易见，浪漫广告和电影偶像一样，是塑造生活方式的东西。"[①] 与传统的精英文化相比，大众文化是伴随市场经济应运而生，以大众媒体为载体，以普通消费者为对象的一种文化形态。它以推销商品或服务为动力，引起人们的消费欲望，激发人们的购买行为，甚至潜移默化地改变着人们的消费观念与消费行为等。

美国著名记者艾瑞克·克拉克（Eric Clark）有个有趣的发现："通过问卷询问人们对广告影响力的看法，结果大部分人都认为，广告肯定有效，只是对他们没效。"[②] 事实上，消费者通过广告获得对某种消费品特性和利益的了解，方便了选择，节省了购买时间，减少了盲目性，而且会使他们原有的消费习惯、消费观念得到改变。也就是说，广告在引导和刺激消费的过程中，能起到创造时尚的作用，并对市场的需求方向产生一定的影响。

时尚既是人类生活前沿的锋线表征，又是推动社会生活发展的感性动力。它生生不息，不断变化，在给予落后的生活方式与僵化的理性结构以沉重的打击的同时，也引领消费观念的不断更新。消费观念的更改意味着生活方式、生活形态的变化。广告运用流行语和各种明星代言，制造传媒热点，在追随时尚文化的同时也创造着时尚，从而引起了一波又一波的消费潮流。从咖啡到方便面，从可口可乐到麦当劳快餐，从罐装饮料到网络游戏，我们周围的生活不知不觉中发生了许多变化，虽不引人注目，但回忆起来，其巨大的变化令人吃惊。毫无疑问，这些变化与广告有着千丝万缕的关系。广告之所以可以引导消费，在于其主要功能是向潜在的消费者提供相关产品或服务的资讯，而这一功能的实现有赖于媒体的帮助。在当今信息日益膨胀的社会，广告依然是消费者最直接的消费顾问，它可以向消费者介绍商品或服务，帮助消费者提高对商品或服务的认知，指导他们如何购买商品和享用服务。同时，广告的重复出现，不仅会重复刺激消费者的消费兴趣和消费欲望，促使他们采取购买行动，而且还会创造新的流行，影响或改变人们的消费习惯。从这个意义上说，广告推动了消费文化，形成了中产阶级甚至上层社会的生活方式，使购买力成为一种自由和道德。在这个过程中，广告提升了某些价值观——尤其是那些与获得财富和收费产品相关的价值观——使其几乎达到了一种宗教的地位。

---

① 麦克卢汉，秦格龙．麦克卢汉精粹．何道宽，译．南京：南京大学出版社，2000：43.

② 安德鲁斯，莱文，巴雷．隐性说服力：广告中的33种心理影响技术．宋一辰，译．北京：中国轻工业出版社，2018：123.

（三）建构身份，加速认同

现代消费社会的一个典型特点是，从“物的消费”转向了“符号的消费”。消费者的身份认同主要包括两个相逆的过程。一是群体认同感，通过消费方式将个人融入某阶级、阶层和群体来定位其身份，强调群体与群体间的差异。二是自我感，自我感的本质是一种群体疏离感，强调自己不属于任何群体和阶层来定位自己的身份。人们都在表达自己的生活，用言语，用服装，用食物，用手机，用汽车，用住房，甚至用我们爱着的人，用我们所行动的方式。在这种情况下，许多消费者将品牌视作了一种自我表达方式。广告作为人们消费梦想的图景，总是竭力把人们的梦想与追求传达出来，以引起他们的共鸣。在以广告为代表的消费文化语境中，“我是谁”的问题往往就成了“我买什么，则我是什么”。诚如费瑟斯通（Mike Featherstone）所指出的：“人们已经意识到，消费文化中的个体，不仅仅谈论他的服饰，而且还谈论他的家居，家中的陈设与装潢，汽车及其他活动，根据这些东西有无品位，人们就可以对它们的主人予以解读或进行等级、类型的划分”，“当人们消费商品的时候，社会关系也就显露出来”①。

不可否认，“广告创意里有这样一种诗性思维，它要使产品变形为符号，把品牌塑造为原型化的意象，让受众去期待一种理想自我，或者去消费一种细分化的和序列化的身份认同或人格类型”②。广告的示范影响了人们的消费观念，使消费者通过不停地“购买”生活品位，用符号化的表达来建构自己的社会阶层归属。麦克卢汉曾以“杰出男人”形象诉求的威士忌广告为例，揭示了广告叙事所隐藏的三段论：所有杰出人士喝这种威士忌，他们在喝这种威士忌，所以他们也是杰出人士。也可能是这样一个三段论：只有这种威士忌才适合杰出人士的胃口，因此只要尝一尝，它就可以赋予你杰出的气质，至少是让你契合杰出的气质，即使你现在尚未功成名。③ 近些年来，我国的一些房地产广告宣称住上某个小区就是享受“贵族生活”，一些奢侈品广告渲染穿上某个品牌就会“高人一等”等，都属于这一类。

三、广告对文化及生活环境的作用

广告文化是指在广告传播中所表现出来的社会整体价值观念和对人们行为模式的引导，也就是在广告活动过程中所传达出来的文化信息。广告作为社会生产物与人类创造物，不可避免地具有一切文化所特有的观念形态性或意识

① 费瑟斯通．消费文化与后现代主义．刘精明，译．南京：译林出版社，2000：126，23.
② 鞠惠冰．广告创意哲学关键词．长春：吉林美术出版社，2011：91.
③ 麦克卢汉．机器新娘：工业人的民俗．何道宽，译．北京：中国人民大学出版社，2004：108.

形态性。正如迪诺·范德努特在 1986 年 5 月美国芝加哥举行的第十三届世界广告大会上所指出的那样："当今的广告活动不仅影响世界文化，而且广告工作日益成为当代文化整体中的一部分，广告活动是文化的传播者和创造者。"①

（一）传播文化，丰富生活

广告是商业和艺术的融合，其本身就是一种消费文化。一方面，广告通过媒体不断传递市场的产品或服务信息，提供给消费者多样化的选择；另一方面，广告还传递企业文化，塑造品牌形象，培养消费者对品质生活的重视。

广告是一种社会文化，包括民族的传统文化、引领时尚的流行文化、青少年的亚文化和跨文化等，它反映了一个民族的思维方式和价值体系。威廉姆森在《解码广告》中宣称："广告具有能够向人们销售的功能，但是还有另外一个功能在许多形式上取代了传统上艺术与宗教能够完成的，它创造了内容的结构。"

由于广告人、广告主、广告受众都是由具有一定社会文化背景的人组成的，不同民族的文化特质、生活观念、价值取向和文化观念等都不可避免地对广告的内容与表现产生影响，从而呈现出不同民族或国家的广告风格或流派。产品或服务能否获得消费者的认同，关键看广告的内容能否融进本民族文化独特的、消费者所熟悉和易于接受的价值观和行为模式。同一价值观念和行为模式的诉求，表现了同一文化的亲和力，容易唤起消费者的文化认同而导致响应性的行为。例如：万宝路香烟广告中的牛仔形象，体现的是豪迈开拓的美国文化；约翰·路易斯百货店（John Lewis）每年圣诞季推出的节日礼物广告，充满英式的精致与温暖；而中国的"黑芝麻糊"广告给我们带来的是中国文化特有的回忆与温情，中央电视台播放的公益广告"筷子"篇和"中国年"篇传递的是中国人的德育和节庆文化。近年来，广告中所流行的中国元素创意，受到了海内外华人的极大喜爱。民众喜闻乐见的许多传统元素，包括剪纸、脸谱、祥云、水墨、民间戏曲以及文学作品和神话传说中的人物与动物造型等融入广告作品，不仅激发了人们欣赏、学习、研究中国传统文化的兴趣，而且有效地增强了中华民族的文化自信。

随着"一带一路"合作机制的形成、国内自由贸易试验区建设的推进，市场要素日益流动，不同文化之间的交流越来越频繁，广告的跨文化传播将成为未来中国广告服务的重要内容（见图 5-4、图 5-5、图 5-6、图 5-7）。

（二）改善场景，美化环境

广告也是一种具有广泛群众性的艺术，优秀的广告可以美化城市，令人赏心悦目，使人在愉快的艺术熏陶中感受到社会主义经济文化的欣欣向荣。②

① 李志刚．广告学原理与实务．重庆：重庆大学出版社，2004：57.

② 丁允朋．为广告正名．文汇报，1979-01-14.

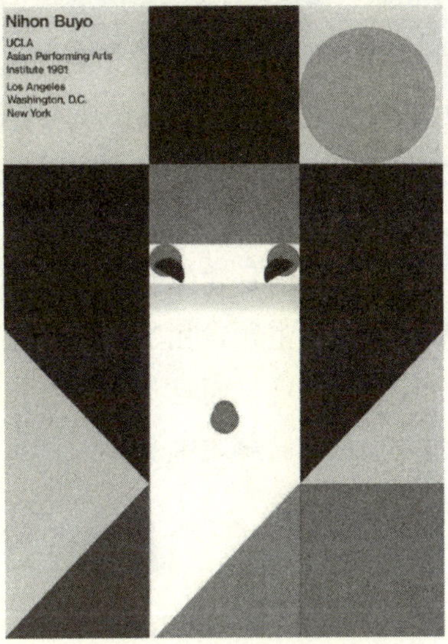

图 5-4　日本舞蹈广告

（日本，1981）

图 5-5　保利·锦里花园广告

（中国，2014）

图 5-6　Colsubsidio 图书交换中心广告

（美国，2012）

图 5-7　迪奥口红广告

（法国，1991）

可以说，当代广告已经成为现代化城镇尤其是大都市的一个有机组成部分和重要标志，就如同高层建筑、人流量和公共交通一样。仅就户外广告而言，广告不断改变着这个世界的景象——不论是远在沙漠里的巨幅户外广告，还是人流密集的东京、上海或纽约的商业广告，都不仅传播了产品信息，而且美化了生活环境，当消费者走近这些五颜六色的户外广告时，就会被吸引。每当夜幕降临，华灯初上，色彩艳丽的巨幅广告牌、闪烁变幻的霓虹灯、琳琅满目的商场陈列橱窗广告各放异彩、交相辉映，构成城市一道道亮丽的风景线，展示着城市的美丽和繁华。美国纽约时报广场和中国上海外滩是世界著名的广告场所，绚丽的广告不仅装点着城市，更引得观光者流连忘返。

在城市中，通常会有很多建筑工地。过去，这些地方往往黄泥遍地，脏水横流、行人难以驻足，也是城市“脏乱差”的典型。如今，城市中的许多施工工地的脏乱现象看不到了，代之而起的是建筑工地中各种五彩缤纷的围栏广告。这些工地围栏广告大都以公益为主题，相当于把工地变成临时的公共艺术品展示场所，不仅美化了周边的环境，而且传播了社会主义核心价值观，提升了城市气质和文明程度。过去人们避之唯恐不及的工地，如今成了市民乐于驻足欣赏的一道道亮丽的风景线。

四、广告对媒体的作用

广告不仅对人们的日常消费行为有着重要影响，而且对媒体发展也有着极大的影响。一方面，广告信息需要借助载体才能大范围地传播。广告是伴随着媒体的发展而发展的，没有媒体存在，也就无所谓广告。人类科技的进步既催生了新型媒体，也带来了新的广告形态。另一方面，媒体的存在和发展需要大量资金的支持。对于媒体而言，这些资金的主要来源就是广告收入。广告收入是媒体经营的支柱，推动着媒体的产业化进程。

广告收入作为媒体发展的基本支持方式这一点，早在 1833 年《纽约太阳报》开创便士报时就被确立下来，并成为媒体发展的通例。正是因为有了源源不断的广告，大众传播媒体才得以稳定经营，受众才得以以低廉的价格获得众多媒体发布的信息和娱乐资源。所以，有广告研究者认为，“广告开支支持了杂志、报纸、电视和广播以及互联网等媒介的发展”[①]。

在国际上，除了少数由政府资助的公共事业性媒体，大众媒体几乎都主要依靠广告收入来维持经营。在成熟的媒体经济结构中，广告收入所占比重接近 50%。在中国，有人计算过，在传媒产业化初期，电视台对广告收入的依赖度占 70%，报纸对广告收入的依赖度占 85%以上。许多大众媒体之所以能够越办越好，节目日益丰富多彩，主要原因在于它们获得了不菲的广告收入。如果没有广告的支持，我们将不能收看免费电视，报纸订阅费也将高出现价的 2～4 倍。可见，广告与媒体的关系是相互依存、相互促进、相得益彰的。

这些年来，尽管网络媒体的发展极大地冲击了传统媒体的广告投放，但

① 奥奎因，艾伦，西曼尼克．广告学：第 5 版．兰天，译．大连：东北财经大学出版社，2010：144.

是广告经营依然是当今媒体的主要经济来源，只不过媒体需要在提高自身广告经营专业化服务能力的同时，积极探索多元化、多渠道的盈利模式。

第二节　广告传播与其他传播手段的关系

作为一门综合性交叉学科，广告学在其形成与发展过程中吸收了大量相关学科的知识，如社会学、营销学、心理学、传播学、艺术学、新闻学、美学、统计学、公共关系学等学科。了解这些学科与广告学的关系及其相关理论在广告学中的运用，可以更好地理解广告学的构成体系。这里，我们重点探讨广告与市场营销、广告与新闻、广告与公共关系的关系。

一、广告与市场营销

对于市场营销的定义，人们有过许多不同的表述。美国市场营销协会（America Marketing Association，AMA）于1985年对市场营销下的定义比较完整和全面：市场营销是对产品、服务或观念进行设计、定价、促销及分销的计划和实施的过程，从而产生满足个人和组织目标的交换。从这个定义可以看出，市场营销是促进产品或服务从生产者向消费者流动的活动，它既是企业组织的一系列活动，同时又是产品社会化的过程。杰瑞·麦卡锡（Jerry McCarthy）的4P理论是现代市场营销学最基本的核心理论，它表明市场营销活动不是单向的运动，而是一个综合的系统。20世纪90年代，罗伯特·劳特朋（Robert Lauterborn）又提出了4C理论，该理论成为人们广泛接受的新学说，突出了以消费者为中心的意识与立场。大约十年后，唐·舒尔茨又提出了5R理论，对顾客的价值给予了更多的注意和强调，以至营销的核心从交易走向了与消费者的关系，使得广告传播进入了“整合营销”新阶段。[①]

（一）广告和市场营销的相同之处

广告和市场营销从产生开始就紧密联系在一起，它们互相影响，密不可

---

① 4P指的是product、price、place、promotion，取其开头字母，分别为产品、价格、渠道、推广。4C理论以消费者需求为导向，指市场营销组合的四个基本要素：consumer（消费者）、cost（成本）、convenience（便利）和communication（沟通）。5R理论运用整合营销传播的理念，提出营销组织面临的最大挑战是更多地去理解客户和潜在客户的需求，5R分别指的是：relevance（关联），指客户需要什么样的产品和服务，而不是企业能生产或者提供什么样的产品和服务；receptivity（感受），指客户什么时候想买或什么时候从生产厂商那里认知产品；responsive（反应），指当客户产生需求时，企业如何去应对需求；recognition（回报），指企业在市场中的地位和美誉度；relationship（关系），指买方和卖方之间长期互相促进的所有活动。

分。其共同之处表现如下：

1. 两者基本目的相同

无论是市场营销，还是广告，其目的都是围绕企业的营销目标，运用策划的方法，更好、更多地促进产品或服务的销售，扩大市场占有率，在为客户创造价值的同时，也为企业获取更多的市场收益。

2. 两者策略基础一致

广告作为营销手段之一，它的策略基础与市场营销策略中的营销环境、目标市场和市场细分等是一致的，都是建立在共同的地域环境因素（地区、气候、自然条件等）、人口因素（性别、民族、年龄、婚否、职业、受教育程度等）、心理因素（个性、爱好、观念、生活方式等）和行为因素（购买频度、购买量、购买方式等）的基础之上的。因此，两者的目标市场具有共通性。

3. 两者都需要信息传播

广告活动离不开信息传播。有时，广告看起来只是传递一种品牌理念或价值主张，并没有直接传递产品或服务的信息。但是，除了公益广告之外，那也是醉翁之意不在酒。与广告相比，市场营销的手段则是多种多样的，但同样离不开信息传播。比如短期的促销活动，如果不进行广泛的信息传播，那就很难在短期内使目标消费者知晓。

（二）广告与市场营销的不同之处

两者分属不同的学科，也存在一些不同之处。

1. 地位不同

广告是一种市场营销手段，是整个市场营销组合的一部分。同时，市场营销理论会影响广告活动和广告观念。市场营销策略决定广告策略，表现为以下方面：（1）广告目标要服从市场营销策略的总目标，市场营销策略的目标决定着广告策划目标，即广告主面向什么样的目标市场进行营销，广告就要面向什么样的目标市场进行传播。（2）广告策略要服从市场营销策略的规定，要与产品的生命周期划分相适应。（3）产品满足市场需求的特性决定了广告诉求的重点。

2. 范围不同

市场营销包括四个主要的组成部分：产品、价格、渠道和传播。广告是其中一个有机组成部分，目的是培养消费者的品牌意识和品牌偏好，但常常需要和其他营销手段相配合才能成功，如和产品、价格、渠道等要素一起实现企业的营销目标。就范围而言，市场营销活动的实施范围往往呈区域性特征，而广告传播的范围则可以根据需要，有较大的弹性，既可以限制在一定的区域内，也可以向全国乃至全世界传播。

3. 持续时间不同

市场营销作为企业的一项战略，通常有长远的规划，一般在 5～10 年，持续时间较长。而广告传播的实施多表现为阶段性，通常以月、季为单位进行，最长不超过一年。

二、广告与新闻

广告与新闻之间有着密切的联系，二者都属于大众传播学领域的学科，它们之间有很多相似之处，同时也有很大的不同。

（一）广告与新闻的相似之处

从历史上看，广告与新闻具有同宗关系。14、15 世纪时，地中海沿岸的威尼斯出现的近代最早的报纸主要刊登商业广告和船期广告新闻。广告与新闻是融为一体的。它们最初同步降生、同步发展，甚至彼此不分。只是到了后来，两者才逐渐分离。

广告与新闻具有相似之处，主要表现在以下几个方面。

1. 两者都是一种有目的的信息传播活动

广告和新闻都是一种信息传播活动，都是为了打消受众心中的不确定因素。为了扩大影响，广告及时把广告主想要传达的新产品信息告知消费者，便于消费者购买使用，同时也有利于广告主扩大销售、增加效益。新闻则迅速向公众传播新近发生的事实，宣传党和政府的方针政策，介绍新产品、新成就。新闻和广告所传播的信息都是经过筛选和提炼的，都不能“有闻必录”。

2. 两者都坚持真实性原则

新闻是对新近发生的事实的报道，其核心在于信息的真实性。一切新闻都必须真实，这是新闻存在的基本条件，也是人们对新闻最基本的要求。假新闻对人民对社会贻害无穷，是必须坚决予以反对和抛弃的。广告向人们介绍产品或服务，其核心也在于真实。广告法明确规定，广告应当真实，不得含有虚假内容，不得欺骗和误导消费者。广告如果传播的信息不真实，就会失去信誉，最终也会失去消费者，企业也将难以经营和发展。

3. 两者都重视对媒体的研究和利用

作为一种信息传播活动，广告和新闻都必须依靠各种传播媒体把信息传播出去，对传播媒体有着强烈的依赖性。为取得良好的传播效果，新闻和广告都需重视对媒体的研究和利用。目前，报纸、杂志、广播、电视、主要门户网站等大众传播媒体是刊播广告和新闻信息的主要载体，它们种类不同、传播特点各异，需要对其进行研究，以便发挥各自优势，保证信息的有效传播。同样，媒体也离不开广告和新闻。新闻是媒体经营中的主业，媒体通过提高新闻信息服务的质量来提高媒体的品位和竞争能力。广告收入是媒体经营最重要的经济来源，是媒体生存和发展的经济保障。随着广告的发展和媒体经营的产业化，媒体的发展也越来越依赖广告。

（二）广告与新闻的不同之处

作为不同的学科和传播现象，广告与新闻在很多方面都表现出不同。

1. 主要目的不同

广告是随着商品生产的发展而产生的一种推销手段，而新闻则是在人类社会性生产和生活中适应精神交往的产物。所以，广告是企业市场营销的重要手段，目的很明确，就是推销产品、服务或观念，以获取利润。广告大师奥格威就明确说过，“我们的目的是推销商品，否则便不是广告”。新闻则是从政府和大众的利益和需求出发，从新闻政策和新闻价值着眼，选择新近发生的、变动的事实，进行客观介绍和报道。其目的是传播信息，使社会公众及时了解客观世界的发展变化，上层了解下情，基层了解上情，使社会各个层面相互了解。

2. 信息选取的标准不同

新闻是客观事物发展变化的最近状态的记录，它从新闻价值和公众的需要出发，选取的都是新近发生的客观信息，既可以是正面的，也可以是负面的。它的选取标准是“新”。广告也要有新闻价值，但选取的信息则是对产品或服务有益的方面，是有利于销售，能够促使消费者产生购买行为的信息。它的选取标准是“好”。

3. 时效性不同

新闻是对新近发生、发现或变动着的事实的客观报道，而广告是一种市场经济行为，是广告主为推销商品或服务而对社会公众进行劝说。新闻具有时效性，一般只刊播一次，重要的新闻也只能在一两天内出现几次，而广告则不受时间的限制。

4. 费用收取或支付不同

一般而言，广告是有偿服务，新闻是无偿服务，这是二者最鲜明的区别。广告是由广告主向刊播广告的大众媒体支付广告费用，各媒体都有明确的广告收费标准，不支付费用，媒体是不会为广告主刊播广告的。而新闻单位以新闻报道的形式介绍企业、产品、服务等，只要符合播出的标准和条件就可以播出，不必也不允许收费。相反，新闻稿件的作者还可以从媒体获得稿酬。搞所谓的“新闻广告”，是极其有害的。

5. 所持立场不同

新闻是站在客观的角度来发布信息，代表的是公众利益，带有公益性色彩；而广告主要是站在主观的立场，代表的是商家或企业的利益，是出于追求商业利润的考虑。

三、广告与公共关系

公共关系是所有的商业沟通工具中最为人们所熟知的方式之一。它是指社会组织为了寻求良好合作与和谐发展，通过形象塑造、传播管理、利益协调等方式，同相关公众建立的一种互利互惠的社会关系。其本意是社会组织要与其周围的各种内部、外部公众建立良好的关系。在市场营销学体系中，公共关系是企业机构唯一一个用来建立公众信任的工具。优秀的广告人必须掌握如何利用广告和其他营销方式，使某项具体的活动达到最佳的效果。

（一）广告和公共关系的相同之处

广告和公共关系的相同之处表现如下：

1. 两者都以传播为手段

广告和公共关系都依赖传播而存在，都要通过大众传播媒体来传播信息。所以，两者都必须重视对传播媒体及其发展规律的研究。

2. 两者都针对特定的公众而展开

广告和公共关系都是针对特定公众而展开的，没有公众就没有广告和公共关系。广告针对特定的公众进行产品购买的吸引和劝说，公共关系就是社会组织与公众之间的社会关系，没有公众便不存在公共关系。

3. 两者都是企业促销的主要手段，对企业的经营发展起着重要作用

对企业而言，广告和公共关系的目的都是促进商品销售，促进企业发展，所以二者配合密切。广告活动的各个环节、各个阶段，往往需要依据公共关系的总体战略来运筹，有公共关系的指导，企业的广告活动才会更有针对性。如果在开展广告活动的同时组织公共关系活动，公共关系就能为广告传播营造良好的气氛和环境，增强其说服力和传播效果，广告目标就更容易达到。

广告和公共关系最密切的表现就是所谓“企业形象广告”，即把广告和公共关系融为一体，同时起到销售商品和提升形象两方面的作用。

（二）广告和公共关系的不同之处

虽然广告和公共关系有着紧密的联系，但也存在不少差异，主要表现如下：

1. 目标和原则不同

广告满足于眼前利益，公共关系着眼于长远利益。广告追求较短时期内在最大市场范围达到推销某产品或服务的目标，而企业公关的目标是建立良好的组织关系，但良好的组织关系的建立不是一蹴而就的，因而公共关系活动是长远的、稳定的、具有战略性的。再者，广告侧重产品或服务销售，而公共关系重在塑造企业形象，增加企业美誉度。

2. 传播地位不同

公共关系具有战略性，它着眼于在各种不同的公众中树立或维持积极、肯定的形象。广告作为战术行动，它的各个环节、各个阶段往往需要根据公共关系的总体战略来运作，需要公共关系的指导和推动，才能取得更好的效果。它们之间实际上体现了一种战术与战略的关系。

3. 可控性不同

广告一般直接传递产品或服务信息，可以控制媒体使用的种类和广告出现的频率，而且可以决定信息传递的内容；公共关系虽然可以影响以上两个因素，但不能直接控制这些因素。

4. 主体的范围不同

广告为促进销售、塑造品牌形象服务，主要是工商企业需要；而公共关系为塑造组织形象，改善组织内外关系服务，是每个社会组织都需要的，如学校、党派、政府机关、社会团体都需要良好的公共关系。公关信息接收者一般会认为这类信息的可信度更高。

第三节　广告传播的社会影响评价

"除了传播产品信息，广告还是我们的经济系统和社会文化的一种主要的交流工具。"[①] 显然，广告因其对经济、文化、思想观念等方面广泛而深刻的影响而成为公众关注的热点。直到今天，人们围绕广告对社会的影响等问题的评价，依然争议不断。大卫·奥格威曾说："在《一个广告人的自白》中，我曾援引阿诺德·汤因比、约翰·肯尼迪、加尔布雷思和一大群早期的经济学家对广告的公开批判，并抬出富兰克林·罗斯福、温斯顿·丘吉尔做证人来为广告辩护。在《一个广告人的自白》出版20年后，学者们依然在老调重弹。纽约社会研究新学院一位教授告诉学生：'广告在美国生活中是纯粹的破坏性力量。它是智力和道德上的污染。它轻视、操控大众，虚伪且庸俗，正在逐渐削弱美国和我们自身。'我的天，我赖以为生的行业果真如此吗？"[②]

---

① 莱恩，拉塞尔．广告学．宋学宝，翟艳玲，译．北京：清华大学出版社，2003：8.

② 奥格威．奥格威谈广告．高志宏，译．北京：中信出版社，2021：347.

一、广告的经济影响争议

广告传播活动贯穿于经济生活的方方面面，影响市场竞争、企业发展乃至整个国家的经济发展。

(一) 对广告经济影响的积极评价

许多学者指出，广告传递产品或服务信息，对于沟通产需，满足消费者对于商业信息的需要，改善人们的生活方式和提高人们的生活质量有着极为明显的益处。而对于企业而言，广告是作为现代企业商战的利器而被使用的，在提升企业知名度、美誉度与市场营销能力的同时，也增强其市场竞争能力。因此，美国营销学家斯图尔特·布里特（Steuart H. Britt）在其《营销管理和行政行为》中说过一句流传很广的话："做生意如果没有广告，就如同在黑暗中向姑娘暗送秋波，脉脉之情只有自己知道。"

日本广告学者小林太三郎在他的《新型广告》中，从历史发展的角度就美国与日本广告对经济发展的作用进行论述时指出："从经济发展的历史角度看，美国是一个后起国家。然而美国能成为世界第一经济大国，那是因为它具有国土辽阔、资源丰富和欧洲移民的勤劳等一系列客观因素。但如果要挖掘美国固有的推动经济发展的因素，那么，广告可以说是其中之一。在这一点上，现代史学家都是这样认为的。"[①] 他还指出："战后，日本经济取得了世界瞩目的发展，现在已成为资本主义国家中国民生产总值仅次于美国的第二经济大国。……这当然由于勤劳、优秀和具有丰富技术经验的日本国民的努力，也来自新的生产技术和设备的引进、先进的经营技术和政府的合理政策等种种因素。但也正像波特说的那样，报纸、杂志、广播等大众传播媒体的大量信息培养了人们对各种商品的需求，也使人们为满足需求加倍努力。生产水平的提高扩大了就业和投资，其结果也就使国民收入有所增加，从而使整个经济和再生产得到扩大。为此，我们应该承认广告对经济发展起到的间接作用。"[②] 这一观点具有很强的说服力，颇具代表性。

还有一些经济学家如尼尔·博登（Neil Borden）、沃尔特·塔普林（Walter Taplin），以及许多广告人和企业主等都为广告对经济的促进作用极力辩护。尼尔·博登是美国哈佛大学商学院的营销学及广告学教授，终其40年的教学生涯都与广告、广告管理及其影响相关，是相关研究的殿堂级人物。博登的主要成就在于经济大萧条期间对广告的影响进行了广泛、深入的研究，并于1942年将其研究成果公开发表，从而无可置疑地证明了广告经济效果的客观存在，这就是被后世奉为经典的《广告的经济效应》。沃尔特·塔普林是伦

---

① 小林太三郎．新型广告．谭琦，译．北京：中国电影出版社，1996：42-43.

② 同①.

敦经济学院教授，他在《广告新方法》中，通过对当代生活的详尽调查，探索了人类欲望的本质，审视了信息的功能与局限、说服艺术的好坏，得出了广告比制造商获得市场的愿望或推销员获得佣金的愿望更为深刻和有趣的结论。

（二）对广告经济影响的批评

20 世纪 30 年代以前，人们已基本认同了广告的效力，广告业的地位也得到了政府的承认，在社会大众的眼中，产品推销员和广告人往往被当作英雄来看待。但是，1929 年美国爆发空前严重的经济危机后，又有人开始将经济不景气归罪于广告的低效或无效。20 世纪 40 年代以后，虽然美国广告的投入费用仍在增加，但一些人对广告的批评却没有中断，甚至有愈演愈烈的趋势。

来自经济学界的批评，主要集中在广告与人们需求的关系、广告与生产成本、广告与垄断等方面的质疑。20 世纪 60 年代，有人批评广告代表一种低效和资源浪费。理查德·凯夫斯（Richard Caves）在其《美国工业：结构、产品和性能》中认为，广告把社会资金和人力资源用于改变总需求的结构，而不是用于扩大总需求的规模。哈佛大学经济学教授约翰·加尔布雷思（John Kenneth Galbraith）在其所著《丰裕社会》和《新工业状况》中，指责广告使得人们的需要并非产生于人类固有的本性，而是产生于广告。广告刺激了人们的内心需求，如果没有广告“创造”人类的这些需要，人们就不会产生未满足的欲望。还有人批评说，广告增加了绝大多数产品的成本，有时高达 10%～20%。除了改变市场份额外，广告并没有增加产品的种类。

英国经济学家尼古拉斯·卡尔多（Nicholas Kaldor）对广告也持批评态度。他认为，广告是说服信息的发送者送给大众的“津贴”，而这种“津贴”会导致市场信息的不全面，甚至导致大众传播媒体中的新闻和社论的偏见。持类似看法的学者还有庇古（Arthur Pigou）、沃恩（Karen Vaughn）、费尔柴尔德（Henry Fairchild）、博尔丁（Kenneth Boulding）等人。

二、广告的文化影响争议

麻省理工学院研究员麦克夸肯（Grant McCracken）指出：“广告通过意义传递把消费品和属于文化范围的世界联系到了一起。”[①] 这就是说，广告在给人们带来产品或服务的信息的同时，也带来一种消费文化，对人们的思想观念产生一定的影响。

（一）对广告文化影响的积极评价

赞誉者认为，广告加速了人的社会化进程，使人们更加适应社会发展的

① MCCRACKEN G. Culture & consumption. Indiana University Press，1990：77.

要求。“若不是有广告来传播高水平的知识，在过去半个世纪中各阶层人民现代文明水平的普遍提高是不可能的。”[1] 罗斯福总统之所这样说，是因为他看到了广告与人类文明进步的对应关系，看到了广告对于现代文明的促进作用。温斯顿·丘吉尔（Winston Churchill）则注意到了广告对社会消费能力以及个人发展的积极作用。他说：“广告培育了人的消费能力。它为人争取有一个美满的家庭，为自己、为全家争取有更好一点的衣着、更好一点的饮食立下了目标，它激发了个人的努力，也刺激了生产。”[2]

罗纳德·伯曼（Ronald Berman）在《广告和社会变迁》中说：“在过去的三代中，家庭、宗教风俗和教育的力量明显地下降了。整个世界好像更加错综复杂了。在缺乏传统权威的情况下，广告变成了社会的一个行为指南。它为我们勾勒出无数个能实现自由选择生活的情景，它为时尚、道德、行为提供新的思想、观念。”因此，广告支持者还认为，广告改变了人们的生活方式，提升了人们的生活质量。

（二）对广告文化影响的批判

从20世纪50年代开始，随着电视广告传播的兴起，广告对文化利用的技巧性增强，对社会生活的渗透也越来越广泛和深入。在此时期，一些西方马克思主义学者、文化研究学者、传播批判学派等将广告作为大众文化以及大众传播的典型问题进行研究，并进行了抨击。这些社会文化批评对广告的指责主要集中在广告的大众文化属性、广告的意识形态以及广告所隐含的社会权力结构等方面。

一些西方马克思主义学者认为，以广告刺激购买行为的消费社会的诞生，不啻是宣告了阶级剥削进一步深化，还预示了另一种更为细致的物质与意识形态的控制形态。法兰克福学派认为，大众传媒以广告等形式无孔不入地侵入人们的闲暇时间，制造“虚假的需要”，从而在很大程度上削弱了人的个体意识和批判理性。马尔库塞（Herbert Marcuse）指出，“虚假的需要”就是那些流行的需要，比如按照广告的宣传去休息、娱乐、处世和消费，爱他人所爱，嫌他人所嫌，都属于“虚假的需要”的范围。这种需要常常是一些利益团体人为制造出来的，其目的在于带给普通大众一种强迫性的消费需求。通过广告，大众传媒可以毫不受抵抗地将这种消费需求渗透到人们的日常生活中，使人们在消费过程中不断得到一种虚假的满足。在马尔库塞看来，追求物质享受并不是人的本质特征。但是，在现代西方社会里，由于商人和传

---

① 奥格威．一个广告人的自白：纪念版．林桦，译．3版．北京：中信出版社，2015：220.

② 同①.

媒的共同操纵，人们把物质需求作为自己最基本的需求，一旦把追求物质享受这种“虚假的需求”奉为信条，实际上人们就已把“商品作为自己生活灵魂的中心”。“人们似乎是为商品而生活，小轿车、高清晰度的传真装置、错层式家庭住宅以及厨房设备成了人们生活的灵魂。”[①] 这样，人同产品的关系被颠倒了，不是产品为了满足人的需要而被生产，而是人为了使产品得到消费而存在。人拜倒在物面前，把物作为自己的灵魂，这就意味着忘却、失去了自己的灵魂，人成了单向度的人。“虚假的需要”带来的结果是对人的“强迫性消费”控制，这就是“物化”和“异化”的结局。

英国文化研究学派则批评广告利用心理学迷人心智，永无休止、无孔不入地对大众进行操纵和愚弄。他们甚至认为，广告在对大众进行心理控制的同 时，还贬低了语言，贬低了人们的情感生活和生活质量。美国经济思想史学家罗伯特·海尔布隆纳（Robert Heilbroner）认为：“如果让我指出资本主义国家中最具有破坏力的因素，以及资本主义道德不断败坏的最主要原因，我会毫不犹豫地认为是广告。谁还能找到像广告那样贬低优美的语言、玷污绝妙的思想，并抛弃尊严的东西？”[②]

法兰克福学派与加尔布雷思等经济学家对广告的批评殊途同归，他们认为广告创造了人们的虚假需求，空幻的许诺只是让人们画饼充饥，需求者虽然受到琳琅满目、五光十色的招贴广告的诱惑，但实际上仍不得不过着惨淡的日常生活。

鲍德里亚（Jean Baudrillard）认为，广告符号充斥了生活空间，歪曲了消费的目的。随着社会的发展，物质产品极大丰富，人们步入了丰裕社会，进入了消费社会阶段，导致消费变体，即消费本质的异化。人们的消费不再局限于对产品使用价值的满足，而是更看重附着于商品中的符号意义。“人们从来不消费物的本身（使用价值）——人们总是把物（从广义的角度）用来当作能够突出你的符号，或让你加入视为理想的团体，或参考一个地位更高的团体来摆脱本团体。”[③] 由此，鲍德里亚将消费社会的逻辑同工业社会的生产逻辑区分开来：创造财富的节奏与工业经济的生产力有关，而激发需求的节奏则随社会区分逻辑的变化而变化，这是一种起决定作用的结构变量，由社会区分和地位要求激活的需求和向往，由占有社会意义的欲望激发出来的需求，其上升速度总是比财富增长的速度要快。“广告既不让人去理解，也不让人去学习，而是让人去希望，在此意义上，它是一种预言性话语。”[④] 其真

---

① 马尔库塞．单向度的人：发达工业社会意识形态研究．刘继，译．上海：上海译文出版社，1989：10.

② HEILBRONER R L. Demand for the supply side. New York review of books，1981：40.

③ 鲍德里亚．消费社会．刘成富，全志钢，译．4 版．南京：南京大学出版社，2014：41.

④ 同③119.

伪就像选举中的抽样调查一样不可捉摸。此外，鲍德里亚还指出，消费主义文化所倡导的消费至上的价值观，消解了人文精神，不留下思想和启示，更谈不上哲理和沉思。还有的学者指摘“广告作为文化工具不是强化愿望，而是压抑人们的愿望”①“广告煽动物欲”“广告污损语言”“广告从心理上操纵消费者”“广告虚假”等。

20 世纪 70 年代以后，随着广告界对广告“社会营销”概念的提出，此前基本处于两条并行轨道的广告经济影响批评和广告文化影响批评的视点逐渐相交。特别是自 20 世纪 90 年代以来，关于广告的社会效用、文化效用等问题不仅为社会学者、文化研究学者、传播学者所关注，广告学界对此也展开了较为深入的理论探讨。

具体说来，这些批评主要集中在以下几个方面：

1. “享乐论”：宣扬物质至上、享乐至上

一些人批评说，广告充满着实用主义色彩，扭曲了个人的需求和愿望。广告把品牌刻画成社会地位、个人成就和幸福感的象征，助长了肤浅的物质享乐主义风气。从社会功能角度分析，这类广告在事实上存在错误的倾向，在客观上散播了一种不良观念，给社会带来了负面效应，是不可取的。例如，媚俗主义广告宣传个人主义与享乐主义，喋喋不休地介绍新商品、新享受，劝说人们购买并非必要的东西，煽动人们的购买欲望，为物欲横流的社会推波助澜，导致“炫耀性消费”“媚俗消费”等畸形消费行为大量出现。

美国制度学派经济学者凡勃伦（Thorstein B. Veblen）在 1899 年出版的《有闲阶级论》中指出：“炫耀性消费”的概念揭示了人们消费心理的内在规律。消费过程从来都伴随着复杂的心理活动，尤其是当消费不再是为了满足基本的生存需要时，消费行为便被赋予了更多的意义。借以标榜自己的与众不同便是其中之一。当然，促成炫耀性消费的原因很多，除了社会风气、生活水平以及攀比、自尊等心理原因外，广告也有不可推卸的责任。

鲍德里亚认为，广告以它肤浅、平面、单向、庸俗的消费文化符号不遗余力地推销享乐主义、功利主义，并以一种强势的权力话语制约消费者。它所导演的消费主义文化，不断地煽情，给人以感官刺激，为人们描绘了一幅“美好生活”的物质蓝图，使受众成为消费社会的俘虏。在到处充满诱惑的广告符号旋涡中，感性消费虚假繁荣，消费者找不到正确的“上岸”途径。

2. “恶俗论”：格调不高，品位低下

在激烈的市场竞争中，为了吸引消费者眼球，一些广告不惜用一些低级

① 马尔库塞与阿多诺语，转引自张殿元．广告文化批判研究．北京：中国人民大学，2003：24。

趣味的内容迎合一部分消费者，从而降低了消费者的品位。还有一些广告运用色情、空洞无聊的内容画面等表现方式，侵扰社会公众的精神，营造社会低俗化的审美趣味和倾向，扭曲、冲击社会的良好风尚。鲍德里亚认为，消费主义文化所造成的最大危机是道德危机。在经济利益的驱使下，好莱坞电影可以与广告融为一体，充当着人体艺术的说客。在金钱的诱惑下，性、暴力成为广告宠爱的主题，以达到增强刺激效果的目的。劣质消费符号的滥用，使消费社会的性别歧视、性侵犯、暴力犯罪日益增多，侵蚀着公平、正义和友爱的价值体系，使恶的因素不断增加，文化传统遭受巨大破坏，受众的价值判断发生扭曲，舆论导向产生畸变。歪曲的广告符号如"恶之花"大肆向人类思想领域释放毒气，成为社会价值的误导器，垃圾文化的帮凶，社会风险的制造者，与其所承担的社会职责格格不入。比如，在美国，意大利贝纳通服装公司也曾经因发布牧师与修女亲吻（见图 5-8），以及"Death Row"等广告运动而引发广泛的争议。2019 年，海南椰树牌椰汁广告语"从小喝到大"暗示喝椰汁可以丰胸，无论其平面广告还是视频广告都刻意突出女性丰满的胸部，片面追求感官刺激，宣扬低俗内容，有违公序良俗。

广告另一个可能冒犯消费者的原因是其引人注意的方式，或者说是其表达的方法。例如，许多人反对通过制造消费者的不安情绪来引起注意。那些除臭剂、漱口水和去头屑洗发水等产品的广告受到广泛的批评，这些广告被认为试图通过制造人们的不安情绪和利用人们对被社会排斥的恐惧心理来销售它们的产品。一些家用电脑的广告试图使父母们认为，如果他们的儿女不会用电脑，他们将不会在学校获得成功。有的广告采用过激的反世俗的表现方法，使人们的价值观、宗教意识产生混乱。

3. "刻板论"：观念落后，形象固化

有些研究者发现，广告中的角色运用常常存在程式化问题，即广告里通常把某一类人置于特定的环境中，使他们经常性地扮演一成不变的角色，而这种角色的"程式化"其实并不符合社会生活的真实状况。比如，在很多广告中，男性通常被表现为主导的、强势的、有权威的，他们总是与事业、成功、荣誉、地位等紧密相连，是被侍奉者和享受者。所以，他们要么在主持会议，要么在开着豪华的轿车，要么站在高山之上眺望远方。而女性则被表现为柔弱的、次要的、被动的，她们往往被塑造成贤妻良母或性感尤物的形象，处于从属地位。从传播学的角度来看，这种角色程式化的表现就是形象刻板化，违反了男女平等的原则。

据有关调查，在全国十大城市 4 000 多条广告中，妇女形象 50%以上是家庭妇女，而男性做家务的不超过 1%。甚至有的服装广告公开宣称"男人应该享受"，不加批判地延续着"女人勤劳持家，男人赚钱养家"的小农意识

图 5-8 广告“教士吻修女”篇

(摄影 Oliviero Toscani，贝纳通/意大利，1991)

和传统家庭观念。这些带有性别歧视性质的广告会滋长社会上男权至上的文化心理，强化女性对自身的不正确认识以及自卑心理，使青少年形成两性关系的错误认知，助长整个社会中男权对女性的压抑。

4. “操控论”：操纵意识，控制行为

尽管广告具有联系广告主和消费者的合理功能，但是，并不是所有广告都是仅仅用来提供信息的。一些人认为，许多广告试图控制人们的行为，甚至影响他们去购买本不需要的产品或服务。

人们对那些以儿童为目标的广告尤为担心。一般来说，儿童要到 12 岁左右才能形成理性思维能力。在此之前，儿童没有能力很好地理解广告的性质和目的。例如，电视广告经常运用快速的切换和动作或新奇的事物来吸引儿童，结果导致儿童在电视上一看到玩具或食品广告就向父母嚷嚷“我要那个”。

有人指出，更令人担忧的是有些广告试图运用潜意识操纵消费者。心理学家指出，人的行为可能受到潜意识的影响。很多广告策划者利用潜意识原理，通过广告操纵人的行为。美国的一个实验表明，如果在影片中插入观众视觉上无法察觉到的图像，可以通过视觉印象来影响消费者的行为。这种利用在影片中插入观众视觉上难以察觉到的图像来暗中操纵人们的行为被认为是不道德和违反商业规则的。

5. “虚假论”：模糊事实，诱骗消费

有学者指出：“在广告传播中，最为常见的伦理问题是广告所传播的信息的真实性问题。在广告的传播实践中，我们发现媒体上充斥着大量虚假不实的广告。”[①] 他们认为，长期以来，有些广告商为了达到扩大销售的目的，不惜蓄意欺骗，隐瞒真相，甚至信口雌黄，严重影响了广告行业的整体形象。虚假广告的表现形式主要有以下三个方面。

第一个方面是广告观念误导。一些广告片面追求传播对自己产品有利的信息，或为了取悦消费者，自觉不自觉地用不正确的思想观念、错误手法来表现广告创意，引起人们的思想观念混乱，造成极为有害的影响。如药品广告声称能治愈所描述的疾病，鞋子广告宣称会开启你的人生新征程。此外，还有其他封建思想、炫富观念、超前消费思想、种族歧视观念等。

在女性观念的问题上，广告的错误导向突出表现为对女性社会地位的专制化。要么是广告中的透明皂、洗衣粉、厨具、餐具、炊具、洁具让各个年龄段的女性发出由衷的喜欢，企图将她们引向洗衣做饭、相夫教子的传统女德模式中；要么是将女性玩偶式、商品化，诱发她们极端的瘦身、美容追求，使其迷失在男权主义的泥沼中。稍不留神，广告中也会出现种族歧视问题。例如，上海一家公司的“俏比”牌洗衣溶珠产品的视频广告曾引发关于种族歧视的大量指控。在广告中，一名身上脸上都沾着油漆污渍的黑人男子想亲吻一位女士，结果，被女主角喂进一粒洗衣溶珠后，塞进洗衣机中。洗衣结束后，女主角打开洗衣机，一位白皙帅气的亚洲男子从中出现（见图 5－9）。广告词随即跟上：“改变，从俏比开始。”虽然该广告的本意是宣传“俏比”牌洗衣溶珠的超强洁净能力，但用黑肤色指代“脏”的广告创意隐含着严重的种族歧视。[②] 广告视频被传到了 YouTube 和 Facebook 上，短短几天内，点击量就高达 800 多万次，包括《赫芬顿邮报》（*The Huffington Post*）、美国有线电视新闻网（CNN）、英国广播公司（BBC）在内的西方主流媒体纷纷进行转载和报道，在舆论上引起轩然大波。[③] 也许广告方并没有歧视黑人的主观愿望，但在种族平等的语境下，把“黑人洗白”的白是黑非的观念显然是有问题的。

第二个方面是广告内容误导。（1）无中生有，直接以虚假的承诺欺骗消费者。如欧典地板广告声称“真的很德国”，其产品有纯正欧洲“血统”，结果被揭露是京西某地出品，与欧洲毫无关系，其广告中使用的画面、人物都是杜撰的。（2）刻意隐瞒产品或服务的缺陷。这种广告利用产品本身信息与

---

① 邓名瑛．传播与伦理：大众传播中的伦理问题研究．长沙：湖南师范大学出版社，2007：74.

② 中国洗衣珠广告“洗白”黑人引争议．制造商道，2016－05－30.

③ 中国“黑洗白”广告让西方不爽 专家称中国人种族观念淡漠．(2016－05－31) [2021－01－06]. https://world.huanqiu.com/article/9CaKrnJVJV1.

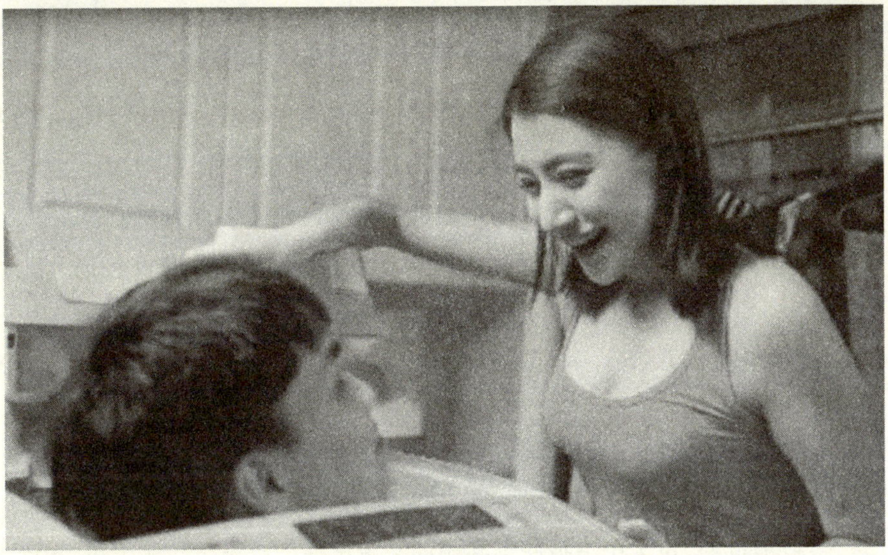

图 5-9 “俏比”牌洗衣溶珠的视频广告截图

消费者接收信息之间的不对称，用不完全、不完整的广告信息干扰消费者的判断，诱使消费者购买产品。例如，曾轰动一时的“巨能钙含过氧化氢”事件。巨能钙产品的广告没有在产品成分中标明含有“过氧化氢”，属于刻意隐瞒行为，同时涉嫌违法，是典型的虚假广告。[①]

第三个方面是广告手段误导。广告使用某些手段、方法突出和强调对企业自身有利的信息而不告诉消费者全面、客观的信息。这又分为三种情况：一是文字真实，意义上误导。即广告中的内容是真实的，没有虚假的成分，但容易让消费者产生误解。这种误解主要体现在广告的制作方式上，如有些广告将关键文字刻意缩小到消费者不易发现的程度，以误导消费者对产品的理解。二是有意隐藏商品内容的关键细节。广告介绍不全面的产品信息，或使用模棱两可、极易产生歧义的语言陈述，使消费者误以为该产品或服务具有同种类其他产品或服务所不具有的优点和特殊功效。三是玩弄文字游戏，愚弄消费者。例如“买一送一”活动，活动本身并不一定存在虚假性，但是厂商的“送一”只是送小礼品或某种赠品，而消费者的理解就是买一件东西送同样一件东西。还有某桂花糕广告，广告打出8元，按照消费者的惯性思维肯定认为是8元一斤，可实际情况却是8元一两。

三、正确看待广告影响的争议

对于学习或从事广告的人来说，对广告应当有一个正确的认知和态度。

① 陈正辉．广告伦理学．上海：复旦大学出版社，2008：192.

（一）广告人必须有社会责任感

李奥·贝纳指出："我们制作销售产品的广告，但也请记住，广告负有广泛的社会责任。"对此，我们可以从两个方面来分析。一方面，广告传播作为一种有目的、有意识的社会互动行为，与各种社会价值系统的关系是紧密的，其中必然包括社会道德价值系统。表面上看，广告只是在传播商业信息、推销商品和服务，但骨子里必然包含一定的文化内核，其表现形式和内容也都是文化性的，带有一种价值主张，或是倡导一种生活态度，或是体现一种价值观念，或是演绎一种思想意识，等等。正是这些从内容到形式或多或少、或显或隐的文化信息传播，给受众的价值观念和思想行为带来无所不在的影响。关于这一点，可以通过许多广告语演变成为大众生活用语的事实得到有力的证明，更不用说那些带话题性和娱乐性的广告了。所以说，"广告对于消费者以及其他人如何看待他们自身有着重要的影响，进而影响着社会文化和社会道德"①。

另一方面，"在一个健全的市场制度下，企业追求利润、为客户创造价值以及承担社会责任之间，不仅不矛盾，而且是基本一致的"②。早在 1926 年，美国总统柯立芝在美国广告代理商协会的一场演讲中充满希望地指出："广告关注的是商业交易的精神层面，它拥有强大力量，如今这份力量受托给你们，因此你们身负重责大任，要去刺激商品世界，让商业世界变得高尚。这是让人类再生并获得救赎的伟大工程的一部分。"③ 在我国，广告业是文化产业的重要组成部分，是传播先进文化，弘扬时代主旋律，促进社会文明发展，提升国民道德水平的重要载体，也是传播正确消费观念、提升生活方式的重要途径。

因此，在广告传播中，"我们不能不考虑传播者和受众的道德观念，不能不考虑传播所赖以存在的伦理秩序，不能不考虑社会道德对传播的制约作用"④。广告人应当充分意识到创意的权力不是拿来炫耀之物，而是戴着镣铐的舞蹈，是既光荣又艰难的承诺。为此，我们应当做到以下两点：

（1）坚持正确的广告舆论导向。《国际商业广告从业准则》要求广告"遵守所在国家之法律规定，并应不违背固有道德及审美观念"；美国、日本等国

---

① 温德，海斯．广告的未来：全接触点价值创造．粟志敏，译．北京：中国人民大学出版社，2020：84.

② 张维迎．市场的逻辑．西安：西北大学出版社，2019：50.

③ CALVIN C. Address before the American Association of Advertising Agencies. Washington，DC，1926.

④ 徐鸣．商业广告伦理构建．北京：社会科学文献出版社，2018：60.

家的广告规范要求广告“情趣高尚”“重视品格，必须为建设光明、健康的生活作贡献”（见图 5-10）；《中华人民共和国广告法》也强调广告要符合社会主义精神文明建设的要求。因此，广告人应敢于担当，肩负起“以正确的舆论引导人，以高尚的精神塑造人”的责任。其一，要坚持正确的思想观念，坚决反对那些只讲经济目标不讲社会目标，只谈物的发展不谈人的发展，只求近期利益不求远期利益，只论生产成本代价不论社会道德代价的做法，坚决抵制那些虚假现象、腐朽现象、恶俗现象和以破坏市场规则为主要表现形式的广告。事实证明，在新时代中国特色社会主义制度下，广告的经济目标和道德目标完全可以互为前提、互相促进。把握正确的舆论导向，是每一个正直的广告人都应该关心的话题。其二，倡导健康积极的消费观念。消费观念是人们对待其可支配收入的指导思想和态度，以及对商品价值追求的取向，是消费者主体在进行或准备进行消费活动时对消费对象、消费行为方式、消费过程、消费趋势的总体认识评价与价值判断。消费观念的形成和变革是与一定社会生产力的发展水平及社会、文化的发展水平相适应的，但又反作用于社会、经济和文化的发展。随着人们收入和生活水平的提高，大众消费需求增长强劲。同时，社会的进步使人们认识到社会可持续发展的重要性。在此情况下，需要建构一个安全、公平、重视节能与环保的健康消费环境。因此，传播理性、绿色、注重消费效益的消费观念是广告人社会责任的基础和必要组成部分。

图 5-10 美国应对新冠肺炎疫情的户外广告
（芝加哥柳条公园，2020）

（2）自觉维护消费者的合法权益。广告人应当自觉遵守我国的广告法和其他相关的法律法规，坚持传播真实、准确信息的原则，将消费者利益放在首要位置，坚决抵制那些欺骗和误导消费者的虚假广告，使购买产品或者接受服务的消费者的合法权益得到最大的保护。商家与客户之间需要更多的直接和真诚的沟通，广告要客观地传递产品或服务的关键信息，叙述真实的故事，传递有价值的体验。例如，网络直播带货是一种极富受众主观体验的沉浸式的信息传播方式，既有电视直播的仪式感，也有网络媒体的草根性。主播和受众在同一互联网时空的维度下，借助视频、语音、弹幕等进行虚拟的聚集性交流。主播通过场景化、生活化、个性化的信息生产满足受众的多样需求，因而其价值导向较为多元。如果是旨在解决供需信息不对称问题的直播带货、以精准扶贫等为目的带有公益性质的直播带货、倡导理性消费的直播带货等，是有助于带动实体经济发展、培养健康理性消费观念的，但如果过分放大和强化产品或服务消费的必要性和合理性，提倡享乐主义和炫耀性消费，甚至以次充好地推销产品或服务，那就是贻害无穷了。

（二）广告是把“双刃剑”

在马克思、恩格斯看来，商业广告是一种“洋溢着产业精神的”交往形式与“精神生产力”，具有充满活力、产业精神与妙趣横生的传播特征。同时，它又是受资本影响与控制的一种社会交往形式与传播文明方式。[①] 因此，一味赞扬广告，将其捧为如国色天香的美女，或者一味否定，将其贬为如十恶不赦的魔鬼的看法，都是一种绝对化的观念，是错误的。唯物辩证法告诉我们，世界上的任何事物都是一分为二的。“哪里有高昂的呐喊，哪里就有萎靡的呻吟；稗草与禾苗同生；死亡依附生命。物无不成对，事必有多义。只要我们顺着正面文化的亮点寻觅，都会发现相应的阴影。”[②] 广告也是如此，就其本身而言，它只是一种营销传播工具，无所谓好坏之分；但就其社会影响而言，广告创造了或正在创造一个又一个商业奇迹，在为社会经济发展做出贡献的同时，也不可避免地带有与生俱来的缺陷。一方面，广告有传递产品或服务信息，促进生产流通，引导消费，推动经济发展的积极作用。但另一方面，确实存在一些虚假和恶俗广告，甚至屡禁不止，给消费者带来很大的伤害，也损害了广告行业的整体声誉。

（三）开展广告活动的批评是必要的

广告不仅是一种经济现象，也是一种社会文化现象，它的观念和主张不仅影响人们的消费观念和行为，而且影响公众的审美情趣、价值观以及生活方式。这种影响既可能是积极的，也可能是消极的。可以说，广告自从诞生的那天起，这个行业便一直存在着诚实与道德问题的斗争。早在 1889 年，英国政府就颁布《不当广告法》，对广告的不当内容做出了限定。其他许多国家也在 20 世纪初就制定出完整而严格的广告管理法律法规，以打击虚假广告等

---

① 马克思，恩格斯．马克思恩格斯全集：第 1 卷．北京：人民出版社，1956：206.

② 曾钊新．伦理十讲：伦理的现实问题研究及方法讲演录．长沙：湖南教育出版社，2006：109.

的传播。各种广告相关的行业组织也都制定了广告自律条例，力图遏制各种虚假的和恶俗的广告现象。

但是，广告毕竟是一种商业性行为，即使能够避免与社会的法律冲突，也难以避免与社会的道德伦理发生冲突。企业通过广告提升大众曝光度来提升品牌认同度和增加产品销量本身并没有错，但如果一味考虑促销，就可能会剑走偏锋，用打擦边球搏出位的方法甚至不惜用破坏社会公序良俗来吸引受众的目光。这样做，即便能带来短期流量甚至销量，其负面效应也很明显。最终，这些企业的品牌也会被流量反噬。

可以说，没有引导和制约的广告市场是混乱的。通过对广告活动中出现的问题进行揭露和批判，有助于及时纠正广告发展的错误倾向，并起到对行业的警示和纠偏作用，进而促进广告业的健康发展。同时，对其他相关各方也可以起到警示作用。

（四）应当看到广告发展的主流

大卫·奥格威指出："没人因为报刊使用的印刷技术可以用来印刷色情书刊而说报刊媒体邪恶，同样的技术，也可以用来印《圣经》。只有用来为邪恶的事物做广告时，广告才是邪恶的。我在广告业认识的每一个人，都不会为妓院做广告，其中有些还拒绝为酒精饮料和香烟做广告。"① 在当代，世界各国优秀的广告人和营销人都能坚持自律，积极传播社会的主流价值，促进社会和环境的良性发展。正如现代营销学奠基人菲利普·科特勒所说："我想强调的是，并非所有的市场营销者都如夸张的美剧《广告狂人》所表现的那么诡计百出。绝大多数的公司和营销者在对产品和服务进行营销时，都体现出高度的诚实和透明。他们知道欺骗和操纵消费者会损害他们的名誉，会令他们失去客户。"②

美国沃顿商学院教授约瑞姆·温德（Yoram J. Wind）等人认为，如果问世界上大多数人如何理解广告，他们多半会给以负面评价，如"广告喜欢操控消费者，经常打扰人们的正常生活，很烦人，内容普遍水准较低"。对这些不满和抱怨我们可以理解，但"实际上，广告有那么糟糕吗？"

> 尽管广告留给人们各种负面印象，但当被问及最喜欢的广告时，大家会怎么说呢？大多数人会滔滔不绝地跟你分享，因为他们认为这是一件很有意义的事情。他们会告诉你他们目前关注哪些品牌，以及他们从该品牌所说所做中获得的价值。他们还期望该品牌传递出更多的信息。

---

① 奥格威．奥格威谈广告．高志宏，译．北京：中信出版社，2021：349.

② 科特勒．我的营销人生．陶鹏，译．北京：中信出版社，2019：68－69.

他们之所以能够记住那些留给他们深刻记忆的品牌，是因为有些内容确实值得纪念。同时，他们也想获得更多资讯——既不简单也不烦琐的资讯。他们有购买欲望，但其购买体验是否也能跟得上呢？他们会试用各种产品或服务，无论有效或无效的，他们也会与卖家联系，但之后发生的事情可能符合该广告宣传所承诺的，也可能不符合。①

(1) 关于广告的经济影响。我们认为，广告的信息流动时刻与经济活动联系在一起，社会经济的发展使得市场对广告的需求不断增加。反过来，广告的发展又不断推动着社会经济的发展，两者相辅相成，处于经常性的互动发展过程。

作为市场营销传播的重要手段，广告通过引导、创造并助长“消费需求”，潜移默化地对消费者的消费观念、消费行为、消费模式施加影响，可以扩大产品销售，加速市场流通，从而拉动内需。对企业生产而言，这样可以扩大产品销售，加速市场流通，降低单位产品的生产成本和管理费用，从而在一定程度上创造了规模经济，企业生产成本比在没有广告的情况下降低了，企业的经济效益得以增加。同时，广告所创造的品牌知名度和美誉度也会转化为市场份额，并最终变现为盈利水平或投资回报率（ROI）（见图 5－11）。所以，诺贝尔经济学奖获得者斯蒂格利茨（J. E. Stiglitz）认为：“广告具有重要的经济功能，它能够提供有什么东西可供选择这样的信息。……广告的作用是移动需求曲线。一家厂商增加其广告支出可以把顾客从对手那里拉过来，或者使顾客从以前购买其他产品转变为现在购买该厂商的产品。”②

图 5－11　美国广告联合会关于广告价值的广告

对此，大卫・奥格威指出：

左翼经济学家从来都渴望一把夺过上帝手里的鞭子，他们认为广告引诱人们在并不需要的东西上浪费钱财。谁来决定这些精英需要什么呢？你需要洗碗机吗？需要除臭剂吗？需要到罗马旅行一次吗？说服你需要

① 温德，海斯．广告的未来：全接触点价值创造．粟志敏，译．北京：中国人民大学出版社，2020：34.

② 斯蒂格利茨．经济学．姚开建，刘凤良，吴汉洪，等译．北京：中国人民大学出版社，1997：431－432.

> 它们，我一点儿都不会良心不安。信奉加尔文主义的学者们，似乎并不知道购物可以成为生活中无伤大雅的乐趣，无论你是否需要它们。还记得你买到人生第一辆汽车时，有多心花怒放吗？大部分人都喜欢看着广告“买”东西，无论是看降价商品，还是看奢侈品。我看乡村别墅的广告看了40年，最后终于攒够钱买了一幢。①

对社会经济运行而言，广告有助于社会生产和商品流通的良性循环，加速商品流通和资金周转，提高社会生产活动的效率，为社会创造更多的财富。社会再生产的总过程包括生产、分配、交换和消费四个相互之间紧密联系的环节。在这四个环节中，生产、分配与交换、消费互相影响。在社会再生产过程中，如果交换与消费不能顺利实现，就会直接影响社会生产与分配。只有这些环节都得到顺利实现，产品的“生产—分配—交换—消费”流转模式才能正常运行，整个社会生产的过程才会流畅运转。“广告的社会经济功能首先表现在交换与消费领域，广告联结着生产企业与中间商和消费者，为批发商、零售商、消费者提供丰富的产品信息，从而‘润滑’着物流与商流，‘驱动’着交换与消费的完成。”② 在这一过程中，广告可以促进生产和刺激社会整体消费需求，激发企业不断地为社会创造财富，从而推动整个社会经济的持续增长。可以说，广告既是繁荣经济的工具，又是经济发展的要求。③ 统计数字也表明，广告业的增长与国内生产总值及第二、第三产业的增长呈现出明显的正相关性。

此外，在世界上绝大多数国家，广告都是很多媒体包括商业电台和电视台唯一的收入来源，即使在网络、报纸和杂志的收入中，广告也占有很大的比重。没有广告的支持，现行的媒体产业经营方式将难以为继。随着数字技术、互联网行业的迅猛发展，市场传播、消费模式和商业模式在互联网思维的影响下发生了巨大变化。在这种变革当中，广告业展现出独特的功能，不仅与其他产业相互渗透、融合，并日益成为互联网、移动互联网产业发展的重要支撑力量。

(2) 关于广告的文化影响。我们认为，广告是商业社会的产物，但随着自身的发展，其作用和影响力早已超出传统商业领域。美国广告学者威廉·阿伦斯（William F. Arens）指出：“之所以有那么多人在批评指责广告，就因为它什么都不是。广告不是新闻、不是教育、不是娱乐——尽管它常常扮

---

① 奥格威．奥格威谈广告．高志宏，译．北京：中信出版社，2021：349.

② 张金海，余晓莉．现代广告学教程．北京：高等教育出版社，2010：23.

③ 拉塞尔，莱恩．克莱普纳广告教程：第15版．王宇田，王颖，钟莉，译．北京：中国人民大学出版社，2005：36.

演上述三种角色……作为一种传播手段，广告自然带有新闻、教育和娱乐的某些特性，但判断广告不应以此作为标准。”① 从主流上看，数百年来，广告人所创作的优秀广告作品不断涌现，蔚为大观，既传播了产品或服务信息和优秀的品牌理念，也推动了社会观念和大众生活方式的进步，因而受到了消费者的肯定和喜爱。在这方面，耐克是一个典型。耐克的广告，从“There is no finish line”和“Just do it”中普通的跑步爱好者到“Find your greatness”中通过展现突破自身限制、拼搏奋斗的普通个体，传达了“无论是体育，还是人生，不断挑战自我就是伟大”的理念。耐克广告还传播了这样一种理念：无论是身体上的残疾、物质上的匮乏还是社会中的不公，无论是明星还是无名小卒，无论性别、种族、年龄、贫富的差异，“If you have a body，you are an athlete”。广告语的意义已经超越了体育运动本身，传递了“人人平等、尊重多元”的价值观念。更何况，在世界各地公益广告已被证明是减少艾滋病发病率、促进节能、消除家暴和减少道路交通死亡等的有效方法。

经过40多年的发展，中国广告行业已更加成熟，广告人素质也得到极大提高，绝大部分的广告主或广告代理商能够遵守政府广告规制，坚持行业自律，他们所策划和创作的广告绝大多数反映了我国的先进文化，在塑造人们的正确消费观念上，在引导人们向善、向美的意识上，在净化社会风气上，在提升全民的文明素养上，都发挥了积极的作用，起到了润物细无声的效果。正如有学者指出的那样：“在不少优秀的广告作品当中，我们看到了生生不息的中华民族精神；扬善抑恶、注重人格和道德修养的伦理精神；顺应自然、社会规律的‘天人合一’的观念。”② 而那些虚假的、恶俗的广告只是少数。因此，我们不能以偏概全，以少代多。

英国著名学者弗兰克·莫特（Frank Mort）在其《消费文化：20世纪后期英国男性气质和社会空间》一书中将广告奉为“商品社会的动力结构”，认为对于20世纪后期英国男性气质的形成与呈现，广告不仅仅是一个推波助澜的鼓吹手，更具有总导演和运作者的力量。③ 著名传播学者麦克卢汉也曾说：“总有一天，历史学家和考古学家将要发现，我们时代的广告是日常生活最丰富、最忠实的反应，它们对一切活动领域的反映超过了过去的一切时代。”④

---

① 阿伦斯．当代广告学：第7版．丁俊杰，程坪，苑菲，等译．北京：华夏出版社，2001：44-45.

② 饶德江．现代广告与文化创新．武汉大学学报（人文社科版），2001（3）：371-375.

③ 莫特．消费文化：20世纪后期英国男性气质和社会空间．余宁平，译．南京：南京大学出版社，2001.

④ 麦克卢汉．理解媒介：论人的延伸．何道宽，译．北京：商务印书馆，2000：289.

也许正是因为如此，我们才看到这样一幕幕景象：一方面是对广告的非议和诘难，一方面是广告的蓬勃发展。可以说，在新时代中国特色社会主义伟大建设事业中，广告在沟通产销、推动社会经济发展、引领社会潮流、建构社会文明等方面所发挥的积极作用已经得到充分体现。我们相信，只要广告人敢于担当，不断努力，未来广告引领创新、文化和践行社会责任就不会流于空话。

（五）对涉及非主流价值判断、技术试验等问题的广告的评价，应该让实践来检验

对这类广告的评价比较复杂，往往仁者见仁，智者见智，应该让实践来检验。当然也可以讨论，但不宜简单粗暴地一棍子打死；有的问题，需要科学实验的进一步验证。例如，有人批评说，广告使人们购买那些他们并不需要的产品或服务。可是，广告难道不能向消费者推荐一件新衣服，或介绍一款有利于提高身体免疫力的健康食品，或者鼓励消费者去获取更高的学历吗？虽然说消费者可能原本不打算购买这些产品或服务，但如果购买了，就一定是广告的不道德表现吗？对这些问题，人们可以展开充分的讨论，然后形成一个大多数人接受的共识。再如，广告试图用潜意识操纵消费者的问题。早在 20 世纪 50 年代，万斯·帕卡德（Wance Packard）、詹姆斯·维卡里（James Vicary）等人就言之凿凿地声称：广告商利用弗洛伊德（Sigmund Freud）的理论和行为心理学来影响消费者的潜意识，使消费者受影响和控制的程度，比他们意识到的要严重得多。这里的观点流传广泛，以致广告成为人们诟病的重要原因。后来受到严格控制的科学研究发现，潜意识确实存在，人的大脑确实也能在某一刻储存超过它的处理能力的信息。但是，广告影响潜意识达到诉求的想法不过是一场骗局而已，因为潜意识劝服从来没有被证明有效。“实际上可靠的科学研究已经证实，用潜意识的方法不可能形成一些可预见性的回应，比如购买某个特定的产品。虽然该手法的面具已经被拆穿，但是有些人，甚至包括一些企业，却仍然相信潜意识劝服的力量。”①

思考与讨论

1. 广告对社会经济、文化的发展有着什么样的影响？

① 罗德曼．认识媒体．邓建国，译．北京：世界图书出版公司北京公司，2010：471.

2. 广告传播与新闻、营销、公关等传播手段之间存在怎样的关系？
3. 广告与整合营销传播过程之间的关系是什么？
4. 人们对广告的批评主要集中在哪几个方面？应该如何克服？
5. 你认为应当如何正确看待人们对广告影响的争议？

第六章

广告学专业培养什么样的人才

——广告学专业的培养目标与人才特征

必须教育大学生成为知识渊博且有远大抱负的公民，能够以批判精神思考和分析社会问题，并寻求解决的办法。

——联合国教科文组织通过的《21 世纪的高等教育：展望和行动》

本章学习目标：

1. 了解广告学专业的培养目标的基本方向。
2. 了解广告学专业人才培养的基本规格。
3. 了解广告学专业的知识结构与课程体系。
4. 了解广告学专业人才的特点。

第一节　广告学专业的培养目标与规格

人才培养模式是指在一定的现代教育理论、教育思想指导下，按照特定的培养目标和人才规格，以相对稳定的教学和课程体系、管理制度和评估方式，实施人才教育的过程的总和。

党的十九届五中全会指出：高等教育进入普及化阶段，到 2035 年基本建成教育强国，高等教育进入高质量发展阶段。教育部新文科建设工作组发布的“新文科建设宣言”明确了文科教育共识：新时代、新使命，要求文科教育必须加快创新发展。“新文科建设”为广告人才培养提供了方向、标准和价值，提出了新视角、新方法和新手段。

一、培养的目标选择

人才培养是我国广告教育的根本，也是广告学专业的发展之本。广告学在新文科背景下应培养什么样的人才、制定什么样的培养目标、通过什么途径培养是不可回避的现实问题。

对于大多数高校而言，广告学专业可能旨在培养有强烈的社会责任感，坚持正确的广告导向，具有优良的道德素质、心理素质、文化素质和思维素质，拥有较强的市场洞察力、策略分析力、营销传播策划力、创意表现力、商务沟通力和活动执行力等，具备国际视野和创新精神，系统掌握现代广告学基本理论和方法的高级广告人才。

作为一门学科，广告学的培养目标既有传媒学科的一般共性，也有其特殊性。从人才培养目标的共性上看，广告教育同样要注重价值引领，将培养有坚定信念的社会主义建设者和接班人作为自己的根本任务。同时，广告学独特的专业属性也决定它的人才培养必须适应互联网时代媒体深度融合和行业发展，注重学生对现代传媒技术运用技能的训练。

当然，在实际的教学过程中，由于各高校的教学资源不同，对广告学专业属性的认识不同，目前许多高校在制定专业培养目标上有不同的侧重点。有的侧重于培养具有广告营销策划、公共关系、市场调查与分析等专业能力的应用人才；有的侧重于培养具有广告整合营销传播、媒体策划、广告经营管理等专业能力的管理人才；有的侧重于培养具有营销传播、洞悉消费者行为，并擅长广告视觉表现的创意型人才。但不管是侧重于哪一个方向，广告学专业都应以培养复合型、应用型广告人才为方向，以训练学生获取和运用知识、独立思考和解决问题的能力为目标，也就是通过学习广告学的基本理论与基本知识，受到广告营销策划、文案和视觉表现能力等的基本训练，培养他们各种创造性的素质。理由如下：

第一，广告行业的专业属性决定了高校广告学专业的培养目标及其发展方向。虽然广告学科本身是一门众多学科相互渗透的新型边缘学科，然而其毕竟又不同于营销学、传播学和设计学以及其他人文学科。从理论上说，营销学、传播学、心理学、设计学等学科的研究成果为广告学的理论研究打下了坚实的基础。广告学科是以上述学科为框架进行整合的，其研究的领域主要以消费心理、传播行为、广告文化、品牌塑造、视觉表现及传播效果为主，更具有专业性。

第二，从高校办学的角度而言，各个专业都必须有自己独特的有别于其他专业的研究领域。否则，专业的存在就缺乏理论的支撑，自然也就缺乏竞争力。因此，广告学专业的发展方向和培养目标如果放弃社会需求，放弃对广告行业的引领和对广告学科本质核心的研究与教学，则只会使广告学专业逐渐失去自身存在的价值。

第三，广告学既是一门有艺术审美特色的学科，也是一门具有技术要求的学科。一方面，广告人才需具备文理工等多学科交叉的理论视野。伴随媒体的深度融合和智能化发展，广告学专业人才在需求端有很大变化，具备跨文、理、工科知识背景的“跨界”人才更有潜力、更受欢迎。尤其是那些具有整合营销传播策略与创意表现能力、懂得数字分析与掌握算法认知的数字化融通型广告人才更受企业的青睐。另一方面，对广告内容的价值判断与实现能力也是衡量广告人才品质的重要标准。虽然人工智能已取得了较大的进步，如可预设词汇、语义、图像自动创作等，但仍无法对内容生产、实现技巧进行正确的思考与评价，这就要求广告人才具备正确鉴别传播信息的真实性、艺术性、价值性的综合能力。

各个高校可以根据本校的学科背景优势和本院系的教师资源状况，扬长避短，确定有所侧重的培养目标，但应该是对广告学专业属性有相当深入学习和理解的基础上的侧重，而不是本末倒置。再者，现在知识更新太快，技术更新也太快，我们的人才培养要坚持通识为“本”，专业为“用”，突出产出导向，主动对接行业产业发展需求，优化课程设置，不断更新教学内容和教学方法，做好专业定位，实现优秀广告人才的培养目标。

二、培养的基本规格

高等学校人才培养规格是高等学校各专业培养目标的细化，是学校对毕业生培养质量要求的规范，也是学校制定教学计划和课程教学大纲，组织教学、检查和评估教育质量的依据，它主要解决专业人才培养的质量和方向问题。

具体表现为以下方面：

（1）热爱社会主义祖国，拥护中国共产党的领导，掌握马克思列宁主义、毛泽东思想、邓小平理论、“三个代表”重要思想、科学发展观和习近平新时代中国特色社会主义思想的基本理论，具有为社会主义现代化建设、为人民服务的思想觉悟；具有为国家富强、民族昌盛而奋斗的志向和责任感；具有敬业爱岗、艰苦奋斗、热爱劳动、遵纪守法、团结合作的品质和良好的思想品德、社会公德和职业道德。

（2）接受必要的军事训练，积极参加各种社会实践活动，能够理论联系实际，实事求是。

（3）懂得社会主义民主与法制，遵纪守法，举止文明。

（4）比较系统地掌握本专业所必需的自然科学基础和技术科学基础的理论知识，具有一定的专业知识、技术水平、企业管理知识，对本专业学科范围内的科学技术新发展、新动向有一定的了解。

（5）受到科学研究方法的初步训练，具有本专业所必须具有的独立获取知识、提出问题、分析问题和解决问题的基本能力以及具有较强的开拓创新精神，有一定的社会活动能力、从事本专业业务工作的能力和适应相邻专业业务工作的基本素质。

（6）具有一定的外语听、说、读、写、译能力。

（7）了解体育运动的基本知识，掌握科学锻炼身体的基本技能，养成锻炼身体的良好习惯，达到国家规定的大学体育合格标准。

（8）具有良好的文化修养和心理素质以及一定的美学修养。

当然，由于社会需求的多样性、区域经济的特殊性和办学条件的差异性等因素的影响，应该坚持人才培养规格的多样性，坚持细分专业方向，形成自身特色。21世纪的人才培养规格应当强调两个基本要求，一是创新能力，二是创新精神。为此，在知识结构方面，应当注重对大学生现代科学技术文化知识与技能的培养，努力造就复合型的创新人才。

第二节　广告学专业的知能结构与课程体系

在经过专业教育之后，广告学专业的学生应具备科学、合理的专业知识结构，为此，设置合理的教学课程体系是关键。

一、知识结构与能力结构

通过系统的专业学习和训练，要求广告学专业的学生达到以下几个方面：

（1）熟练掌握现代广告学的基本理论，了解广告的历史沿革和发展趋势，了解国内外广告业的现状与动态。

（2）掌握现代广告经营管理的基本知识，具有良好的专业素养，具备从事广告调研、策划、创意、设计、制作、发布的基本能力。

（3）熟悉广告整体作业流程，了解有关广告的法规，自觉遵守行业自律准则。

（4）懂得市场营销、品牌和公共关系的基本知识，具有营销理念、品牌建构和人际关系协调能力。

（5）熟悉新媒体运营，具有较好的计算机图文、视频处理能力。

（6）较为熟练地运用一门外语阅读专业书刊，并具有一定的书面和口头表达能力。

（7）具有较好的科学研究素养，能撰写本学科的论文。

二、课程体系

广告学专业的基本教学指导思想应当是“博学、专业、实践”三位一体。所谓博学，是指在对学生的培养过程中注重基础知识的教育和相关知识的积累。所谓专业，是指在对学生的培养过程中，在拓宽学生知识面的同时，强调广告专业领域的知识积累，使学生在毕业后真正成为广告领域里的通才和专才，能够胜任广告专业领域里的任何一项工作。所谓实践，是指在对学生的培养过程中，要求侧重培养学生实际动手能力和实践创造能力，以便学生在毕业后尽可能地缩短将理论转化为执行操作能力的时间，从而增强学生的职业能力。为此，大学教育实行学分制。每学一门课程考试或考查合格者，将获得一定的学分。学生要顺利毕业，必须修满一定数量的学分。至于需要多少学分，各个学校的规定不尽相同，一般要求不少于 160 个学分，通常 16 课时为 1 学分。假期社会实践、实习、毕业论文、职业生涯规划课等都计算学分。

学习的课程可以分为必修课程、选修课程、实验课程、实践课程等四大部分。

（一）必修课程

必修课程又分为通识教育必修课程、学科基础和专业必修课程。

通识教育必修课程主要有形势与政策、大学英语、大学体育、中国近现代史纲要、马克思主义基本原理概论、思想道德修养与法律基础、毛泽东思想与中国特色社会主义、中西文化概论等。我们要充分认识到通识教育必修课程的价值及意义，有些实用性强的通识课（例如大学英语等）要当成专业课来学习。

学科基础和专业必修课程有学科基础课和专业主干课的区分。学科基础课主要包括广告学专业导论、传播学概论、市场营销学、经济学、公共关系学、广告学概论、新闻学概论、美学概论、现代汉语等；专业主干课主要包括中外广告史、广告调查与分析、广告策划学、广告创意策略、广告媒体策划、广告文案写作、视频广告学、广告心理学、广告法规与伦理、品牌战略与传播、整合营销传播、广告经营与管理、公益广告、广告设计基础、广告摄影与摄像、平面广告设计、新媒体运营、计算广告学、大众传播与社会发展等。

（二）选修课程

选修课程有公共选修课程和专业选修课程之分，通常是在新学期开始的第二、第三周通过教学管理系统网上选课。选修课分六类：哲学、历史与心理学；文化、语言与文学；经济、管理及法律；理科（自然科学）；工科（自然科学）；艺术与体育。学生毕业时，对其公共选修课学分及类别有一定要求。公共选修课可以开眼界、长见识。

很多学校在高年级还开设有专业方向选修课程供学生选择。专业选修课有利于强化在某一领域或方向的专业深造。一般分为：（1）广告文案与策划方向；（2）品牌建构与传播方向；（3）广告视觉设计方向；（4）广告战略管理方向；（5）新媒体运营与传播方向。

（三）实验课程

实验课程主要是配合专业课程教学而进行的实验教学课程，如广告设计基础、基础摄影、新媒体广告设计、短视频编辑等。

（四）实践课程

实践课程包括一些课程实践，如广告调查与分析、广告课程与各种广告竞赛项目衔接，以及毕业实习等。为此，有些学校设立广告传播工作坊，由教师指导学生进行实战性学习。近年来，为了促进大学生对新闻传播学科学习和研究的兴趣以及高校优秀大学生之间的交流，一些著名高校的新闻传播学院开始举办优秀大学生暑期夏令营活动，面向校内外招收优秀的学生。同时，一些大型的广告公司（集团）也开始实行暑期实习生计划，招收优秀的在校大学生参与公司业务活动，接受专业培训，其中以恒美广告公司（DDB）的 FBB（Future Bernbachs）最为有名。

为了培养与产业发展相适应的广告专业人才，高校应当加强理论创新与教学体系改革。首先，进一步优化课程结构，提高知识的复合性。不仅要注重本专业知识的教育，更应该树立多学科、多层次的教育观念。例如，有的院校广告学专业注重文理课程结合，培养学生的数字思维和技术思维，开设经济学、社会学、高等数学等课程，以拓宽学生的知识面。其次，重构课程体系，提高课程的“实效性”。数字化时代，专业人才的核心竞争力更体现在创意思维能力与内容创作能力上。为此，有的院校瞄准行业的发展，开设新媒体文本编辑、视频剪辑、大数据分析、新媒体运营等课程，以回应广告产业变化带来整个广告传播场景的颠覆性变化，力求使广告教育与产业实践同频共舞。此外，一些有条件的院校还可以结合自身资源的特点，开发出具有院校所在地特色的课程。

比如，中国传媒大学由于自身广播电视媒体的特殊背景，媒体领域的课程逐渐成为其显著特色。“广告系在人才培养上，重在‘通才教育、一专多能’，他们强调所培养的不是拉广告的，也不是纯技术制作人员，而是‘熟悉广告学活动整体作业流程，对营销活动整体把握的管理人才’，基于这样的认识，他们增加了市场战略与广告、媒体战略与广告、广告表现研究、广告运动个案研究、广告市场个案研究、广告综合研究等特色课程，效果很好。”① 厦门大学侧重传播学的传播体系，在学科体系上，将传播学理论作为广告学的理论基础，逐步形成具有特色的教学体系，即加重与传播有关的各类课程的分量，如新闻学、传播学、广告媒体研究等。北京大学的广告学专业则寻求在行业资源、专业赛事、软硬件等方面与企业进行合作，除了邀请业界大咖、学界权威为学生授课外，还与企业合作，以实战型教学为主，起到了真正为学生创新、创业赋能的效果。深圳大学的广告学专业更加注重专业与地方经济的对接，不断深化教学改革，从要求学生撰写毕业论文转向进行毕业设计，通过毕业设计培养学生的资源整合能力、知识转化能力以及沟通合作能力。

三、广告学专业的就业方向

大学生必将走向社会。广告学专业中所学到的很多东西属于创新思维、有意义的经验和可迁移的技能，这些都有助于广告学专业的毕业生胜任将来所从事的工作，诸如广告经营、广告管理、广告策划、广告创意、广告传播和公关策划等。合适的职业可以为大学生充分发挥专业特长提供舞台。那么，如何进入这些岗位呢？早在 20 世纪 80 年代初，广告大师大卫·奥格威就指出了广告业有四种职业路径：

（1）进入电视网、广播电台、杂志或者报纸，向广告主或广告代理商销售媒体时间或版面。

（2）进入像西尔斯·罗巴克那样的零售商做文案撰稿人、艺术指导或广告经理。

（3）进入宝洁那样的制造商公司当品牌经理。

（4）进入广告公司。

他认为，四者之间并没有严格的分界线，因为这些工作具有相通之处。

当然，时代变化了，当今的广告业职业路径更加丰富多样。相比而言，

---

① 潘惠德，许传宏．高校广告专业课程改革的相关问题的研究．东华大学学报（社会科学版），2002（1）：70－75.

广告学专业毕业生从事以下方面的工作会更显优势：

(1) 广告公司、公关公司、互联网/电子商务、会展公司的广告策划创意、设计制作、经营管理工作。

(2) 文化或传媒公司经营部门相关的市场调查、策划、制作和管理工作。

(3) 市场调查机构的市场调研与分析、策划与传播等工作。

(4) 工商企业的市场部或营销部的广告或品牌管理工作。

(5) 商业咨询公司的市场调查、信息咨询与决策工作。

(6) 政府部门的广告监管工作。

(7) 各级广告协会的广告管理工作。

(8) 大中专院校相关专业的教学和科研工作（一般要求至少硕士研究生学位）。

当然，不同的企业对广告人才的需求侧重点有所不同。一般来说，广告代理公司最需要整合营销传播的策划人才，看重大数据分析、广告创意、广告战役策划；工商企业最需要广告营销管理类和运营类人才，看重文案策划与活动推广；数字营销公司最需要运营类、市场类人才，看重新媒体设计及文本传播技能；创意传播公司最需要创意设计型人才，看重创意策略及新媒体视觉表现等。对每个人而言，职业生命是有限的，如果不进行有效的规划，势必会造成生命和时间的浪费。

著名广告人威廉姆·巴雷指出："你要记住最重要的事是：没有人会来找你，你必须去寻找他们。……在人才供大于求的情况下，广告公司并不需要投入太多精力来寻找人才，因为人才自然会找上门。在这样的求职情况下，你必须非常主动、执着、自信。在这一曲折的求职之路上，你必须每天都到处撒网，与每个人都要交谈。你不能留下任何死角，因为在最不可能的地方常常会潜藏着重大转机。"①

21世纪，人类进入了知识经济时代，行业结构、产业结构、社会结构以及由此决定的职业结构发生了巨大的改变，社会职业的智能化、高科技化、精细化和综合化的发展趋势不断加强。有的职业蓬勃兴起，有的职业悄然消失。面对复杂的就业状况，当代大学生需要与时俱进，改变过去那种"一步到位"的就业观念，树立起"先就业，后择业"的观念，走一条面对现实，降低要求，先融入社会，再寻求发展的道路。也就是说，大学毕业时，只要有自己基本认可的单位接纳，就先工作，实现就业，踏入社会。工作一段时间后，如是还是认为不合适，就再重新选择就业岗位。

当然，就业的方式有千万种。如果能够运用自己所学的专业知识进行自主创业，去追求自己的事业理想，实现自己的人生价值，也是一种值得考虑的就业方式。

---

① 巴雷．品牌广告手册：从策略到执行全实战指南．刘洲，译．北京：中信出版社，2017：243－244.

第三节 广告从业人员的技能与特征

21世纪是信息传播的数字化、智能化时代，也是创造消费新需求的时代。新的历史时期呼唤着一大批高素质的广告人才，同时新的市场环境也为广告人提供了更为广阔的用武之地。那么，广告人应当具备哪些基本技能？同时又具有怎样的基本特征呢？

一、广告人的基本技能

（一）人际沟通力

人际沟通力，是指通过情感、态度、思想、观点的交流，建立良好协作关系的能力。广告业是与人打交道的行业，开发和服务客户、推销提案、争取媒体时段与版面以及洽谈广告预算、调动广告公司的内部不同部门和外部资源等，都需要相关人员具备较强的人际沟通能力。有的时候，客户会陷在他自己的思维里面，判断太过主观，需要我们以更客观的角度告诉他、说服他。

沟通能力主要表现在两个方面：一是提高理解别人的能力，二是增加别人理解自己的可能性。一般来说，在与同级人员交往时，人际交往能力要为相互了解、沟通思想、交换意见、协调一致服务；在与下属交往时，人际交往能力要为传达意图、掌握情况、调动下属积极性服务；在与上级交往时，人际交往能力要为了解上级精神、反映本级情况、取得上级支持服务。要求沟通者具有良好的口头和文字语言表达能力与肢体语言运用技巧。同时，也能够从他人的目光、表情、身体运动与姿势，以及彼此之间的空间距离中感知到对方的心理状态。

社会化媒体的普及，使品牌的全方位传播成为可能。除了面对面的沟通外，还要注意线上沟通。通过微博、微信等社会化媒体平台与消费者和其他利益相关者沟通。这种沟通，实质上是一种虚拟的人际沟通。如何做到卓有成效的沟通，也在考验广告人的能力。

（二）生活感受力

生活感受力，简单说是指在日常生活中对万事万物的变化和感受他人感受的敏感度的高低。在心理学中，称其为共情能力或者同理心。刘勰《文心雕龙·明诗篇》说："人禀七情，应物斯感，感物吟志，莫非自然。"意思是说，人是有情感的，受外界的感应，很自然地发出吟咏。富于生活感受力的人就像诗人那样有一颗敏感的心，不仅善于观察事物，捕捉事物的细微特征，而且能够设身处地站在消费者的立场，产生感同身受的认知。

逻辑性的思考固然很重要，但不是万能的。“任何创意人都会告诉你，思考只能带你到这么远。”[①] 无论是川端康成对美的发现，还是沈从文对世界的温暖的爱，都告诉我们，世界上不是缺少美，也不是缺少逻辑思考，而是缺少美的感受。我们要将感受当作另一种思考形态。在生活中，感受力强的人总会有与众不同的发现与想象：“惟草木之零落兮，恐美人之迟暮”“谁知细叶谁裁出，二月春风似剪刀”“欲把西湖比西子，淡妆浓抹总相宜”“草萤有耀终非火，荷露虽团岂是珠”等，都是表达感受的千古佳句。同样，广告人无论是否关心他人、动物或非生命物体，都要能轻松地以事物本身的感受方式去感受事物。“心有多大，舞台就有多大”“牛奶香浓，丝般感受”“这一刻，为中国”等，都是极富生活感受力的文案佳作。

生活感受力要求广告人对大千世界有浓厚的好奇心和敏感度，积极关注时事与流行，善于观察、善于比较、善于体验、善于发现，从而将生活中获得的乐趣、经验、知识与启迪巧妙地转换到广告策略中。鲍勃·迪伦（Bob Dylan）说：“有些人能感受雨，而有的只能被淋湿。”

（三）消费洞察力

消费洞察力是指能够发现消费者潜在需求和偏好，从而创造机会实现营销的能力。消费洞察一直是有效的品牌定位和营销策略的核心，这种能力的培养需要具备哲学、历史学、社会学、心理学、经济学等方面的知识，更需要善于体验、分析和思考的能力。

洞察的目的是寻找关于消费者普遍性的、人性的真相，以揭示认知和行为的独特关系，有助于为广告创造有效的信息。法国社会学家鲍德里亚曾深刻地指出，人的灵魂并不是栖息于肉体之中的，而是在所穿的服装之下，即所穿衣服的品牌。大量的案例证明，广告成功的答案并不在于复杂的研究，而在于深刻的洞察。

一般而言，洞察需要以数据为基础，能从人口统计数据、态度、兴趣、生活方式以及动机、偏好、感知上为目标人群创建一个完整的人物画像，但又不能仅仅停留在一般性的数据关系上。否则，容易迷失方向。需要对现象或数据做深入的分析，去芜存菁，去伪存真，发现数据与事实的本质性联系，从而找到真相。例如，通过对 90 万名最忠实的顾客进行研究，美捷步（Zap-

① 贾金斯．学会创新．肖璐然，译．北京：中国人民大学出版社，2020：195－196.

pos)[①] 发现了顾客的共同特征：相似的年龄、收入、行为以及最重要的态度和个性，他们是“快乐寻找者”。对他们而言，更在乎时间而不是金钱，网上购物更加高效，并且客户服务极其重要。美捷步推算，至少有 700 万这样的潜在顾客有待开发。于是，美捷步广告将这种洞察植入各种新媒体活动，塑造消费者的品牌意识，并形成强有力的品牌哲学，引领企业收入直线上升。同样，宝洁旗下卫生巾品牌 Always 广告“像女孩一样，继续前进”（Keep Going ♯LIKE A Girl）也是消费洞察力的巨大成功。该广告不仅作为超级碗史上第一则被播出的女性卫生主题类广告，而且获得了当年戛纳国际创意节的最高荣誉——最佳公关类大奖。

有时候，这种洞察来自对生活中某种现象的直接观察，从蛛丝马迹中发现事物之间的因果关系。星巴克前总裁霍华德·舒尔茨（Howard Schultz）在其自传《将心注入》一书中讲述了其早年在意大利做消费观察时的情景，是一个由现象“洞察”而“发现”价值的典型例子。书中写道：

> 就在那一天，我发现了意大利咖啡吧的仪式感和浪漫风情。它们是如此普及，如此美好生动，你周围都是动人的音乐，意大利歌剧正在上演。你可以听到人们初次见面时彼此间的问候。这些咖啡吧给大家提供的是一个舒适的、社区般的，从家庭延展出去的空间。……看到这一切，我心里产生了创新性的念头。我觉得，这才具有强大的吸引力，这是一种纽带关系，意大利人懂得人际关系可以用咖啡来连接，这是社会生活的一个方面。就像被一道闪电直击心灵，我全身都为之震颤了。

正是由于他从生活现象中洞察到了咖啡应该成为人们亲切社交的纽带的价值，星巴克才得以提出了“第三空间”的理念，同时倡导一种走出来和朋友见面，享受浪漫生活的观点，从而一举击中了消费者的痛点。

（四）终身学习力

学习力是把知识资源转化为知识资本的能力。个人的学习力，不仅包含其知识总量，即个人学习内容的宽广程度和开放程度；也包含其知识质量，即学习者的综合素质、学习效率和学习品质；还包含他的学习流量，即学习的速度及吸纳和扩充知识的能力；更重要的是看他的知识增量，即学习成果的创新程度以及学习者把知识转化为价值的程度。

现代社会的一个重要特征是，知识创造与更新的速度日益加快。人类知识总量翻番所需要的时间已从过去的 100 年、20 年、10 年缩短到目前的 3 年

---

① 美捷步创立于 1999 年，是美国最大的网上鞋城，其销售收入一度超过亚马逊。

左右。有人预计，在50年后人类所拥有的知识总量中，现存知识只占其中的1%。换句话说，在未来的50年中我们所用的知识绝大部分都是新知识。如果不能与时俱进，那么，正如有人所说的那样："时代抛弃你的时候，连声再见都不会说。"

个人社会竞争力的高低不仅仅取决于你现在掌握了多少知识，更大程度上取决于你学习掌握新知识的速度和能力的大小。未来唯一持久的优势是有能力比你的竞争对手学习得更快。奥美大中华区董事长宋秩铭表示："以前我们去招一些资深的人来，首先看他有哪些从业资历或者成果，现在这个看法必须有所改变，我们要看这些有经验的人在未来是否能够学习和改变，这是我们看重的。"①

学习力由三个要素组成，它们分别是学习动力、学习毅力和学习能力。学习动力体现了学习的目标，学习毅力反映了学习者的意志，学习能力则来源于学习者掌握知识的效率及其在实践中的应用。这三个要素互相关联又相对独立，任何一个要素的改善都会有助于学习能力的改善和提升。

二、广告人的专业技能

经过大量的调查研究和走访，我们发现，广告学专业的人应当具备以下一些专业技能。

（一）数据获取技能

数字化并不等于数据化，数字化是人类生存方式的一个转变过程，数据化则是一种把现象转变为可制表分析的量化形式的过程。大数据技术与广告产业的全新组合尝试所形成的特定技术，为广告领域带来了获取信息和传输信息的渠道、方法和能力的颠覆性变化，"使得可供选择的数据来源极为丰富，人们也不再需要通过采样方式来评估结果，而是有可能使用全部的数据进行运算。这无疑大大提高了预测的准确性"②。到目前为止，数据成为计算广告领域关键的生产要素和加工对象，而数据的挖掘和处理能力则成为计算广告区别于传统广告业务的核心能力。

在传播过程中，依靠大数据的支持，能让营销行动变得有理有据，媒体投放更加精准，传播效果更加理想。对创意人员来说，大数据可以带来有力的消费者洞察，可以改善甚至激发广告人的创意产出。

大数据通常分为两类：（1）静态数据。可根据客户的注册、互动环节等

① 丁俊杰，陈刚．广告的超越：中国4A十年蓝皮书．北京：中信出版社，2016：158.

② 赵国栋，易欢欢，糜万军，等．大数据时代的历史机遇：产业变革与数据科学．北京：清华大学出版社，2013：124.

直接获取。比如，用户参与微信活动或者注册账户时主动填写的数据。(2) 动态数据。用户在互联网、手机等数字平台上的兴趣、需求、偏好、购买行为等信息，都可以进行跟踪、获取，通过算法挖掘用户“热数据”。比如，一个适龄生育女性突然开始大量搜索奶粉、尿不湿、母婴护理用品等母婴类商品。

数据获取技能要求掌握线上线下的市场调查方法，能用不同的方法来处理多个不同的数据集，熟练地将数据转换成计算机图表；进行用户画像，复原受众的习惯与需求，正确描述和评估目标消费者、消费需求、市场机会、渠道效果等。所谓用户画像，就是根据用户属性、偏好、生活习惯、行为等信息而抽象出标签化的用户模型，它既是用户概括性的特征标识，也是真实用户的虚拟代表。在未来几年中，80%以上的广告营销人士将使用用户画像来定义消费人群，制定广告战略（见图 6-1）。定性的用户画像，叫作 persona，也叫用户角色，是通过调研问卷、电话访谈等手段获得的用户定性特征。用户角色是用户属性的集合，一般会设置三到四个用户角色，也是通常意义上的目标消费群体。定量的用户画像，称作 profile，运营和数据分析师使用更多，是和数据挖掘、大数据息息相关的应用。它既可以通过已有网络数据提炼获得，比如在淘宝购物留下的收件人姓名，也可以通过机器学习，以概率的形式获得买家性别、兴趣、偏好等信息。常见的个性化推荐、广告系统、活动营销、内容推送等，都是基于这种用户画像的应用。

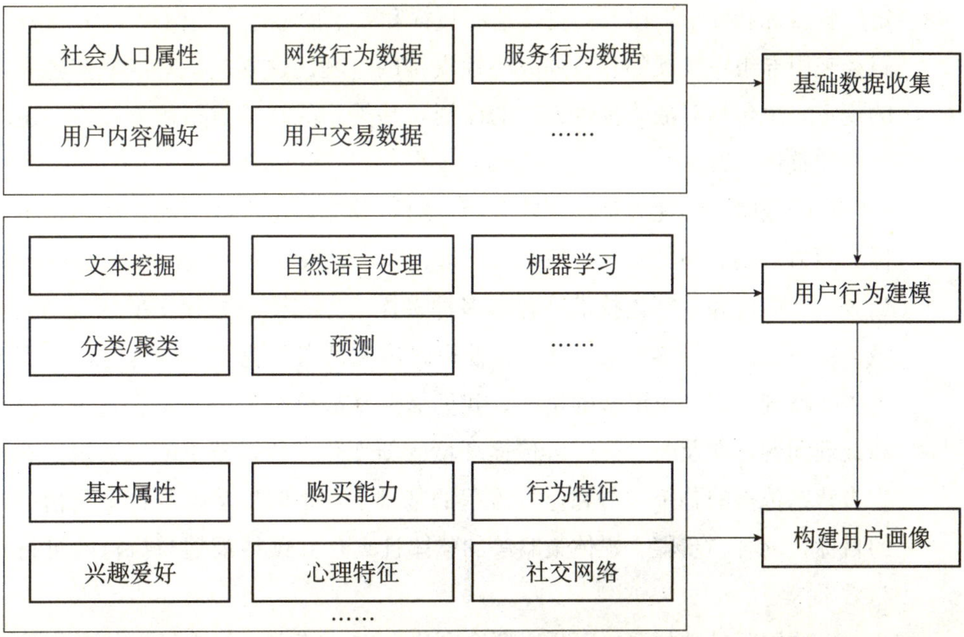

图 6-1　用户画像过程示意图

资料来源：如何构建用户画像实现品牌营销？.（2018-05-08）[2021-01-06]. https://www.sohu.com/a/230817387_443710.

用户画像是广告投放与个性化推荐的前置条件，它为数据驱动营销奠定了基础。通常，进行用户画像需要懂得五大核心技术，即用户画像数据指标体系、用户画像标签数据存储、用户画像标签数据开发、用户画像开发性能调优、用户画像数据作业流程调度。只有这样，才能真正发挥大数据的价值，为产品的营销传播活动提供预测和指导。此外，广告从业人员还应该熟悉赛博空间（cyberspace）的文化特征，了解网络技术、网络符号、网络传播、网络媒体、网络社区、网络原住民等的特点。

（二）战略规划技能

美国达梯莱斯学院的管理学教授魁因（J. B. Quinn）认为，战略是一种模式或计划，它将一个组织的主要目的、政策与活动按照一定的顺序结合成一个紧密的整体。美国著名广告学家约翰·琼斯（John P. Jones）在《强势品牌的背后：从广告战略到广告攻势》中这样比喻战略的重要性：战略就如同建立在游泳池上面的跳台。它应当牢固地建立在游泳池的深水池一端，这样才能为跳水运动员提供最佳的条件使其安全地进行体态优美的跳水运动。战略具有总体性、系统性、长远性、指导性、竞争性、现实性等特点。科学的广告战略不仅是广告传播成功的关键，也是整个市场战略获得成功的关键。

广告的战略规划是指根据企业的营销战略、目标及内外环境的变化，确定广告目标和要求，以及为完成这些目标和要求而考虑采用何种手段、措施、路径来引导组织发展的一系列战略性安排的过程。这既包括对战略实施领域的规定，也包括对战略推进方式的谋划，是关于战略重点、优先顺序、主攻方向的整体方案。

广告战略规划能力是指有效利用一组资源完成生产性活动并达到特定目标的能力，是一种集发展、策略、长远、大局、根本为一体的精神理念统筹。当今，互联网和数字化技术孕育出多种多样的生态圈，如社交平台、网上商城、跨境电商、新零售模式等等，使得媒体和消费行为更加碎片化，从而为广告战略规划带来了诸多的挑战。我们需要从战略全局的高度去观察、思考和处理问题，在及时掌握广告传播环境的新变化、传播技术的新运用，熟悉广告营销传播的各个环节和业务流程的基础上，审时度势，制订出包括广告的目标、内容、步骤、媒体策略等的整体计划，并预估策划与执行的可行性与效果等。

一些国际品牌如可口可乐、联合利华、宝洁等在中国市场上的广告战略方向明晰，规划方案简洁、周全，既抓住重点又统筹兼顾，既立足当前又放眼长远，是其取得成功的不二法门。

（三）文案写作技能

文字，是广告行业的利器。大卫·奥格威甚至认为，“广告是词语的生涯”。作为信息传播活动的广告需要有娴熟的文字表达技巧。

从广告业的发展来看，富有创造性的先驱是文案撰稿人。好的文笔能够用最简单、最引人思考、最有趣的文字直击消费者的痛点。在广告史上，诸如象牙肥皂的“能漂浮”（It floats），戴比尔斯钻石的“钻石恒久远，一颗永流传”（Diamonds are forever），骆驼牌香烟的“我会步行一英里去买一包骆驼”（I'd walk a mile for a Camel），中兴百货的“到服装店培养气质，到书店展示服装”以及红塔山的“山高人为峰”等都是人们广为传颂的好文案。杰克·本尼（Jack Benny）在收音机里说的“再凝成冻”（Jello again）这句话也是来自文案。正如路易斯所说的那样：“借由正确的字眼，能传播强有力且吸引人的伟大创意，将市场的注意力集中到你的品牌上，这种属于品牌的创意，有助于建立领导品牌形象以及随之而来的知名度。而这种传达出惊人创意的正确字眼，也可以给予品牌生命活力与新生，并在广告活动结束之后依然延绵不绝。”① 优秀的广告语还可能成为社会的流行语，潜移默化地影响人们的生活方式，甚至带动社会文化的变迁。

广告运作的其他环节也离不开文字表达。例如，市场调研报告、创意简报、广告策划书、广告效果监测报告，都需要语言流畅、逻辑清晰。在碎片化的网络语言日益流行的今天，文案的写作能力对于广告从业人员来说更为重要。

文案写作技能包括三个方面：（1）立意。能通过对客观事物的观察、分析和归纳，对其中包含的意思加以提炼，确定所要表达的中心思想。（2）谋篇布局。根据表达主题的要求组织材料，决定用什么表达方式。（3）遣词造句。巧妙地运用语言文字进行传情达意，打动客户，引领消费。

（四）创意执行技能

创意执行技能是指按照广告策划中的要求，解析其策略内容并执行到位的一种能力。执行包括两个内容，一是具体的活动安排，二是创意的视觉表现。两者都需要创造力，创造力在广告作品中的运用就是创意。不管广告如何变化，创造力是广告人的核心竞争力之一，也是最不易被替代的部分。

---

① 路易斯，匹兹．蔚蓝诡计：颠覆市场的广告创意智库．刘家驯，译．海口：海南出版社，1996：66.

“不论策略对广告来说多么重要，没有执行，它就什么都不是。”① 因为任何想法本身并不能带来成功，只有在被执行后才可以转化为成果。计划即使再周密，也需要执行才能实现。没有执行，一切都只是水中月、镜中花。就广告活动的创意而言，当今的媒体形态不断翻新，广告传播环境变得更加复杂，随着广告、公关、直接营销、销售促进等营销传播方式在互联网、手机等数字媒体平台上的加速融合，广告的外延也在不断拓宽，广告公司的业务领域不断延伸，对活动品质和适用范围的要求更高，广告人必须用创意性活动帮助客户解决问题，如游戏化、体验化、个性化、跨界化、共情化等方式（见图 6－2）。这种创意执行力要求懂得时间管理，能够合理地分配、利用好自己的时间。同时，还要懂得传播新技术。只有了解技术所能提供的可能和空间，才能更好地发挥自己的创造力，实现“创意与技术的结合”，使广告活动更有针对性和成效性。

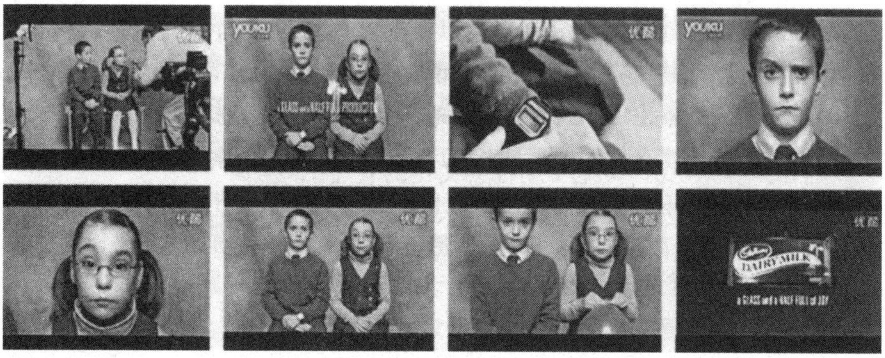

图 6－2　吉百利牛奶视频广告“眉毛舞”篇

（创意洛夫格伦，导演汤姆昆茨，法伦公司/英国，2009）

此外，广告创意也是产品和品牌赋能的工具，好的创意能让一个好产品或品牌产生更大的影响力。这种创意执行力要求能够熟练地运用计算机设计等相关软件，将抽象的大创意转化为具有审美意义的、具体的广告文案、图形、动画、声音或视频，体现为感官形式。这离不开创新的思维、较高的文化素质和较为丰富的生活经验，更需要经过一定的专业学习和训练。笔者曾经参加过多次高规格的广告作品大赛评选，发现有些作品的创意支点很好。但是，无论是从作品的构图、文案、图形还是视频呈现，一看就知道创作者虽然是美术或设计高手，但缺少广告方面的专业训练，因为他们对广告的理解很不到位。

① 巴雷．品牌广告手册：从策略到执行全实战指南．刘洲，译．北京：中信出版社，2017：60.

以上简述了广告人应具备的四种基本技能，但这并不意味广告从业者一定要同时掌握这四种基本技能，而是说这四种基本技能非常重要，广告从业人员至少应擅长其中的一种。

三、广告人才的特质

“广告代理公司最主要的资产就是他们的员工。”① 在进入 21 世纪之初，麦肯广告公司发布了一组特色鲜明的反常系列招聘广告。标题分别是“麦肯不要人，专要人妖!”“麦肯不要人，专要色魔!”“麦肯不要人，专要吝啬鬼!”“麦肯不要人，专要丑八怪!”“妖篇”——蓝色画面中，一个古灵精怪、动作神秘的泰国风格人妖；“魔篇”——绿色画面中，一个在时隐时现的形形色色的众生中凸显的另类；“鬼篇”——橙色画面中，一个戴着小帽的精于算计的账房先生；“怪篇”——红色画面中，一个长相不对称的丑八怪。猛然一看，公司居然要招聘“人妖”“色魔”“吝啬鬼”“丑八怪”，让人不可思议。然而，仔细品味广告的画面，你就会为该广告创意拍案叫绝。此系列招聘广告抓住了广告行业所具有的新鲜、动感、富有挑战性的特点，分别用妖、魔、鬼、怪这一组性格鲜明的反常形象来隐喻公司欲招聘的广告人员（公关、设计、财务、程序员等）应是具有专业水准和经济头脑，又有与众不同创意才能的特殊人才。

许多著名专家、学者对广告人才的要求都作过精辟的阐述。早在 20 世纪 40 年代，美国广告大师韦伯·扬（James Webb Young）给“优秀广告人”所下的定义是：“具有知识、技术、经验及洞察力，能为广告主建议最好使用广告去完成他们的目的，并能有效地执行，使广告能达到这些目的的人。”大卫·奥格威则声称奥美公司要寻找“号角鹄”，这是北美产的一种鹄，又称号角天鹅，叫声非常洪亮、非常罕见，喻指那些具有天赋异禀的创意才华以及振奋人心的领导能力的人（见图 6－3）。②

尽管时间过去几十年了，但这样的定义直到今天依然在熠熠生辉。

其后，也有很多评价标准陆续被提出来。比如，日本电通集团提出的胜任条件如下：(1) 传播能力（眼光，情报感，感受力，意志力，说服力）。(2) 计划能力（基础知识上的丰富的构想力和精密的构成力）。(3) 创造能力。(4) 制作能力。但对中国人来说，台湾国华广告公司的标准更接地气一些。他们认为，广告人应具备以下能力：(1) 沟通力——洞察入微的观察力，敏锐的感受力，人

① 莱恩，拉塞尔．广告学．宋学宝，翟艳玲，译．北京：清华大学出版社，2003：72.

② 奥格威．广告大师奥格威：未公诸于世的选集．庄淑芬，译．北京：机械工业出版社，2003：71.

图 6－3　奥美公司招聘号角鹄的广告

（文案：大卫·奥格威，20 世纪 70 年代）

际关系的协调力和贯彻自我主张的表现力、说服力。(2) 企划力——以广博的专业知识为根本，使团队能发挥丰富的集体想象力、缜密的组织能力。(3) 创意力——原创以及不断向新领域挑战的柔韧的思考能力。(4) 执行力——集思广益，能达到既定目标，创造更高价值的能力。在综合大量关于优秀广告人才的评价标准的基础上，结合广告业的经验，我们认为，数字化时代，专业人才的核心竞争力依然在于他的创意思维能力与内容创作能力。优秀的广告人应当具有以下基本特征。

（一）心怀梦想，脚踏实地

广告业是一个需要付出全部心智的职业，没有“愿为广告奉献终身”的事业心和勇气，是难以有所作为的。广告人应该牢记使命，把广告当作一项永恒的事业去追求、去拼搏，像李奥·贝纳所说的那样，做一个敢于伸手摘星辰的人。将“为客户带来价值”的核心服务理念放在第一位，做一个有理想、有信念、有道德、有追求的广告人。霍普金斯曾经说：“我拥有的自信心在我的广告生涯中是一个很重要的因素，这是我的苏格兰血统造就的。”

同时，还要脚踏实地，做好每一件事。俗话说，细节决定成败。优秀的广告人不仅要能拿出优秀的广告策划、创意方案，更要能在这之前进行充分的调查分析，摸清市场、产品及竞争对手的情况，制定出相应的广告战略战术。

（二）兴趣广泛，眼光敏锐

广告的卓越之处在于创意，对创新的敏感与追求不是每个人都具备的，做好的广告，要了解并发现大众流行品味及娱乐、艺术的流行趋势。随着数字技术的进步，消费者的碎片化、圈层化生活显著，如何在日益复杂的环境下洞察消费者的真实需求与偏好，成为广告人一种宝贵的能力。只有发现消费者的“痛点”，才能使广告产生“杀伤力”。例如，李维斯公司发现，大多数女性要试穿九条牛仔裤之后，才能找到适合自己的那个款式。于是，他们根据这个发现，重新设计了牛仔裤的尺寸。

广告人同时也应当是兴趣广泛、知识丰富的人。关心时事，热爱自然，喜欢阅读，也时常观看视频，听音乐，逛超市，参观博物馆，甚至远足、钓鱼等，在闲适中观察和发现，找到创作的灵感。

（三）学养良好，思维活跃

广告不像很多其他行业的工作常给人一种做大事业的轰轰烈烈之感。广告工作常常显得“细水长流”或者“平平淡淡”，广告人也大多只是幕后英雄。但是，广告追求为客户创造价值，为品牌提升资产，与客户共同成长。这是一个“从无到有”的创新过程，也是一个充满挑战与激情的事业。一个优秀的广告人才应当具有一定的专业知识与技巧，懂得经济学、传播学、广告学、心理学的基本理论，以及市场调查、广告媒体、广告文案（或广告设计）等基本方法，应当具有开放性和发散性的思维特征，而不是守旧与自恋。

优秀的广告人像其他人一样看问题，但思维更活跃，想象更丰富。遇到问题时，能从多角度、多侧面、多层次、多结构去思考，寻找答案。既不受现有知识的限制，也不受传统方法的束缚，他的思维路线是开放性、扩散性的，解决问题的方式不是单一的，而是在多种方案、多种途径中去探索，去选择。例如，当年德国大众的甲壳虫轿车推向市场的时候，很多美国人认为，这种车空间狭小，局促又丑陋，坐起来不舒服，开起来不气派。但伯恩巴克的创意团队却用“想想小的好处”等广告语引发消费者思考，最终敲开了美国市场的大门。再如，英国杂志《经济学人》（*The Economist*）的广告并没直接说自己是多么重要，而是使用了这样的广告语：“我从来不看《经济学人》——42 岁的管理实习生。”猛然一看，觉得这个杂志是没什么重要的。可仔细一想，又不对。原来，这句话的潜台词是，一个上了年纪的人还在当管培生，没有升过职加过薪，都是因为不思进取，不看《经济学人》。广告只用一个简单的事实不言而喻地证明了杂志的重要性，这比它的另一条广告语“在彩虹的末端有一罐金子”更有说服力。

此外，广告人还应在文学、艺术、美学、科学常识、生活知识等方面有相当的基础，并能将这些知识融会贯通，升华为智慧，运用到广告传播问题的解决上，产生优秀的策划或创意。

（四）长于沟通，善于合作

广告说到底就是为了与目标受众沟通，如果你不能与同事、客户沟通，别人就不能指望你的广告能与消费者沟通。一个完整的广告活动往往需要多人参与，他们往往来自不同的部门，具有不同的专业背景，沟通是必不可少的。对内，通过完整的信息战略文本，努力推进广告所包含的文案、图像和制作成分并做出合理的解释，以说服公司的 AE 小组；对外，协助 AE 小组向客户陈述广告创意，以获得客户的认同。在沟通过程中，有力的话，好似枪膛里射出的一排子弹，使人的心灵受到猛烈的叩击；亲切的话，有如春天的夜晚下了一场无声的细雨，使人的心里萌生希望的绿芽。

更为重要的是，广告创意者要通过作品的文本与消费者沟通，以激起消费者对产品或服务的兴趣，继而产生购买的愿望。例如，农夫山泉的广告语，从“农夫山泉有点甜”到“我们不生产水，我们只是大自然的搬运工”，再到“什么样的水，孕育什么样的生命”，广告语的每次变更，都精准贴合了品牌升级和竞争的需求，同时又紧紧围绕“水源地”（水质）做文章，可谓句句入心，新颖独特。

良好的沟通能带来愉快的合作。一项广告活动任务的完成需要调动多方面的智能和力量，每一个参与广告活动的人员都应学会尊重他人，包容同事，虚心听取别人的意见，采纳他人的合理建议。这样的广告团队才是有强大战斗力的。因此，可以说，广告的成功往往是团队的成功。

（五）勇于创新，敏于执行

欧洲广告代理商协会主席罗纳德·皮逊（Ronald Pison）认为：“成功的广告人才完全能适应富有创造性的发展进程。他们最大的才智是具有创见和懂得主顾们的需要。完美无缺的广告人应是半个诗人和半个商人。”他们“对太阳下的每件事都要有看法”。只有对事物、对生活都有独特的、创造性的见解，才能不断向新的领域挑战。印度著名诗人泰戈尔说：“那些仅仅循规蹈矩过活的人，并不是在使社会进步，只是在使社会得以维持下去。”乔治·路易斯在《蔚蓝诡计》中认为：“如果你很执着于创新、有创意的广告作品，你就要尽全力超越法律造成的障碍。左右广告的整套规则和判断，只不过单纯地反映出到目前为止所发生的事情。太多有创意的年轻人将媒体所定的规范和限制奉为至高无上的准则，也因为这些人太屈从这个想象中的最高主宰，而让作品变得生硬死板。其实，你的作品只有一个最高主宰，那就是你自己。

如果你的作品能对现有的法律发动挑战，你就可以借此来提升和扩展法律。找出每个合法的方式来突破法律，并且在不需删减和让广告面目全非的前提之下，把种种的挑战转变成有创意的解决方案，这是所有创意人的责任。”他的话虽有些极端，但闪耀着真知灼见。

一项广告活动的完成，往往不会一帆风顺，肯定会遇到各种各样的困难和挫折，优秀的广告人会迎难而上，善于把握和解决工作中的主要矛盾，坚持问题导向、目标导向、效果导向，用实际行动推动计划的一步步落实，直至最后成功。

思考与讨论

1. 广告学专业的知识结构与能力结构要求是什么？
2. 广告学专业的课程体系有什么特点？
3. 广告公司的一般运作流程是怎样的？
4. 请你谈谈作为一名优秀的广告人才应具备什么样的素质。

第七章

广告传播环境的变化带来了哪些新挑战

——广告传播环境的变化与挑战

善于在做一件事情的开端识别时机，这是一种难得的智慧。

——弗朗西斯·培根

本章学习目标：

1. 了解广告传播环境的基本构成。
2. 了解广告传播环境新变化的表现。
3. 了解广告业态的新转变。
4. 理解当前我国广告业面临的主要挑战。

第一节　市场传播环境的新变化

20 世纪 90 年代后期，随着“冷战”的结束和信息技术的飞速发展，一个开放的世界市场逐渐形成。当今世界由两个重要的关键词构成：技术革命与全球化。云计算、大数据、物联网、移动互联网、人工智能、区块链、互联网+等新兴智能技术集群，不仅极大地改变了人们的思维方式、生活方式、消费方式和社交方式，而且使传媒产业遭遇前所未有的转型与变局，深刻地影响着广告发展的走向。这种变化是根本的、颠覆性的，当然，也是激动人心的。

一、媒体生态的变化

1967 年，加拿大学者麦克卢汉在《媒介即讯息：效果一览》一书中提出了“媒体生态”(media ecology）的概念，他以环境作为特定的隐喻来帮助人们理解传媒技术和媒体对文化在深度和广度方面所引起的生态式的影响。第二年，美国学者尼尔·波兹曼（Neil Postman）在演讲中又进一步阐释了媒体生态的概念，并将媒体生态学定义为“媒体作为环境的研究”（media ecology is the study of media as environments)。这里所说的媒体生态，是指大众传播机构生存和发展的环境，主要由政策环境、资源环境、技术环境和竞争环境构成。当然，一般也将能够与媒体产生一定互动关系的非物质环境看成是“媒体生态”里的要素或子系统，包括经济、政治、技术运用、文化等方面，各个子系统之间的互动形成了媒体生态。此后，媒体生态作为新闻传播学的一个重要领域受到学者们的高度重视并展开研究。

媒体最早是作为一种自然的物质形态出现的，但它的发展却是人类传播活动的结果。媒体与科技的发展总是相向而行：科技发展为媒体的发展提供了基本物质条件，又不断对媒体发展提出更高的要求。所以，无论是麦克卢汉还是波兹曼，他们的根本关注点是技术，尤其是媒体技术发展对人类文化的影响和塑造，并由此阐发以技术为核心的媒体环境如何改变了人类的思考方式和组织社会生活的方式。因而，技术、媒体与社会成为媒体生态研究中三个重要的元素。

（一）互联网新媒体成为传媒业的主导力量

以互联网技术为基础的新媒体有更强的环境适应性，正如人们所理解的，媒体本身是一种传播介质，它在更大意义上表明，这种物质形态的传播介质具有很强的技术属性。在物质和技术的延伸过程中，互联网更强的适应性和技术性引发的各种新型的媒体形态如雨后春笋般蓬勃发展。它们既是原有媒体形态上的提升和延展，也是新技术基础上媒体形态的创新性发明，这使得传媒业的边界大大拓展，网络广告、网络游戏、知识服务、电竞、直播、大数据服务等新兴传媒产业蓬勃发展。新媒体技术不仅改变了媒体信息的传递方式，而且革新了整个媒体生态系统，使广告拥有更广泛的融合力、更年轻的表达力、更自我的语境和更强大的沟通力。新媒体以它特有的优势不断挤压着传统媒体的生存空间，导致部分传统媒体捉襟见肘，难以找到自己的生存和发展的坐标，已经处于边缘地位。

进入 21 世纪以来，在全球范围内，以报纸和杂志为代表的印刷媒体的停刊消息不断传出，电视媒体的广告经营额不断下滑。与之相反的是，新媒体的迅速崛起和网民规模的不断扩大。国家市场监督管理总局数据显示，2019 年中国广告经营额达 8 674.28 亿元，比 2018 年增长 8.5%，人均广告消费额为 619.57 元；2019 年中国电视、广播、报纸、期刊、网络广告营业额分别为 1 341 亿元、128.82 亿元、373.52 亿元、67.58 亿元、4 367 亿元，分别占广告行业市场份额的 15.46%、1.49%、4.31%、0.78%、50.34%。从互联网广告的构成来看，电商广告经营额持续位列第一，2019 年占比达 36%；其次为搜索和视频广告，分别占据互联网广告投放总额的 15%和 13%。近年来营销新形式的出现，促进了广告投放形式的创新，推动了新兴渠道持续分化。[①] 拥有抖音和今日头条等产品的“字节跳动”，广告收入从 2016 年的 30 亿元到 2017 年的 150 亿元，2018 年的 500 亿元，再到 2019 年的 1 200 多亿元，呈现出迅猛的增长态势。

（二）媒体的内涵更加丰富

信息技术的迭代演进推动着媒体的不断变革，不但极大地扩展了媒体的功能，也相应地改变了人们对于媒体内涵的传统认知。最初，媒体仅仅是被看作传播渠道和传播工具，是信息由此及彼所通过的载体。但新媒体显然不仅如此，它还关联着整个数字化信息系统。换句话说，新媒体不仅具有载体功能，还具有信息识别和信息处理功能。人们所有关于数字化、网络化新媒体的特征都是基于这样的认识而来的，即新媒体也是媒体，它具有交互性与即时性、海量性与共享性、多媒体与超文本、个性化与社群化的特征。

在网络这个无涯的信息宇宙中，虽然海量信息冗杂，但运用信息技术可以适应性地进行有序化处理。算法是通往广告营销天堂的道路，它能帮助广告人找到合适的对象、合适的时间和合适的地点，进行精准化的传播。因此，社交数据、交易数据和基于传感器的量化数据将共同为广告创造实时的广告场景，甚至把当前不可用的物理环境变为新的精彩体验空间，从而开拓新的媒体空间。有时候，只要在信息参数设定上进行简单的技术处理，就可以确切地识别和选择传播对象，实现技术赋能和决策支持。在日常信息传播和交互中，人们运用微博、微信、QQ 等社交媒体，无论是在内容分享还是在用户筛选上，所体现出的都是信息处理的综合优势，而不仅仅是简单的信息传递而已。在这种情况下，我们如果还继续沿用传统的大众媒体划分方式，将媒体简单地划分为印刷媒体、电子媒体、户外媒体等传统形态，显然已经很难概括今天的媒体景观了。

（三）新的媒体格局逐渐形成

在计算机和互联网技术的推动下，媒体正在由集中走向发散，由统一走向制衡。我们可以尝试从媒体的演变和共存形态中，对媒体形态做一个大致区分，将它们概括为三大类型：（1）以报纸电视为代表的传统大众传播媒体，它们多为主流媒体，这是我们以往最为关注的媒体形态；（2）针对不同区隔对象的分众媒体，其中包括传统的户外媒体和一些新兴的环境媒体，诸如大型显示屏、公交车体、楼宇电视等；（3）体现信息交互的数字化和网络媒体，

---

① 2020 年中国广告行业发展现状和市场趋势分析．（2020－04－16）［2021－01－06］．https：//www. sohu. com/a/388479822_473133.

诸如交互性网络社区、移动互联网等。其中，自媒体的兴起尤为值得关注。自媒体时代的到来，促使媒体传播更为高效、即时，并在一定程度上扩充了互联网作为大众传播媒体的功能及作用。这种媒体凭借其自主性、交互性的特征，为消费者带来了极大的参与或发布广告的决策权，使传媒话语权开始裂变，传媒生态发生前所未有的转变。时至今日，腾讯因其用户基数大、社交生态丰富在信息流广告领域的优势显著。这三类不同的媒体划分，大致可以概括我们现有的广告媒体形态。在这三类媒体形态的划分中，虽然包含了一定的共时生存空间，但总体上来看却体现了媒体以及市场的演进节奏。也就是说，新媒体所针对的对象在不断地集中，由无差异的传播指向而趋于越来越明晰的传播对象，由单向度的信息传递转为更加平等的交互式双向沟通。

移动互联网的迅速发展，给全球经济带来了难以估量的影响与改变。新媒体的生态仍然处在增长与变动之中，就技术而言，AdTech 广告技术迅速发展，包括网页 Banner、程序化购买、数字信号处理（DSP）、HTML5 等技术和交互方法，提升了广告投放效率，使得广告传播的定向投放、效果评估更加精准。广告的生态正在变得越来越复杂，视频、搜索引擎优化（SEO）、“两微一博”、视频及数据服务业务（OTT）、原生广告、头条、抖音、快手、小红书、天猫站内……林林总总的形式让人眼花缭乱，沟通渠道高度碎片化而又多元。

2021 年，信息技术的发展依然日新月异，特别是随着 5G、区块链等技术的实际应用，更多的人、物和关系在技术逻辑的主导下被连接在一起——新媒体的边界和影响力由此不断扩大，媒体生态也日新月异。“在数字化影响下，近年来三足鼎立的媒体格局正在逐渐被打破，从前几年的热播剧和长视频到现在的热门短视频，再到直播，线上媒体形式被不断地更新突破。各类媒体也纷纷围绕数字化积极作战略布局。”[①] 诚如李奥·贝纳广告公司的一个调查所说明的那样，在今天的公众眼里，广告形式超过了 100 种，几乎所有的促销形式都被公众看作广告。

二、大众消费方式的变化

根据中国互联网络信息中心（CNNIC）发布的《第 48 次中国互联网络发展状况统计报告》，截至 2021 年 6 月，我国网民规模已经达到了 10.11 亿，互联网普及率达 71.6%。其中，手机网民规模达到 10.07 亿（包括农村手机网民规模 2.97 亿），手机网民上网比例达到 99.6%，网民平均每周上网时长达 26.9 小时。[②] 数字化“软”“硬”件的日趋完善，不仅使广袤的下沉市场

---

① 中国广告协会．2019 年中国广告市场报告．2020：22.

② 第 48 次中国互联网络发展状况统计报告．（2021-08-27）[2022-01-05]. https：//finance. sina. com. cn/tech/2021-08-27/doc-ikqciyzm3893477. shtml.

逐步享受到数字化带来的便利和实惠，而且使得大众的消费习惯、购物方式甚至餐饮方式都发生了巨大改变。

（一）消费决策上更多自主性

当代中国社会正处于从“总体性社会”向“个体性社会”变迁时期，现代家庭类型更加多元化，人们对自我的认知也经历了从集体到个体的结构型转变。“80后”“90后”消费者是新一代的消费主力军，而被称为互联网原住民的“Z世代”（一般指1995年至2009年出生的年轻人）也成长起来，成为消费新势力。据统计，2017年中国“95后”总人口为2.6亿，占全球“95后”总人口的14%。① 年轻人更倾向于主宰自己的命运，追求自由的生活方式。同时，随着我国经济发展和居民收入水平的普遍提高，消费者的消费观念也日趋多元化。人们从注重“实用”转向注重“适用”，从“满足日常需求”转向“改善生活品质”，从“越贵越好”转向“喜欢就好”。

“90后”消费者的成长过程与上一辈截然不同，他们所经历的童年、少年时代已然是物质丰富、文化生活多彩的时代，对于产品的认知一开始就是在产品琳琅满目、多姿多彩的年代。他们不再像以前那样热衷于跟风国际大牌，而是更偏向于高性价比、个性化等综合因素，自主决策愿望更加强烈，既不会因为是大品牌就照单全收，也不会因为是小品牌就不屑一顾。他们在意如何面对世界，如何表达自己，如何去营造自己的“小世界”，常常愿意为非实物商品及服务体验花费更多的金钱。当他们接触到互动性更强、更有趣、更开放的电商直播、短视频营销和内容广告等时，就会乐于成为参与者和分享者，自觉或不自觉地接受新型消费方式（见表7-1）。

表7-1　新型消费方式

消费方式	产品特点	消费理由
迭代式购买	与技术有关，升级空间大	为了追求产品质量或新颖与刺激，消费者会关注企业的产品升级，购买更新迭代的产品
系列化购买	种类较多，质量整齐	为了信任或保持某一相关的消费品位，消费者主动跟进某些品牌，进行系列化产品购买
参与式购买	日用品居多，圈子性明显	为了与别人分享自己的观点或产品体验，消费者会参与网络空间中的品牌讨论，对产品设计、使用感受等发表意见，也会促进下一次的购买行动
全球化购买	质量上乘，特色明显	为了更好地展示自己的爱好、个性和经济状况，消费者会主动寻求电商平台上的境外名牌产品下单，或网上委托代购

① 威特，贝尔德．新生代消费者要什么：个性时代的品牌生存法则．彭琪美，译．杭州：浙江大学出版社，2020：22.

在这样的背景下，商品的“形式主义”受到青睐，如颜值、创意、黑科技、能分享等特性，尤其是在“颜值比”上，由于容易帮助他们实现社交的目标，往往成为关注的焦点。例如，在2020年的国际车展期间，有超过50%的购车者会认真挑选车子的外观，注重车子的外观与消费者的自我一致性，特别是外观的设计、风格与性别、身份相符合的车型更易受到喜爱。对女性购车族而言，她们对车子外观的要求远远高于对车子的性能、品牌、售后服务以及油耗指标等的要求。与此同时，越来越多的年青一代开始钟情于新国货，“国潮”[①] 系列的消费构成他们生活中的一种新时尚。

（二）消费场景上更趋多元化

方便快捷、随时随地的移动互联网技术造就了更多的媒体用户新体验，这种新体验影响着消费者的生活方式和媒体接触形态，同时也为广告营销传播带来了新的发挥平台和无限想象的空间。

过去，企业为了销售，较为注重自建线下门店，或者设立分销或代理网点。在家电零售领域，如国美、苏宁等连锁巨头，它们以网点多、覆盖全的优势称霸一时。通常的消费场景是，人们在节假日或周末成群结队去逛街，进行扫街式购物，这是线下渠道为王的时代。而在互联网时代，“消费者的时间越来越少，因而广告商需要思考如何让消费者的购买流程更加顺畅，并要让消费者从品牌意识到真正购买的这段过程尽可能地便捷”[②]。当互联网平台基本上解决了“物流、信誉、支付”三大难题后，网络购物的黄金时代就到来了。伴随淘宝、天猫、京东、唯品会等的崛起，消费者纷纷转向电子商务服务平台选购产品，企业也被迫追随他们的脚步转向电商平台，设立了各种网上旗舰店进行销售。

电商平台的适时出现打破了过去消费者购物所受到的时空限制、选择限制和付款方式限制，创造了革命性的消费场景，极大地满足了人们碎片化时间购物的需求，不仅购物便捷、快速，而且穷山距海，无远弗届。从此，无论是百货公司、购物中心、大卖场、便利店，还是线上网店、网络直播现场，以及各种移动设备、智能终端、VR（虚拟现实）设备等，都成为消费的绝佳场景。消费者点击按键，将数据实时上传至云端，在数字技术的支持下，线上与线下、虚拟与现实的各个碎片化场景和各个消费环节无缝对接。在这一过程中，消费者不受区域、时段和店面的限制，商品不受形式、种类和数量

---

① 国潮，泛指广义上的某种消费概念，即国货群体和带有中国特色的产品的走红。

② 温德，海斯．广告的未来：全接触点价值创造．栗志敏，译．北京：中国人民大学出版社，2020：28.

的限制，消费者体验和商品交付形式不受物理形态的制约。

2020年初暴发的新冠肺炎疫情客观上提高了消费者网络媒体接触的频度和加速了企业的数字化进程，入驻电商平台的商家日益增多，连外卖行业的数字化水平也得到大幅提升。通过社交媒体大数据分析，我们发现，消费者的线上活动明显趋于频繁。以2020年为例，在我国新冠肺炎疫情暴发的头一个月，抖音的粉丝增长了69.5%，快手的粉丝增长了77.7%，哔哩哔哩的粉丝增长了45.9%。在直播经济火热之时，有的著名网红的直播带货可以引起数千万人围观，微博话题的阅读量动辄达到数亿，人们青睐于绿色、健康、节约、科技、高端化的产品和服务。

在不远的将来，从广告牌到出版物，再到广播电视和社交媒体，任何一种媒体都将成为消费场景，提供购物、消费功能。

（三）消费评价上更具影响力

在延续数百年的大众传媒霸权时代，传统媒体造就了广告业的单一思维模式——向消费者推送信息，消费者只能被动地接受。随着数字化时代的到来，新媒体传播通道多元化的实现，传统的传受关系被颠覆，受众不再扮演被动的角色。相反，他们不仅主动接受信息，而且生产信息，传受双方的关系日益模糊。

互联网既是消费者的搜索工具，也是他们与朋友交流、分享内容，度过闲暇时光的地方。在信息的获取上，消费者不再从单一传播渠道了解信息，也不只满足于对各种信息所具有的充分选择权，而是经常性地穿梭在大量的在线媒体和线下媒体渠道之间。相对而言，由各类社交媒体建构的网络社区如微信、微博、QQ、淘宝与移动支付等交互构成的移动互联网，俨然成为他们日常生活和媒体接触的主体。他们始终在线、始终联网，社交媒体几乎成为他们与外界、与整个社会互相沟通的最重要渠道。当然，对于这些新媒体人们不是仅停留在电商和网络广告上，大部分的日常消费、交往和互动也都可以通过它们来实现。

以美国三大著名网站为例，Facebook依旧是社交媒体中各项数据的领跑者。2020年，Facebook每天约有14亿活跃用户，18岁至34岁之间的用户接近60%，日均上传照片约3亿张，平台日均视频播放量达到80亿；YouTube的全球用户已超过10亿，用户每分钟会向平台上传超过500小时的新内容，平台日均视频播放量达50亿；Twitter用户13亿，日活用户为1亿，用户平均每天发布1.4亿条推文。这些数据都说明用户不仅能够非常方便地完成文字、图片信息的撰写编辑以及上传工作，还能轻松地驾驭视频拍摄、剪辑以及上传工作。这意味着作为互联网中的信息生产者，他们能够随时随地发布和交换自己对于企业、品牌的经验和评价。基于自身的需要，网络用户能够通过搜索引擎、社交媒体网站、互联网论坛等渠道自由地搜索、讨论、分享、交换他们感兴趣的品牌信息，从而带来用户生成内容。与传统时代相比，互联网用户在消费过程中明显获得了更大的权力，并直接对品牌形象的建构带来了不可忽视的影响。

互联网用户不仅成了信息的生产者，用户之间的互动也更为频繁。消费者不断在互联网上表达或分享自己的消费经验与感受，由此形成海量、自发、不受限制和非结构化的评论和信息，继而形成了大量的网络口碑。网络口碑在当下已经成为消费者感知品牌信息，做出购买决策的重要信息来源。越来越多的消费者喜欢与那些有共同兴趣或话题的人建立联系，他们的人数越来越多，已经不再是单独的个体，而是相互联系、经常发声的一股力量。很多消费者在购物之前都会查看平台的第三方评论、朋友圈的消费感言、大众点评网上的留言等，并乐于倾听第三方的意见。尼尔森的数据显示，在左右消费者决策方面，商家直接打硬广的影响力只有 7%，而意见领袖的影响力高达 25%，另外的约 68%的影响力则来自口碑。这意味着今天的品牌需要改变与消费者沟通、对话的方式，找出那些“极富经验”的消费者，与他们展开积极的对话。例如，2020 年某国际品牌的气垫粉底液，由于遇水后会快速花妆，招致消费者网上的大量差评和嘲讽，使得产品的后续销售长期乏力。

（四）消费的个性化时代真正到来

“个体化”是现代社会发展的重要特征，也是个人脱离集体成为流动个体，建构自己身份的过程。在当代，由于社会宽容度的提高，个体逐渐从组织中脱嵌，使得消费主义在某种程度上代表了个体追求自我的过程。流行的说法是，我们正处在一个碎片化的时代。所谓碎片化，是和价值多元化、文化多元化、行为多元化以及消费方式多元化、个性化相伴随的，这也是现代社会发展和媒体生存状态下的必然现象。网络时代的到来激活了消费者的“自我意识”和“自我个性”，而数字技术对渠道的拓展又为大规模定制的实现提供了技术保障。

年轻化、知识化的消费者不再满足所谓简单的“使用价值需要”，而是包含了更多的社会化因素。他们倾向于选择具有某种象征意义的物品进行自我表达，尤为注重消费与自身形象和个性关系的吻合性，这包括品牌的知名度，社会角色、地位、自我表现和自我奖赏等。“Z 世代”有着更加鲜明的自我认知和个体化特征，他们喜欢追逐新鲜的事物，有着强烈的自我表达意识。恰好互联网平台运用大数据精准分析与定位技术，使企业可以对现有消费者进行个性化推荐，而消费者也可以借此避免选择困难症，轻松获得自己喜欢的商品。例如，从日常消费的“敬真我”百威啤酒系列到迪奥真我香水，再到Realme（真我）手机，都表达了当代青年对自我价值的认定与肯定，引起他们强烈的反响，形成一种符号赋权。“内容种草—拔草转化”也形成了新一代消费者的惯常消费路径，不仅带来了新的流量红利，而且也是年轻人主动认同自己圈层文化和建构自己身份的标志。

三、信息传播方式的变化

与传统媒体相比，新媒体传播的最大优势是便捷、快速和及时互动，它的广告传播方式自然也有很大变化。

（一）广告传播从传统媒体到跨媒体

市场需求是推动媒体发展的强大动力。在数字化时代，人们对信息的需求表现出前所未有的强烈。以互联网为代表的新媒体的出现，打破了既有的传播模式，使得广告传播从物理空间转向了虚拟空间。数字化生存已经成为我们的时代语境，人们的资讯获取和注意力的重心都转移到了电脑和手机屏幕上。为此，日本电通提出了“克洛思维奇”（Cross Switch）理念，即“通过实现跨媒体沟通（cross），打开消费者心中的开关（switch）”。因为在信息过载时代，消费者面对无用或者不感兴趣的信息，会设置“信息屏障”，将自己“封闭”起来，阻断信息的影响。因而，需要打通线上、线下，进行跨媒体沟通，实现媒体协同增效，引起消费者兴趣并主动“走出来”的策略显得至关重要。

所谓跨媒体传播，是指信息在不同媒体之间的流布与互动。它至少包含两层含义：其一是指相关信息在不同媒体之间的交叉传播与整合；其二是指媒体之间的合作、共生、互动与协调。跨媒体传播的目的是取得一加一大于二的传播效果。数字化有助于消除跨界整合的盲点。当任何单一形式的传播媒体不能满足受众的需求时，跨媒体传播便应运而生。信息技术的深度渗透和广泛应用，促进了媒体融合步伐的加快，为跨媒体传播的实现提供了保障。凭借互联网和信息技术，广告传播可以突破单一种类传播的途径，利用互联网、移动媒体、数字电视、虚拟现实技术等把广告信息传递出去，形成多样的、交互性的传播形式，其广告表现形式也更加丰富新奇。通过网页链接、微博、微信、各类手机App等，吸引不同的群体关注信息，形成全方位的信息流传播。

相比传统的广告形态而言，传统互联网、移动互联网、智能物联网生态下的广告传播方式更加趋向精准化定向传播、个性化规模传播、双向化互动传播等，但这并不意味着传统媒体失去了传播价值。相反，电视、户外媒体等多种传统媒体在覆盖面、影响力等方面依然有着难以取代之处。更何况，各种传统媒体一直在寻求更好的生存环境和发展机会。

跨媒体传播的常见方式就是将新媒体和传统媒体有机结合起来，创造更为丰富的传播效果，或者运用多屏互动的方式，如扫描电视屏幕上的二维码或者通过 AR（增强现实）技术的运用捕捉电视屏幕上的图像等。这些手段的综合运用使品牌推广活动变得更为生动有趣，每个人都可以根据自己的偏好选择如何获得信息，或是文字，或是图片，或是视频，或是体验 VR。

例如，2016 年 2 月的凡士林润唇膏全球行销推广活动旨在帮助消费者如何使用凡士林润唇膏保养唇部。这部短片名为“凡士林润唇膏和极端天气——一项真实的实验”，展示了该产品的治愈能力。该活动的主要元素是在 Vaseline UK YouTube 频道上的 30 秒视频，它显示了两对巨大的“黏土唇”之间的差异，其中一对已经使用了凡士林润唇膏，而另一对则未进行处理。该广告活动还得到了包括公共关系、数字显示和社交媒体活动在内的多媒体运动支持。2017 年 8 月，农夫山泉与网易云音乐联合推出限量款“乐瓶”，将从网易云乐评中精选的 30 种不同的乐评印制在 4 亿瓶农夫山泉天然饮用水瓶身上，让每一瓶水都自带音乐和故事。使用最新版的网易云音乐 App，扫描瓶身黑胶唱片区域，即可迅速体验定制化 AR 界面。当扫描完成后，一片星空海洋将出现在屏幕里，点击每一个星球将会出现不同的乐评，用户可以在拍照时将拍摄对象与星空、乐评一同入框，即时分享。正是这样的广告创意，为农夫山泉注入了潮流、时尚的品牌内涵。

（二）信息从灌输到互动与体验

有人总结互联网时代的消费特点是圈层性传播—选择性获取—娱乐性关注—体验性记忆—对比性购买—及时性反馈。在现代广告中，消费者的参与性的确越来越重要，只有吸引消费者，让他们参与进来，进行沉浸式体验，广告才能发挥效用。这使得广告价值的核心指向发生了根本转变，不再是传统的基于产品主体利益或特点的传播模式，而是消费者和产品或者品牌的关系及其认同。如果能运用新媒体的互动性，打通线上、线下关系，增强产品与消费者之间的互动，加强消费者良好的品牌体验，就能赢得消费者。以微信、微博、企业 App 等为代表的新媒体平台，是很好的体验性传播工具，成为企业与消费者沟通的重要渠道。网络直播等广告营销手段不仅把传播与销售捆绑在同一环节，而且主播与受众都可以借助视频、语音、弹幕进行近距离交流，形成极富主观体验的信息传播与分享方式。

随着云计算和大数据技术的发展，用户在场景中体验感增强，跨屏技术使得用户可以在不同场景中进行转换，以满足不同的体验需求。在场景中，用户能够直观感受产品，浸入式体验带来更好的广告效果。VR/AR 技术的出现，创造了“现场”与“在场”感，拉近了人与物之间的距离，可以跨时空、跨场所、跨行业传播，提升了受众的体验价值。移动端 HTML5 场景型广告是利用 HTML5 相关编码技术来实现的一种数字广告，也可以看成是富媒体的一种广告形态，它能将图片、文字、视频等多媒体形式融合，形成丰富的视听效果，使受众更乐于接受广告的传播。2017 年的八一建军节《快看呐！这是我的军装照》HTML5 作品刷爆朋友圈、微博平台，用户只要上传自己的照片便可定制属于自己的军装照。把握住热点节日的机会，并运用这种场景式 H5，让用户更加有身临其境的感觉，满足用户的军旅梦，上线后仅半天多时间，这则 HTML5 作品的点击量就高达 4.67 亿，成为典型的场景广告案例。

短视频不再只是娱乐，它已经与各领域叠加、渗透，不仅对整个视听行业，甚至对国民经济都将产生影响。[①] 技术创新、产品创新、观念创新已成为互联网价值得以彰显的标志。近些年，行业增量主要体现在短视频和直播两大细分领域。据《第 49 次中国互联网络发展状况统计报告》，截至 2021 年 12 月，中国的网民规模为 10.32 亿，网民男女比例为 51.5∶48.5，与整体人口中的男女比例大体一致。其中，网络视频用户规模达 9.75 亿（含短视频用户 9.34 亿），网络直播用户规模达 7.03 亿（含电商直播用户 4.64 亿），网络购物用户规模达 8.42 亿。这说明短视频和直播已成为一种全民性的生活方式，在线服务消费大幅增长，表现出从实体市场购买转向虚拟市场购买，从区域化购买转向全球化购买的新特征，由此带来消费者媒体接触行为的日益碎片化和圈子化。[②]

（三）信息传播的经典逻辑被颠覆

有关传播效果原理最具代表性的理论模型是金字塔结构的 AIDA，意即传播的效果是从下往上开展的，从注意（awareness）、兴趣（interest）、欲望（desire）到最后的行动（action）。这个模型所反映的思想是，营销效果首先来自大范围的消费者注意（或意识），再通过层层升级，扩大美誉度，导

① 我国网络视听用户规模破 9 亿．（2020－10－13）［2021－01－06］．http：//www.xinhuanet.com/info/2020－10/13/c_139436283.htm.

② 第 49 次中国互联网络发展状况统计报告．（2022－02－25）［2022－04－06］．http：//www.cnnic.net.cn/hlwfzyj/hlwxzbg/hlwtjbg/202202/t20220225_71727.htm.

致行动。忠诚的顾客只是金字塔尖的极少部分，但他们的消费稳定，重复购买率高。遵循这样的思路，传播的首要目标是扩大消费者基数，建立广泛的知名度。所以，企业做品牌自然是先做知名度，再做认知度，促使消费者购买，再培养忠诚度。

移动互联网的发展，使得线上营销和线上传播已是企业的常态化手段。一些企业的营销传播预算甚至全给了数字媒体。现在的品牌通过利用流量红利，把这个顺序颠倒过来了：往往是先邀请明星、达人在网上写日记、做分享，积累一批忠诚的粉丝，这些粉丝再在平台上做非常好的口碑分享，引起话题，形成了小范围的忠诚度。尽管小红书种草、抖音种草、淘宝视频直播已成为重要的流量入口，但仅靠流量是不行的。一般 3～6 月流量红利期结束后，流量红利就会变成流量成本，而且这个流量成本会越来越高。因此，接下来需要大量投放品牌广告，运用明星代言来扩大产品知名度，引爆市场需求。

如此，传播致效的模型变化了，变成从金字塔上端往下端进行（可称为逆向金字塔模型）。也就是说，先找到关键意见领袖，利用他们的影响力，形成口碑扩散效应，向外层层扩散，最后抵达最普通的大众。这些所谓的意见领袖，可以是品牌最忠诚、最资深的用户，也可能仅仅是利用他们自身的影响力。例如，小米在开发 MIUI 系统时的做法，就是首先找到并利用它的重度发烧友参与开发。

（四）广告目标从大众进入分众

有人将广告传播大致划分为三个时代，即小众广告传播时代、大众广告传播时代、分众广告传播时代。小众广告传播时代的代表性广告形态如口头叫卖、招牌幌子、传单广告等；大众广告传播时代的代表性广告形态如报纸广告、杂志广告、广播广告、电视广告等；分众广告传播时代的代表性广告形态如互联网中的搜索广告、电商广告、信息流广告、原生广告、短视频广告、直播广告等。媒体日益重视消费者需求的差异化，宣告了分众传播时代的来临。

在传统媒体时代，广告投放只能依靠市场调查或者经验判断去选择受众。在渠道上，也只能选择广播、电视、报纸、户外等媒体的版面或时间。进入新媒体时代，媒体渠道的选择更为广泛，除了付费媒体之外，还有包括各种社交媒体在内的大量的自有媒体和免费媒体，它们的传播范围极为广大，并且精准化程度高，令传统媒体望尘莫及。

网络社群中的消费者轨迹、用户的精准数据画像已构成全部广告传播活动的目标指向和参照维度。新媒体可以通过互联网技术、业界独有的发布系统使原生广告与网络媒体上的文章内容、浏览者偏好、使用习性、浏览者地理位置、访问历史等信息自动进行匹配而传递给目标对象。与传统广告所强调的传播覆盖面的广泛性相比，分众广告更强调传播的精准性，即在合适的时间和地点把合适的信息传递给合适的人。如果说目标受众是鱼，广告投放是网，那么分众广告则是分析了鱼的习性，判断鱼大致出没于哪些水域，然后针对这些水域撒网。这样一来，与普通广告相比，同样多的网可能会网住更多的鱼。目前，精准广告投放模式主要有按语义投放、按地区投放、按访问者投放和按媒体投放四种。“不点击不付款”的方式使广告主在众多网站上进行广告投放实际上享受了免费播出的待遇，只有观众做出回应（点击），才按次数进行计费。这样，提高了做广告的效率，减少了企业成本。从资金投入来说，中小企业能够承受，降低了中小企业开展网络广告营销的门槛。这种广告方式正受到越来越多企业的欢迎。当然，人工智能技术的发展使得广告可以做到根据目标消费者的特点更加精准地进行用户画像并且定向投放，传统的广告形态和广告定义会发生重大变化，未来将呈现更多“泛广告”形态。

不过，一个深刻把握了数字化传播特征的传播者会洞察到，这种“分众”的说法实际上是一种面纱掩盖下的假象，其本质还是“聚众”。互联网时代，媒体被不断细分，其实是在做另一种聚焦，为的是更有效地将有着同一价值观念、生活方式与文化特征的众多个体，以某种传播手段或渠道平台聚合在一起，目的是取得更大、更好的传播效果。

第二节　广告业态的新变化

互联网无所不在的力量正成为推动广告产业巨变的核心力量，尤其是计算机技术、互联网技术、大数据及人工智能等，构成了传统广告产业场景变化的积极因素。这与当年奥格威、伯恩巴克、罗瑟·瑞夫斯等人在20世纪五六十年代所面临的颠覆性发明——电视的产生大相径庭。

一、数字和人工智能技术重构了广告的作业方式和产业形态

进入21世纪以来，由于计算机和互联网技术高速发展，广告产业与数字技术的融合加速，广告产业的创新创意能力不断增强，新业态不断涌现。传统依托媒体机构，靠垄断性代理媒体资源获得高额广告收入回报的时期已经过去。以数据营销为核心的高度精准营销的广告市场需求，使得国内一大批

传统广告企业几乎一夜之间失去了市场，纷纷转向新媒体广告领域。特别是近10年来，随着互联网平台型广告的快速崛起，人工智能、大数据、短视频、多频道网络（MCN）、自媒体、直播带货、虚拟现实等前沿的新技术和新业态不断渗透到广告产业，使得广告与营销的边界更加模糊。

随着物联网技术的进一步发展，广告传播线上与线下的区别也被消解。所有广告都以数字广告面目呈现，所有传播都呈现数字广告的特征。计算广告正被普遍应用于媒体平台、代理公司、创意公司、媒介公司和公关公司、咨询公司等。计算广告中的程序化购买、程序化创意等技术产品和服务模块，重新构建了广告产业从生产到分发的逻辑；原有的系统性广告范式，在智能化数据技术产品的帮助下，为消费者洞察、策略分析、内容创作、信息分发、效果测量等业务环节提供了更高效、更准确、更便利的服务和选择。市场环境的改变和广告主的需求将促进新型的户外程序化广告公司、OTT程序化广告公司、程序化广告创意公司、大数据广告监测公司、物联网广告技术公司等新业态不断出现。

新技术的应用促进了广告表现、投放、传播形式更为丰富、多样和精准，它们反过来又会推动技术的迭代和应用场景的拓展。2017年以来，人工智能技术与传统行业经营模式及业务流程产生了实质性融合，智能广告成为广告业发展的必然趋势，迫切要求广告产业快速实现智能化转型与发展，以适应媒体产业和广告产业新的需求。结果是，人工智能技术在广告产业的应用重构了广告产业的生态和竞争格局，也催生了广告产业新业态，形成了新的广告产业价值链。利用DSP（需求方平台）、SSP（供应方平台）、ADX（广告交易平台）、DMP（数据管理平台）等平台的程序化购买成为智能广告产业占主导的交易模式。近年来，以腾讯、阿里巴巴、抖音、头条为代表的互联网广告平台在技术的赋能之下不断攻城略地，已经成为当下互联网广告流量链条的核心环节。在这样的背景下，由传统业务模式向新型业务形态转型的数字广告公司、数字营销公司、MarTech技术公司的业绩出现了逆势增长，而固守传统业务及服务模式的广告公司的业绩出现了断崖式下滑。正如美国宾夕法尼亚州立大学市场营销学教授阿温德·朗格斯瓦米（Arvind Rangaswamy）所指出的："广告世界正在发生根本性的改变，这种改变是不可逆转的。如果根据现实世界来优化广告概念、规则、方法和流程，那并不足以让它们适应数字世界，反之亦然。"①

① 温德，海斯．广告的未来：全接触点价值创造．粟志敏，译．北京：中国人民大学出版社，2020：199.

二、广告公司的物理边界由清晰到模糊

传统广告公司的组织结构设置是工业化时代的思想产物。无论是按职能设置部门的广告公司还是按客户设置部门的广告公司，其出发点都是以科学管理为指导思想，形成等级明确、分工协作的组织形态。但从根本而言，其出发点都是为了企业的利益，以企业为中心，以维护企业主和广告主的利益为目标。尽管很多广告公司强调自己是以消费者为中心，从消费者的角度出发，但由于其本质是工业化时代的思想产物，带有固有的局限性，因而无法真正实现以消费者为中心。公司的集中化工作形式最早可追溯至第一次工业革命之前的集中式手工工场。当时的工场主为了降低原料和成品的运输成本，将生产资料集中在固定的场所，原先散落在各自家庭进行单独生产的雇佣劳动者因此而集中在一起进行共同生产，形成了最早的组织。由此可见，公司这一制度的目的除了便于集体管理之外，最重要的就是实现生产资料的集中利用，以提高整体的生产效率。而对于广告公司而言，公司的价值生产不依赖于大型的器械和厂房，也不需要必须源源不断供应的原材料，最重要的生产资料莫过于脑力劳动者即员工以及信息。作为单独个体而存在的员工，其流动能力不言而喻，而另一项重要的生产资料——信息的流通能力随着网络技术的发展而不断增强，得益于带宽和移动互联网的不停迭代和更新，文件和资料的实时传输耗费的成本将越来越趋于忽略不计。员工可以在地球上任意一个有网络连接的地方进行工作，采用线上视频的方式进行沟通与讨论，用网络技术实现信息资源的快速传递与共享。公司的建筑物不再只是员工集中办公的地点，更多扮演着员工进行会见面谈的开放性场所。

三、广告组织结构由简单组合到有机整合

广告产业作为标准的创意服务业，相较于其他服务业，其组织机构自 19 世纪中叶现代广告业诞生以来，便一直走在扁平化管理的道路上。但 20 世纪中后期以来，以大型广告传播集团、媒体集团和顶级广告 4A 公司的出现为标志，广告业走上了垄断化、资本化、全球化之路，这在一定程度上适应了垄断资本、跨国经济发展的需要。然而，20 世纪 90 年代末至 21 世纪前 20 年间，随着新媒体的高速发展、网络新经济的蓬勃兴起以及世界政治及经济的保守主义倾向的流行，老牌广告 4A 公司、大型广告传播集团面临种种危机。例如，仅仅将不同媒体形式整合在一起，像水果拼盘一样端给客户，看似琳琅满目、应有尽有，实际上却不能解决什么问题，这种做法已经行不通了。

虽然那些广告传播集团既有广告代理公司、数字营销公司，又有媒体公司、公关公司，还有咨询公司，但它们并没能真正协同作战，融合在一起。于是，新一轮的整合、重组与优化成为广告业的发展主题，过去单纯变更所有权式的收购兼并方式渐行渐远。一方面，传统广告公司进一步与数字广告公司通过转型、联合与并购方式实现融合；另一方面，数字广告产业链中的需求方平台、媒体供应方平台等也在技术、资本和市场的驱动下，不断催生出新的组织形态与合作模式。

四、小微品牌成为广告主阵容的新增量

大数据、人工智能及机器学习的技术应用已得到广泛普及，在持续增加广告库存资源的同时，也拉低了广告投放的门槛，使小微广告主投放广告成为可能，而成长于社交环境下的社交品牌和小微品牌，对当下的新媒体环境非常熟悉，也热衷于采用新兴的广告形式，从而提高了广告投放者的库容量，为互联网广告收入的持续增长提供了可能。例如，花西子就是一个产生在互联网时代的产品，它以精美的做工和“东方彩妆，以花养妆”的品牌理念收获了大量的品牌粉丝。

随着线上线下融合趋于紧密，社交新品牌和基于个性化内容、KOL 等小微经济的逐渐繁荣，一批颇为可观的小微品牌生机勃勃，成为广告公司的新客源。以小红书 App 为例，在其菜单搜索栏中，可看到许多小微品牌的推荐，它们往往带给消费者一种新奇的感觉。

小微品牌在网络上的蓬勃涌现，快速成长，带来了两方面的变化。一方面，百度、腾讯、阿里巴巴等传统广告平台业务增速放缓；另一方面，抖音、快手、拼多多、美团及自我迭代后的腾讯、阿里巴巴，在信息流、社交广告等新兴广告领域快速增长。2019 年，在整体经济下滑的趋势下，互联网广告呈现出品牌广告主投放增速下滑甚至负增长，但基于小微企业、新社交品牌的广告投入，互联网广告收入总量稳步增长。

第三节　当前我国广告业面临的挑战

市场经济的繁荣为广告业的发展提供了强劲的动力。近几年，随着经济发展的放缓，中国的广告市场也在持续多年的高速发展之后趋向平稳。中国已经成为广告业发展最为迅速的国家和极具发展潜力的新兴广告市场，举世瞩目。当然，中国广告业的发展也面临许多要解决的问题。

一、区域发展平衡性

改革开放以来，中国经济社会飞速发展，带动广告业一直保持两位数的增长速度，经营规模迅速跨越 4 个数量级，从最初的千万元发展为现如今的数千亿元，广告费用占 GDP 的比重逐年增加，成为发展最快的行业之一。“十二五”时期，中国广告市场超过德日等国，成为仅次于美国的世界第二大广告市场。随着移动通信、互联网、社交媒体等新兴媒体的飞速发展，广告业也进入了新的发展空间。

但从全球角度来看，广告业是一个成熟的行业，全球格局必然决定中国格局。从 2005 年 12 月 11 日起，中国开始允许外国广告公司以独资身份进入中国广告市场。在此背景下，全球广告巨头纷纷加速在中国的战略扩张。这样，国内的广告公司面临的市场竞争不仅来自本国，更严峻的是要接受来自国外广告集团的挑战。而跨国广告公司以它们雄厚的经济实力和人才实力牢牢地占据着中国的广告市场，拥有难以撼动的话语权。

与西方发达国家相比，目前我国的广告经营额占 GDP 的比重仍然偏低（美国广告经营额占 GDP 的比重约为 3%，中国广告经营额占 GDP 的比重小于 1%），广告对于整个国民经济的贡献还比较有限。中国广告经营额在 1981 年之后虽然增长迅速，但所占 GDP 比重一直较低。2018 年终于超出 7 991 亿元，占到了 GDP 的 0.91%，达到历史最高水平，随后因为新冠肺炎疫情的暴发，广告经营额开始大幅下降。与美国相比，中国广告业的发展水平仍然较低。2004 年，全国广告经营单位的平均营业额只有 100 万元，广告公司的平均规模只有 9 人，而在当时全球最大的广告集团宏盟集团 2003 年的广告营业额即已达到了 86 亿美元。2019 年，中国排在前十名地区的广告经营额占市场总额的 88.37%，人均产值为 19.8 万元，与广告发达国家相去甚远，这从一个侧面反映了包含在现代服务业中的广告业存在巨大的提升空间。

就全国范围来说，各区域的发展存在严重的不平衡性。首先表现为地区发展不平衡。总的来说，东西部差距较大。具体表现为北京、广东、江苏、浙江、上海等大城市和东部沿海地区的广告业相当发达，而中西部地区的广告业较为落后，普遍处于小、散、弱的状态。“这些规模小而分散的广告公司不但自身管理体制上不完善，而且在具体的广告业务上也存在着严重的缺陷，各种各样粗劣的小广告混淆着受众的视听，侵犯着我们的视线，从整体上对我国广告业的发展起到了极负面的作用。”[①] 2015 年，全国广告经营额为

① 许正林，张惠辛．中国广告学研究 30 年文选：1978—2008. 上海：上海交通大学出版社，2009：9.

5 793.41 亿元，排在前三位的依次是北京（1 823.99 亿元）、江苏（508.40 亿元）、上海（489.99 亿元），这三个地区的广告经营额就占到了全国的 40.17%。按省市区域划分，2019 年广告经营额三强座次分别为北京、广东、江苏。第四、第五名的座次由原来的上海、浙江变成浙江、上海。天津上升幅度最大，抢占了上年度湖北的座次，进入了前八强。排在前十地区的广告经营额占市场总额的 88.37%，人均产值为 19.8 万元。同时，广告的先进技术和人才也基本集中在经济发达的地区。2019 年，南方某沿海城市的一个广告产业园的年产值就达到了 1 000 多亿元，而中部某省会城市的广告公司多达 25 000 多家，广告年经营额却不到 200 亿元，这就不是一般的差距了。其次，表现为广告公司两极分化。虽然广告经营单位数量众多，但是，大型的本土广告公司和集团所占比例过小，中小型广告企业仍然高度密集，有许多停留在“小而散”“小而弱”的低水平发展阶段。相关数据显示，2019 年，我国私营广告经营单位占比高达 72.75%，为 98.09 万户；个体工商户广告经营单位占比为 15.94%，为 21.93 万户。二者同为非公有制广告经营单位，加起来占比高达 88.69%，正是它们支撑起了全球排名第二的广告市场。这从一个侧面解释了我国广告企业过于微小、分散，产值远远低于全球平均水平的原因。再次，表现为外资广告公司与本土广告公司发展不平衡。这主要体现在发展规模、资金实力、高端人才以及服务水平等方面。

客观上讲，广告行业的发展虽然受到经济环境的制约，但是地区广告意识、专业水准、市场秩序等因素在很大程度上对地区广告市场的发展也有重要影响。

二、专业服务水平度

广告公司作为广告行业的三大主体之一，在广告行业居于核心地位，其实力水平和专业化程度直接影响广告行业的服务水平。与跨国广告公司雄厚的资金实力和专业化的服务相比，本土广告公司中除了少数几家具有一定的规模和实力外，大多数综合实力不足，专业化程度较低，能够提供市场研究、营销策划、广告创意、媒体投放、效果评估等全方位、整合型服务的专业性广告公司为数不多，更缺乏具有规模和实力的本土广告公司。

在广告产业结构上，目前在所有的广告公司中，传统的广告企业还是占绝大多数，有许多企业没能及时、有效地实现转型，在互联网广告极为流行、广告的技术性要求越来越高的情况下，常常显得力不从心，甚至手足无措，更谈不上有很好的专业服务水平。在服务水平上，创意还在低水平徘徊，专业化服务水平低的状况没有得到根本改变。尽管广告市场中的媒体运营权力始终处在本国经营者手中，但在媒体代理和综合服务方面，已经是跨国公司处于支配地位，这与现代广告业专业化分工与规模效应的要求不适应。只有全面提高广告行业的总体服务水平，才能满足客户的需求，实现效益的提升。

广告公司的经营管理涉及广告公司正常业务活动的各环节，粗放型的经营管理模式是很多广告公司目前存在的问题。在跨国广告公司和传媒巨鳄的冲击下，中国本土广告公司普遍存在零散化运作的问题，难免面临巨大的生存压力，需要持续创新来解决这些问题。其一是营销内容的创新。要坚持内容为王，创作出能够真正触动人心的广告作品，让人难以忘怀，而不是靠铺天盖地的强刺激来做广告营销。其二是商业模式的创新。从以前的展示性广告、搜索广告、信息流广告到精准营销的效果广告等，再到现在的短视频广告、网红带货等，广告形式一直在迭代。未来，随着 5G、VR、AR 以及区块链等前沿科学技术的逐渐成熟并实现商业化，全新的商业模式或将被激发，需要广告人与时俱进。其三是组织模式的创新。过去广告公司的组织结构都是一种传统的定制，越来越难以适应广告作业新形式的需要，调整组织架构，重新设计组织团队，以提供创新服务，将是广告产业的首要之举。

三、高级人才充足度

当前我们正处于技术、媒体不断更新融合的全球化时代，广告产业的全球化和数字化是不可逆转的趋势。“将不在勇而在于谋”，广告活动的对抗与较量，实质上是人才和智力的对抗与较量。许多出色的广告活动，正是由一些有远见卓识、思想敏锐、足智多谋并具有创新精神的广告策划人完成的。目前我国的广告从业人员普遍存在的问题是专业化程度不高，知识面不广，外语水平较低，服务意识薄弱，沟通能力和创新能力不强，法制观念淡薄等。这种状况的根本改变，需要有国际化视野的拔尖人才和高端人才。

我国广告业起步晚，虽然目前全国已经有 200 多家高等院校开办了广告学专业，但是广告知识更新的速度在加快，真正能够适合市场需求的高素质的广告人才还是比较有限。人才的不足导致作为智力型企业的广告公司专业服务水平受到限制。例如，人工智能正在改变广告业的用工结构，一些低端、重复的工作被大量替代，品牌对转化率需求上升，效果类、数据类、策划类岗位人才供需矛盾突出，一些岗位如“广告优化师”极度短缺，甚至出现公司以超过 50 万元的年薪招聘有从业经验者而难觅的情况。

中国广告协会会长张国华指出："目前业内普遍面临新型广告人才匮乏的问题，技术、管理、创意、业务拓展等各个方面的人才需求缺口会越来越大。在北京、上海、广州等广告发达地区出现新媒体专业背景的人才供不应求的局面，而国内其他地区人才缺口就更大。人才专业化程度不足、不能满足行业快速发展需求，已成为制约广告业可持续发展的一大瓶颈。"①

四、广告监管复杂度

现代社会的一个显著特征，就是广告和人们的生活方式息息相关，人们的生活越来越依赖于广告，广告也以自己强大的影响力改变着人们的价值观、行为方式和生活形态。广告在繁荣社会经济、促进社会进步的同时，也存在许多问题。例如，违法广告时有出现，虚假广告屡禁不止，不仅给社会发展带来了负面影响，也极大地损害了消费者利益。

早在 2005 年，国务院就开展了虚假违法广告的专项整治。其后，中宣部、新闻出版总署、国家工商行政管理总局等部门均多次发出通知，部署整治违法违规广告工作。然而，树欲静而风不止，一些违规、虚假广告仍时时见诸网络等媒体。特别是在传统媒体广告市场整治力度加大之时，此类广告纷纷向网络等新媒体"转移"，有时甚至是"整建制"转移，污染网络空间。在网络游戏、影视剧中的广告，血腥、暴力场景运用比较多，对青少年心理健康造成不良影响。部分新媒体广告长时间无间歇滚动播放，造成信息泛滥，使用户产生视觉、心理疲劳，尤其是一些弹窗广告，令用户不堪其扰。近年来，国家市场监督管理部门强化广告导向监管，加大广告监管执法力度，使得违法广告有下降的趋势。但是由于网络具有交互性、纵深性和迅速性等特征，一些不法分子有机可乘，利用网络技术发布违法广告，千方百计逃避政府相关部门的监管。同时，由于一些广告主、广告公司和媒体追求短期经营效益，广告违法和恶俗的情况也仍然存在。据统计，2019 年全国共查处违法广告案件37 399 起。其中，虚假广告 20 830 起，非法经营广告 1 419 起，虚假违法广告整治工作取得了阶段性成果。

当然，广告监管与行业自律是相辅相成的。有关部门应加强对广告从业人员的严格培训和加大对企业不良广告行为的曝光力度来促进广告行业的健康发展。

---

① 张国华．中国广告业的发展回顾与机会前瞻．中国广告，2021（2）：78－81.

思考与讨论

1. 移动互联网时代的大众消费方式发生了怎样的变化?
2. 互联网时代的媒体生态发生了哪些改变?
3. 大众消费模式的改变会对广告传播产生什么影响?
4. 当代广告传播的方式发生了哪些改变? 为什么?
5. 当前我国广告业的发展主要面临哪些挑战? 如何应对?

第八章

将广告进行到底

——广告的未来趋势与广告人的使命担当

将广告进行到底吧！探求真理，走正义之路，让艺术和商业结缘，让富有生机的、人类想象力的种子深深地植根于经济的沃土中。

——鲍勃·加菲尔德（Bob Garfield）

本章学习目标：

1. 了解广告对中国经济发展的贡献。
2. 了解后疫情时代推动广告变革的主要因素。
3. 掌握后疫情时代广告主的新变化。
4. 理解当代广告人责任担当的内容。

第一节　后疫情时代的世界经济与广告变局

2020年新冠肺炎疫情在全球蔓延，突发的黑天鹅事件加剧了百年未有之大变局的复杂程度，带来复叠式危机的全面爆发，从政治、经济到文化生活各个领域的巨大变化又引发了世界广告市场的巨变。

一、经济全球化与保守化的拉锯

马克思曾经写道："在我们这个时代，每一种事物好像都包含有自己的反面。"[①] 从20世纪90年代以来，世界经济活动中两个互为矛盾的新现象似乎越来越明显。一是全球化。通常意义上的全球化是指全球联系不断增强，人类生活在全球规模的基础上发展及全球意识的崛起，国与国之间在政治、经济贸易上互相依存。当然亦可以解释为世界的压缩和将全球视为一个相互联

① 马克思，恩格斯．马克思恩格斯选集：第1卷．3版．北京：人民出版社，2012：776.

系的有机整体。随着全球化对人类社会影响层面的扩张，这一现象已逐渐引起各国政治、教育、社会及文化等学科领域的高度关注。虽然关于全球化的问题存在着诸多争议，但这一变化却是客观存在的，而且显然加速了跨国大企业对外扩张的倾向和活动，形成全球化大市场，市场竞争更加激烈。经济全球化强烈地影响了各种具体产业的发展，比如，与广告业密切相关的世界商品零售业也开始趋向全球化。虽然在全球化浪潮下的全球市场发展缓慢，但中国、俄罗斯、印度等市场充满生机，广告的跨文化传播越来越多。

二是保守化。经济全球化为世界经济增长提供了强劲动力，促进了世界范围内的商品和资本流动、科技和文明进步以及各国人民的交往。但是，反对的声音也没有停止过。1999 年在西雅图举行的世贸组织第三次部长级会议，最终在场外声势浩大的反全球化运动中夭折。当世贸组织正在竭力协调各方相去甚远的立场和利益时，“打倒世贸组织”的标语却成为最引人注目的主张。从纺织品贸易到农业补贴，不但发展中国家对全球化充满了抱怨，发达国家也开始质疑全球化是否真的给自己带来了足够多的利益，还是仅仅又打开了一个潘多拉的盒子。进入 21 世纪以来，一些发展中国家的经济迅速发展，而一些老牌资本主义国家走向衰落，这使得贸易保护主义的国际政策重新抬头。全球化带来了全球造，专业化分工的细化、分散化生产链条的拉长，促进协作体系不断扩大，形成多个产业链“你中有我，我中有你”的“量子纠缠”状态。毫无疑问，新冠肺炎的大流行，导致全球产业链和供应链同时陷入瘫痪，加剧了保守主义倾向，使得“友谊的小船说翻就翻”，各国从政治到经济，不约而同地脱钩。这种保护主义、单边主义政策的上升使得世界经济低迷，国际贸易和投资大幅萎缩，跨文化的广告传播受到不同程度的遏制，国际经济、科技、文化、安全、政治等格局都出现了深刻的动荡、调整与变革。

应当如何看待全球化中的保守潮流问题？美国肯尼迪政府学院国际政治经济学福特基金会讲席教授丹尼·罗德里克（Dani Rodrik）在《全球化的悖论》一书中，把全球化分为“温和全球化”和“超级全球化”两种。与 20 世纪 80 年代以来的“超级全球化”相比，罗德里克更赞成“温和全球化”——既有充分的国际制约和贸易开放来保证世界商业的繁荣，同时，世界各国政府也有足够的政策空间来应对国内社会和经济发展的要求。根据罗德里克的观点，新冠肺炎疫情之下各国政府的政策重点转向国内问题似乎不是全球化的倒退，而是从“超级全球化”中抽身，转为温和的发展态势，结束的不是“全球化”，而是那种“狂飙突进、浪漫化的全球化”。

我们认为，全球化是推动世界发展的必然趋势，也是促进人类进步的强大潮流。经济全球化犹如百川汇成的大海，不可能再退缩为相互隔绝的湖泊。

短期来看，当国家利益成为某些西方国家对外关系中优先考虑的因素时，出现一些对全球化的怀疑、反对、责难之声，从而形成一些“区域联盟”“区域共同体”和“超级共同体”是正常的现象。如果更长远地看，这样的区域共同体一旦形成气候，现代国家体系终将衰落甚至被抛弃，从而融入更大的“人类命运共同体”。那些深嵌在全球产业链、供应链、价值链、信息链内的国家、跨国企业和个人，都是这个共同体的推动力量，以多维的方式推动全球化的版本升级。因此，拒绝全球化、重拾保护主义和单边主义，注定没有前途。

当前，一些国家和地区保守主义盛行，只顾自扫门前雪，使得世界经济的发展雪上加霜。在可预期的后疫情时代，全球化的方式、模式和全球治理也将迎来新的调整。习近平总书记在2017年达沃斯演讲中就全面阐述了中方对经济全球化的看法，提出应当推动经济全球化朝更加开放、包容、普惠、平衡、共赢的方向发展。这一趋势不可阻挡。

二、后疫情时代广告市场的低迷

深入研究广告产业的发展，我们发现，21世纪的广告业对政治、经济、环境等因素的依存性明显加强了。这就是说，一个国家或地区的严重突发性事件的影响力远远超过了过去，从而可能对世界政治、经济产生更大的影响，最终也影响到广告业。

2001年的“9·11”事件使美国经济和广告业严重受挫。同样，2003年开始的伊拉克战争也明显影响了美国的广告市场。战争开始的第一个星期，美国电视广告支出便减少了7 700万美元，但在开战第二个星期，广告支出又恢复到了原来的水平。原因在于，伊拉克战争开始后，有些投资人由于担心世界范围内的反美浪潮可能影响部分美国产品的销售，因而开始抛出部分美国公司的股票（如可口可乐公司的股票）。后来，看到美国军事进展顺利，认为美国有可能在较短时间内结束战争，从而为经济发展提供良好的环境。也有投资人认为战争可能为某些行业的发展提供契机，所以购入某些美国公司的股票（比如福特汽车公司的股票）。2003年暴发的“非典”（SARS）疫情，使中国经济和亚洲经济遭受了巨大的打击，中国广告市场和亚洲广告市场也不可避免地遭受到巨大的挫折。实力媒体公司最初估计香港2003年的广告支出将增长4%，可是，在“非典”疫情暴发后，香港当年的广告支出下降了25%左右。

2020年，突如其来的新冠肺炎疫情的蔓延，使世界各国广告业进入了“寒冬”：人们居家生活需求增加，外出娱乐需求减少；家庭内媒体使用增加，户外媒体接触减少；云经济需求上升，线下需求减少。大量广告资源价值消失，原先有人流的地方如商场、公交车站、电影院、餐厅等，现在门可罗雀；很多传统行业如餐饮、零售、娱乐、旅游、线下教育等品牌项目延期搁置；那些专注路演、快闪店、沙龙、峰会等形式的线下营销活动难以举办；广告代理公司业务放缓，原来全领域的客户收窄，大量品牌广告叫停。虽然在不同国家和地区不同行业和广告类别在新冠肺炎疫情期间的投放有增减之别，但总体而言，面临的局面大同小异，遭受的打击空前沉重，广告的营收急剧下降，一些传统的广告企业甚至难以为继。根据罗汉堂全球疫情经济追踪系统（PET）的测算，截至 2020 年 6 月 26 日，按美元现价计算，新冠肺炎大流行造成的全球直接经济损失总量约为 2.59 万亿美元，已经抹去了 2019 年全年的经济增长（2019 年全球 GDP 实际增速 2%，折合 2.49 万亿美元）。世界广告研究中心（World Advertising Research Center，WARC）根据全球 96 个市场的数据，认为受新冠肺炎疫情影响，2020 年全球广告支出将下降 8.1%至 5 630 亿美元。[①] 在日本，广告总支出自 2011 年以来一直保持稳定增长，但 2020 年的广告总支出为 61 594 亿日元，同比下降 11.2%，这是自东日本大地震九年来的首次市场收缩，跌幅仅次于 2009 年全球金融危机后的跌幅。[②]

在经济下行、内循环消费、产能过剩、广告投放缩减等各种复杂因素的影响下，广告市场出现极大的动荡与调整。其中，广告主方面变化最大。（1）广告主的广告营销投入降至谷底，更加倾向于网络、公关、活动等更多的营销传播工具，使得广告代理商所分配到的广告营销预算变小。CTR 广告主调查显示，2020 年中国各行业广告主的全渠道广告花费均呈现出不同的缩减，营销推广费用净增−10%，为 2009 年以来最低。[③] 这说明，新冠肺炎疫情带来销售下滑和经营困难，广告主往往优先削减或暂停品牌投入和传统媒体广告投入，转而强化数字化广告投入作为应对环境变化的重要选择之一。（2）广告主数字化媒体投入加快，“转化”与“带货”成为核心诉求。在 2020 年的一项调查中，63%的广告主会增加移动端投放，17%的广告主会分别增加网络 PC 端和 OTT、IPTV 等投放，而对传统媒体的选择增加投放的比例不超过 10%。[④]（3）广告主越来越强调转化，电商广告维持强势地位，短视频广告和直播营销迎来爆发期。经历了新冠肺炎疫情催化，电商直播已经成为许多广告主数字化转型和电商渠道突围的重要抓手。2020 年分别有 73%和

---

① 孙钟然．WARC 全球广告趋势报告：新冠肺炎疫情影响持续全年．现代广告，2020（12）：59.

② 2020 Advertising expenditures in Japan.（2021－02－25）[2022－01－06]．https：//www. dentsu. co. jp/en/news/release/2021/0225－010341. html.

③ CTR“疫”外与回归：2020 中国广告市场趋势．（2020－09－04）[2022－01－06]．http：//www. ctrchina. cn/insightView. asp? id=3867.

④ 秒针营销科学院：2021 中国数字营销趋势报告．（2020－12－17）[2022－01－06]．http：//www. 199it. com/archives/1173605. html.

69%的中国广告主增加了网红直播电商和短视频广告的投入。预计到2022年底，直播广告收入将占电商广告总收入的21%，5G将进一步提升直播广告收入的贡献。① 短视频广告增长迅速，成为数字广告市场增长的新动力。截至2021年6月，中国短视频用户规模为8.88亿，直播用户规模为6.38亿，网络购物用户规模为8.12亿，网上外卖用户规模为4.69亿，在线教育用户规模为3.25亿，在线医疗用户规模为2.39亿。② 这说明，在线消费有大幅增长，前途未可限量。

再就是广告公司方面，经营压力陡然增强。新冠肺炎疫情之下，WPP、电通、宏盟、阳狮、英特帕布里克等国际传播集团一方面纷纷裁员或者降薪以求自保，另一方面加强与本土化机构合作，以寻求突破。据《广告时代》报道，由于受到新冠肺炎疫情影响，灵狮环球裁减了10%的美国员工；英特帕布里克集团首席执行官也发布备忘录预告将进行裁员；阳狮集团提前下调Q1收益，并宣布削减高管薪资；分众传媒称2020年Q1净利润同比下降约90%；广告巨头电通安吉斯也宣布减薪、裁员、给员工放无薪假等举措。③

"国内发展较好的数字营销集团在上半年多数业绩下滑，传统意义上的广告营销公司则更为艰难。后期随着疫情的控制和社会生活的逐步恢复，数字营销集团大多重新开始增长。然而如果细看国内各大数字营销集团的财报，可以发现利润率大多不高，最大的数字营销集团甚至低于3%，因此有人将广告业的利润率形容为'纸片一样薄'。"④

为此，数英（DIGITALING）对60多家中国广告公司的负责人做了一项采访。在众多采访的回答之中，广告人的心情可以归纳为焦虑、无奈和思索。

那么，广告还有没有未来？未来在哪里？

第二节 广告发展的前景展望

当下，世界正处于后疫情时代，经营环境愈加复杂，传统的广告企业一蹶不振，遭受着转型和重构带来的巨大阵痛。其生存规则是：因循守旧的公司日暮途穷，引领变革的公司锐不可当。

---

① 普华永道：2020—2024年全球娱乐及媒体行业展望．(2020-10-30)［2022-01-06］．http://www.199it.com/archives/1143936.html.

② 第48次中国互联网络发展状况统计报告．(2021-08-27)［2022-01-06］．https://finance.sina.com.cn/tech/2021-08-27/doc-ikqciyzm3893477.shtml.

③ 丁子珊．疫情下广告行业的危与机．教育前沿，2020(22)：50-51.

④ 张驰．新冠疫情与人工智能加速变革：2020年中国广告市场年度观察．现代广告，2021(15)：29-36.

一、广告的强大生命力

著名学者苏特·杰哈利（Sut Jhally）在《广告符码》中旗帜鲜明地指出，“广告是最有影响力的社会化体制，是商品营销过程中的一个环节，作为一种关于客体且通过客体来表达的话语，在现代社会中占有重要地位”①。这意味着广告既是商品意义的“传播者”，也是推动社会物质进步与精神文明发展的重要力量。

从广告的基本功能来看，广告是依靠智力型的策划创意，沟通产销关系，塑造品牌形象，实现产品销售的。正如《广告与促销》一书的作者乔治·贝尔奇（George E. Belch）和迈克尔·贝尔奇（Michael A. Belch）所说的那样：“广告与促销是社会经济体系中不可或缺的内容之一。在复杂的社会活动中，广告是商家和消费者重要的沟通桥梁。广告与促销因其承担着向目标受众传递精确信息的功能，在大多数组织的营销活动中扮演着重要角色。从跨国公司到小型零售商都更加依赖广告与促销活动来推广产品和服务。在市场经济中，消费者已经学会依赖广告与促销活动获取信息，进而做出购买决策。”② 因此，就其性质而言，广告具有“无烟工业”和文化创意产业的特质，代表着未来文化产业的发展趋势。

当然，随着社会的变迁和传播技术的进步，广告存在的形态可能会有变化。比如，广告传播与品牌的关系越来越紧密，广告传播与营销的关系越来越紧密，广告传播与数字技术的关系越来越紧密。但是，广告的传播本质是不会改变的。有学者认为：“广告，是通过创作并传播内容来改变人们的看法及感受，并进而改变他们的行为——既然咱们把广告定义成这样的一个东西，而不只是某种具体的广告形式，广告就不会死。因为能承载传播目标的创意内容，在可预计的未来，是永远被需要的。它产出的模式有可能会被改变，它被传播的模式也有可能会被改变，但是这样一个行当，这样一些内容，会一直被需要。”③

电扬广告公司的前创意总监罗伯特·波特（Robert Pott）说：“广告的未来是什么呢？事实上，只要有品牌的存在就有广告的存在，亲爱的老马斯洛将继续他的需求论。正如宗教——最极端的品牌，所向我们证实的一样，

---

① 杰哈利．广告符码：消费社会中的政治经济学和拜物现象．马姗姗，译．北京：中国人民大学出版社，2004：2.

② 贝尔奇 G，贝尔奇 M. 广告与促销：整合营销传播视角：第 11 版．郑苏晖，林薇，陈宇，等译．北京：中国人民大学出版社，2019：6.

③ 东东枪．文案的基本修养．北京：中信出版社，2019：419.

‘我们是热衷好故事和仪式的种族’。所以，只要人们仍然相信——棉布让他们更有运动感，印在胸膛上颠倒字母的脏话让他们更性感，长时间等待的啤酒杯被倒满其实是有益的，那么广告仍然可成为最能营利的商业。至于广告公司，我就不能确定它们是否享有同样鲜花灿烂的未来。”[①] 这就是说，广告与消费息息相关，只要大众消费存在，广告就会如影随形。但对具体的广告公司而言，只能遵循适者生存的原则。事实也是如此：2021 年 5 月，当美国的新冠肺炎疫情还正肆虐的时候，Slickdeals 开展了一项针对 2 000 名美国人购物习惯的调查。结果发现，消费也是一种心理张力，它会给人们带来一种充实与满足感。其中，服饰、鞋子、电脑/笔记本、电子配件、电视等带来的购物快感分别达到 50％、46％、40％、35％和 34％。

EHS Brann（现为 Havas EHS）广告集团的创意总监奈杰尔·克利夫顿（Nigel Clifton）指出，在互联网和数字媒体的引导下，广告业依然会存在，其将朝着两个方向前进：一个是容纳所有渠道，建立与每个个体的联系，更庞大、更绚烂、更娱乐化、更注重内容的广告；另一个则是更为独立更为个人的、建立在数据库和对单独个体更详尽的理解之上，以直接交流为核心内容的并且使广告和公司以及品牌的融合更为紧密的广告。

二、中国广告的未来

广告是中国改革开放和发展经济的起点，是中国感受世界脉搏跳动的触点，更是中国人熟悉市场经济、观察世界、参与国际竞争的窗口。正是在广告的洪流中，中国人逐步走向了社会主义市场经济，懂得了现代企业制度，懂得了营销管理与品牌价值。中国民众从买得起出发，到满足温饱，逐步升级到小康消费，这是迄今为止人类历史上通过市场经济取得的普通民众获得感最强和受惠比例最高的成就。

在分析这些伟大成就时，我们发现，缔造中国发展奇迹的因素有很多，但几乎所有因素都是经由广告营销落到了实处。中国广告让中国发展经济和工业化、市场化的后发优势更加多元、更加宏大、更为持久、更势不可当。这充分说明，广告业是中国市场经济的有机组成部分，也是文化创意产业的主要构件。没有完整的市场体系，就不会有完整的现代市场经济，而完整的市场体系是不能没有广告体系支撑的。下面，我们从三个方面来分析。

第一，从社会消费品零售的显示数据来看，商品零售市场是孕育广告的最好温床。有关资料显示，2020 年，我国国内消费稳步复苏，全年社会消费

---

① 伯坦肖，玛恩，马福特．广告设计基础教程：创意广告的视觉冲击力及技巧打磨的实用步骤．侯新鹏，译．上海：上海人民美术出版社，2008：167.

品零售总额 39.2 万亿元，下降 3.9%，降幅较上半年收窄 7.5 个百分点。但网络购物、直播带货等新模式快速发展，实物商品网上零售额增长 14.8%，我国已连续八年成为全球第一大网络零售市场。[①] 国家统计局数据显示，2021 年，我国网上零售额达 13.1 万亿元，同比增长 14.1%。其中，实物商品网上零售额达到 10.8 万亿元，首次突破 10 万亿元，占社会消费品零售总额的比重为 24.5%，对社会消费品零售总额增长的贡献率为 23.6%，为推动国家经济内循环提供了强大的动力。此外，我国中等收入群体庞大，人均国内生产总值已突破一万美元，有着消费持续扩大的内在动因，是广大而稳固的广告市场。

第二，从广告业发展的现实数据来看，广告业具有强大的生命力。近年来，随着我国宏观经济的持续稳定增长，以及民族品牌的崛起、品牌意识的增强，加之移动通信、互联网、社交媒体等的飞速发展，我国广告业进入了蓬勃发展时期。据国家市场监督管理总局数据，2013 年至 2019 年，我国广告行业营业额从 5 020 亿元增长至 8 674 亿元（其中，互联网广告营业额占 50.34%），平均增长率达到 9.20%，占国内生产总值的 0.88%，增速显著。我国广告从业人员数量从 2013 年的 262.2 万人增长到 2019 年的 593 万人，比 2018 年增长了 6.32%，人员素质不断提高。我国作为世界第二大广告市场地位稳固，并且潜力巨大。

第三，从我国的“十四五”规划和 2035 年远景目标来看，广告具有广阔的发展空间。主要表现在以下方面：（1）在十二项要完成的重点任务中，有多项与广告业密切相关，如更高文明社会的建设，诚信社会的建设，双循环特别是加大内循环的力度，提升消费水平等。可以说，“十四五”时期，我国广告业面临着创新发展的重大战略机遇。（2）“一带一路”为我国广告业走出去提供了新的空间和平台。经济全球化和“一带一路”倡议的实施，为我国广告业的国际化发展增添了很多机遇，拓展了更加广阔的市场空间。（3）互联网的技术升级和场景颠覆也会成为消费的助推力。广告的内容化生存和原生化生存成为广告发展的新趋势，大数据、云计算、物联网、5G 通信、人工智能等新一代数字化技术则极大地开拓了新的广告服务领域，为广告业创造了新的增长点，如在线教育、云旅游、云展览等新型数字化消费方式，广告业的发展前景一片光明。目前，我国互联网广告已经占了全国广告市场的 80%左右。中国最大的广告公司实际上是阿里巴巴，其 2020 年广告收入占到企业全部收入的 46%，其他如字节跳动、腾讯、百度等广告收入也超过千亿元。这些互联网公司的共同特点是收入或变现模式以广告为主。

因此，我们完全有理由相信，不管未来社会如何发展，只要市场经济存在，只要文化创意产业存在，那么，广告作为一种信息传播方式就不会消失，

---

① 商务部：2020 年社会消费品零售总额 39.2 万亿元．中国青年报，2021-01-29.

作为现代商业助跑器和社会文明风向标的性质就不会改变。企业仍需要广告传播产品信息或品牌形象，国家仍需要广告传递公益观念或国家形象。通过广告，人们不仅可以看到一个五彩缤纷的生活，看到一个国家的理想，更能听到人类迈向未来的坚实而有力的脚步声。

第三节 将广告进行到底

广告的事业是光荣的，我们的任务是艰巨的。既然选择了广告，我们就要发扬“咬定青山不放松”的笃定精神，谱写无愧于历史和时代的新篇章。

一、梦想与改变

2021年初，中国的胜加、天与空、意类以及奥美、哈瓦斯等10家广告公司在官方公众号发布了一条名为“不要做广告”[①] 的短视频，它提出了几个问题：“你为什么选择广告行业?”“广告人应该有什么样的价值观和精神?”视频中的业界大咖们一起发声，希望能唤醒每个广告从业者对广告职业价值观的认同感、对广告职业的热爱和初心，号召正在广告行业内以及即将选择进入广告行业的年轻人都能抱有对广告的梦想和热忱。

19世纪英国最伟大的作家与艺术家之一王尔德（Oscar Wilde）说，我们都生活在阴沟里，但仍有人仰望星空。仰望星空者为何人？当然是有梦想的人。黑格尔（G. W. Friedrich Hegel）指出，一个民族有一群仰望星空的人，他们才有希望。是的，仰望星空光熠熠，月如盘，心如箭。可以说，人类浩荡前行的每一步，始终不曾停止“抬望眼”。伽利略（Galileo Galilei）“抬望眼”，用望远镜照破了亚里士多德的宇宙观；莱特兄弟（Wright Brothers）“抬望眼”，实现了人类翱翔天空的渴望；陈独秀等人“抬望眼”，才有中国新文化运动如火如荼的新局面；南仁东等人“抬望眼”，才有“中国天眼”突破望远镜百米工程极限的巨大成功。正是有一群仰望星空的人，人类社会才得以不断前进。[②]

---

① Heying. “不要做广告”刷屏了.（2020-10-15）[2022-01-08]. https://creative.adquan.com/show/298867.

② 2007年5月14日，同济大学百年校庆前夕，时任国务院总理的温家宝向同济大学师生作了一个即席演讲，其中讲道：“一个民族有一些关注天空的人，他们才有希望；一个民族只是关心脚下的事情，那是没有未来的。我们的民族是大有希望的民族！我希望同学们经常地仰望天空，学会做人，学会思考，学会知识和技能，做一个关心世界和国家命运的人。”同年9月4日，温家宝在《人民日报》文艺副刊发表了诗歌《仰望星空》。

大学是人才的摇篮，也是梦想者起飞的跑道。国外有一所非常年轻的大学，但它的本科生培养质量却非常出名。据说，这所学校采取了不同于传统的人才录取模式。在招生时会问考生："你有改变世界的愿望吗？你想如何改变世界？"学校希望每一个学生都是带着梦想来学习，并带着愿景走出校园工作，而不是培养没有灵魂、没有思想，只是学习一门技能、混一个饭碗的学生。没有梦想的人，和咸鱼没有多大的区别。有道是，年轻不为梦想埋单，老了拿什么话说当年。

这里，让我们分享两则小故事。

第一则是，一个年轻女孩穿着一身黑裙走在街上，略显孤独和寂寞。她经过首饰店玻璃橱窗的时候，忍不住停下来观望。看到橱窗里摆放着一顶漂亮的白色礼帽，女孩自己的身影能映在橱窗玻璃上，于是停下来，踮起脚，礼帽刚好戴在橱窗的身影上，就情不自禁地在橱窗前比画起来。这时女孩发现橱窗里还有一条美丽的项链，女孩"试完"礼帽后，又"试戴"起项链来。首饰店的员工看到女孩的比画，发出善意和欣赏的微笑，女孩也以微笑回应。女孩年轻，气质优雅，与橱窗中洁白无瑕的礼帽、熠熠生辉的项链相得益彰，美不胜收。接着，女孩从口袋中拿出一块巧克力，掰下一小块放入口中，双目微闭，一副怡然自得之情。当然，这只是一个视频广告的内容，但它却给我们带来这样的启示：橱窗里的礼帽、项链也许价格太昂贵了，不是人人都承受得起的，但是，人人都有梦想的权利。

第二则是一个根据真实事件改编的广告。[①] 台湾地区有平均年龄 81 岁的五位老人，他们一个重听，一个得了癌症，还有三个患有心脏病，而且五个都得了退化性关节炎。尽管背着一身的病痛，他们还是毅然决然地丢掉拐杖，甩开药罐，骑上早已蒙上一层灰的摩托车，开始环岛 13 天——从北到南、从黑夜到白天，一路奔驰，完成总共 1 139 公里的旅程，实现了他们共同的心愿。这是为什么？画外音说，只为了一个简单的理由：梦，寻找年轻时的生命轨迹和心绪的梦。这两则故事，一为筑梦，一为追梦，虽然主题不同，但都揭示了这样一个道理：梦想就是力量！

电影《银河补习班》中有这么一句台词："人生就像射箭，梦想就像箭靶子，如果连箭靶子也找不到的话，每天拉弓什么意义！"诚哉斯言。

二、使命与担当

美国沃顿商学院教授约瑞姆·温德等在《广告的未来：全接触点价值创

① 广告改编自 2007 年弘道老人福利基金会所发起的"挑战八十，超越千里——不老骑士的欧兜迈环台日记"活动。

造》中指出，当今有五大力量驱动着广告营销的不断变革：(1) 科学和技术领域获得迅猛的突破性发展。(2) 媒体版图被瓦解、被重新定义并得到强化。(3) 人们被赋予一定的权力，同时对众多事物持怀疑的态度。(4) 文化、社会、环境和地缘政治都面临根本性的挑战。(5) 颠覆性的、令人信服的商业模式和营收模式出现。这些因素互相结合，形成一种巨大的力量驱动着广告变革。当笔者写本书初稿的时候，新冠肺炎疫情还没有发生。所以，笔者认为，除了以上五大力量之外，还有第六种力量也携万钧之力介入其中，那就是出乎意料的新冠肺炎疫情大流行。

毫无疑问，面对广告业数字化转型的挑战，广告人首先需要改变传统的思维模式（见图 8-1）。其次，要高度关注后疫情时代下全球广告发展新趋势，尤其要重视新技术驱动下移动互联网广告的智能化发展，加快传统媒体广告与互联网广告的融合，开拓广告服务领域，提升广告服务质量，创新广告发展模式，最终建构起具有中国特色的广告理论和运营体系，为世界广告业的健康发展贡献中国智慧。

从	到
活动	主动性
内容	内容实质
说服	鼓励与赋能
销售	服务
寻求忠实度	赢得信任
干扰	最佳/可选解决方案
特征与利益	品牌在人们生活中所扮演的角色
品牌差异	品牌特殊性
员工	品牌形象大使
人才	品牌管家
消费者（目光短浅）	人群（生活）
广告活动	价值创造主动性
直接反应	可操作交流
大数据	可操作见解
成功/失败	学习

图 8-1 “广告的未来”中的新词汇

“新形势需要新担当、呼唤新作为。”[①] 作为新时代的中国广告人，正站在中华民族“两个一百年”的历史交汇点，面对世界百年未有之大变局，要

① 习近平．在深圳经济特区建立 40 周年庆祝大会上的讲话．人民日报，2020-10-15.

以中国特色社会主义思想为指导，自觉把个人目标追求同国家和民族、广告大业的发展紧密联系在一起，在广告实践中，坚持以消费者为本位，以服务能力为追求，以法律与道德为准绳，坚持正确的广告导向，坚持经济效益和社会效益并重，讲好中国故事，致力于提高广告专业化、集约化和国际化的发展水平，更好地满足广大人民群众日益增长的文化和信息传播的需要。这就是我们的责任，也是我们的圆梦目标。

生命为我们带来了一连串的机遇。你选择或是不选择都将成为现在的你。但问题是，你想成为什么样的自己？

鲁迅在《中国人失掉自信力了吗》一文中告诉我们："我们从古以来，就有埋头苦干的人，有拼命硬干的人，有为民请命的人，有舍身求法的人，……虽是等于为帝王将相作家谱的所谓'正史'，也往往掩不住他们的光耀，这就是中国的脊梁。"①

"立鸿鹄志，做奋斗者。"② 这是习近平总书记的谆谆教诲。回望人类传播的征程，从手工抄写到铅字印刷，从招幌传播到数字传播，时代长河中始终不变的是奋斗者的步伐，历史坐标上始终清晰的是奋斗者的身影。2010 年底，苏格兰威士忌品牌尊尼获加启动了名为"语路计划"的品牌传播活动。其中一部影片真实记录了来自不同行业的 12 位人物，有些已是成功人士，有些还在每天艰苦地奋斗着，他们外表朴素，和走在大街上的普通人一样，可能没有显赫的家世，没有深厚的背景，也不算高富帅或白富美，但是他们都因为梦想而让生命变得不同。

当前，我国正处于实现中华民族伟大复兴的关键时期，经济已由高速增长阶段转向高质量发展阶段。我国社会主要矛盾发生变化，人民对美好生活的要求不断提高，经济长期向好，市场空间广阔，发展韧性强大，正在形成以国内大循环为主体、国内国际双循环相互促进的新发展格局。新时代的广大青年生逢其时，重任在肩，应当以最大热情、最大热忱，既当追梦者，又当圆梦人，时刻以"此身、此时、此地"的自觉，用接力奋斗、顽强奋斗、不懈奋斗的精神为新时代赋能，为广告业续航。"锦鲤""佛系""躺平"等新词看似新潮，其实与时代精神相去甚远。

诺贝尔奖获得者纪德（André Gide）说："没有勇气驶到看不见的地方，就不可能发现新的海洋；不登上无限陡峭的山峰，就不会看到壮阔的景象。"单调的行驶会让人困倦，重复的攀登会让人力竭，但每前进一步都是靠近成功。未来在我们肩上，亦如古人的任重而道远。纵有千古，横有八方。在奔

---

① 鲁迅．鲁迅经典．昆明：云南人民出版社，2019：677.

② 习近平．在北京大学师生座谈会上的讲话．人民日报，2018-05-03.

向广告数字化传播的星辰与大海的征途中，我们不仅需要像战争年代那样的豪情壮举去攻克前进道路上的一个个难关，更需要以英雄的气概强化自己的历史责任感与血性担当。这是一场需要勇气和智慧的竞赛。为此，我们求近亦望远，锐意进取当下，更以智慧预见未来；平静亦激昂，从容应对挑战，为梦想奋斗不止。无论驼道漫漫，斗折蛇行，因阻而前；何惧山崖陡峭，沟壑幽深，因险而攀。那种看似波澜不惊的日复一日，会突然在某一天让人看到坚持梦想的荣光。

纵使夜幕沉沉，寒气逼人，也不用刻意去等天亮，跑下去，天一定会自己亮。

西联汇款（Western Union）的一段电视广告歌，唱得如此激昂：

来吧，展翅高飞
告诉我你的梦想
展示给我你的追求
来吧，一起追逐希望
来吧，展翅高飞
灿烂未来就在眼前[①]

那前方的灿烂不是别的，一定是中国广告的千般璀璨、万般繁华！因为一个续写中华文明伟大篇章的更加美好的广告业，必将在千万广告人和广告学子的共同努力中变为现实。

思考与讨论

1. 在互联网时代，驱动广告和营销不断变革的力量是什么？

2. 互联网思维的特点是什么？广告思维应如何适应数字传播的要求？

3. 广告的发展趋势如何？我们怎么做才会不辱使命？

4. 为什么说我国的“十四五规划”和 2035 年远景目标为广告业的发展提供了广阔的空间？

5. 你的广告理想是什么？在未来的学习中，应该如何成就自己？

---

① 汪豪，汪吉．笔尖：创意文案 42 式．北京：企业管理出版社，2015：84.

附录一

广告学专业推荐阅读著作和期刊

一、著作推荐（80 种）

（一）初阶阅读

1. 刘佳佳，王昕．中国广告公司四十年：1979—2019. 北京：社会科学文献出版社，2020.

2. 杨名皓．奥格威谈广告：数字时代的广告奥秘．庄淑芬，高岚，译．北京：中信出版社，2019.

3. 川上徹也．好文案一句话就够了．涂绮芳，译．北京：北京联合出版公司，2018.

4. 克拉克内尔．真实的广告狂人：统治麦迪逊大道的创意之狼．朱玉犇，刘宇波，译．北京：外语教学与研究出版社，2018.

5. 法兰奇．文案之神尼尔·法兰奇：40 年传奇广告生涯经典广告作品集．鬼鬼，蔡梦获，刘磊，译．广州：广东经济出版社，2017.

6. 罗德曼．认识媒体．邓建国，译．北京：世界图书出版公司北京公司，2010.

7. 奥格威．大卫·奥格威自传．高志宏，徐智明，译．北京：中国人民大学出版社，2008.

8. 魏炬．世界广告巨擘．北京：中国人民大学出版社，2006.

9. 唐锐涛，劳双恩．智威汤逊的智．北京：机械工业出版社，2005.

10. 希金斯．广告文案名人堂．顾奕，译．北京：中国财政经济出版社，2003.

11. 李克．中兴百货广告作品全集：中兴百货与意识形态广告公司．长沙：湖南美术出版社，2001.

12. 迈耶．麦迪逊大道：不可思议的美国广告业和广告人．刘会梁，译．海口：海南出版社，1999.

13. 樊志育．世界广告史话．北京：中国友谊出版公司，1998.

14. 拉斯克尔．拉斯克尔的广告历程．焦向军，韩骏，译．北京：新华出版社，1998.

15. 扬．广告传奇与创意妙招．林以德，连瑜清，李淑娟，译．呼和浩特：内蒙古人民出版社，1998.

（二）中阶阅读

1. 霍普金．顶尖文案：现代广告之父的文案写作技巧．张小默，译．北京：北京理工大学出版社，2020.

2. 贝尔齐 G E，贝尔齐 M A. 广告与促销：整合营销传播视角：第 11 版．郑苏晖，等译．北京：中国人民大学出版社，2019.

3. 莱恩，金，赖克特．克莱普纳广告学：第 18 版．程言，王佳雯，刘倩，等译．北京：中国人民大学出版社，2019.

4. 乐剑峰．文案功夫：成为金牌文案的 6 大核心能力．北京：中信出版社，2019.

5. 何辉．广告创作与分析：从分析作品开始学做广告．3 版．北京：人民出版社，2016.

6. 坎贝尔．千面英雄．黄珏苹，译．杭州：浙江人民出版社，2016.

7. 奥格威．一个广告人的自白：纪念版．3 版．林桦，译．北京：中信出版社，2015.

8. 维尔斯，莫里亚提，米切尔．广告学：原理与实务：第 9 版．桂世河，汤梅，译．北京：中国人民大学出版社，2013.

9. 格瑞芬，莫里森．广告创意大解码：36 位顶尖设计师的创意心路．丁婷，译. 上海：上海人民美术出版社，2012.

10. 塞迪维，卡尔森．广告词的语言魅力：如何成功引爆消费者的注意力．杨雷，译．北京：电子工业出版社，2012.

11. 沃格勒．作家之旅：源自神话的写作要义．3 版．王翀，译．北京：电子工业出版社，2011.

12. 朱丽安妮，朱勒．广告创意战略：第 9 版．杭虹利，李全喜，曹姝婧，等译．上海：复旦大学出版社，2011.

13. 阿伦斯 W，维戈尔德，阿伦斯 C. 当代广告学：第 11 版．丁俊杰，程坪，陈志娟，译．北京：人民邮电出版社，2010.

14. 奥奎因，艾仑，西曼尼克．广告学：第 5 版．兰天，译．大连：东北财经大学出版社，2010.

15. 施拉姆，波特．传播学概论：第 2 版．何道宽，译．北京：中国人民大学出版社，2010.

16. 苏立文．文案发烧．赵萌萌，译，北京：中国人民大学出版社，2010.

17. 金．写作这回事：创作生涯回忆录．张坤，译．上海：上海译文出版社，2009.

18. 凯勒．战略品牌管理：第 3 版．卢泰宏，吴水龙，译．北京：中国人民大学出版社，2009.

19. 杜森伯里．“洞”人心弦：一个广告人的洞见与事件．宋洁，译．上海：上海远东出版社，2008.

20. 博顿．广告文案写作：美国广告界奉为圭臬的文案写作全攻略：第 7 版．程坪，丁俊杰，等译．北京：世界知识出版社，2006.

21. 科特勒．营销管理：第 12 版．梅清豪，译．上海：格致出版社，2006.

22. 舒尔茨，坦纳鲍姆，劳特伯恩．整合营销沟通．孙斌艺，张丽君，译．上海：上海人民出版社，2006.

23. 里斯 A，里斯 L. 品牌之源．火华强，译．上海：上海人民出版社，2005.

24. 邓肯．整合营销传播：利用广告和促销建树品牌．周洁如，译．北京：中国财政经济出版社，2004.

25. 丰信东．小丰现代汉语广告语法辞典．北京：中国青年出版社，2004.

26. 辛普．整合营销沟通：第 5 版．熊英翔，译．北京：中信出版社，2003.

27. 西沃卡．肥皂剧、性和香烟：美国广告 200 年经典范例．周向民，田力男，译．北京：光明日报出版社，2001.

28. 路易斯，匹兹．蔚蓝诡计：颠覆市场的广告创意智库．刘家驯，译．海口：海南出版社，1996.

29. 狄龙，等．怎样创作广告．刘毅志，译．北京：中国友谊出版公司，1991.

30. 海金司．广告写作的艺术．刘毅志，译．北京：中国友谊出版公司，1991.

（三）高阶阅读

1. 拜厄姆．交往在云端：数字时代的人际关系：第 2 版．董晨宇，唐悦哲，译. 北京：中国人民大学出版社，2020.

2. 常江，邓树明．从经典到前沿：欧美传播学大师访谈录．北京：北京大学出版社，2020.

3. 何玉杰．广告隐喻研究．北京：人民出版社，2020.

4. 尼葛洛庞帝．数字化生存．胡泳，译．海口：海南出版社，2000.

5. 韦伯．经济与社会．阎克文，译．上海：上海人民出版社，2020.

6. 詹金斯．融合文化：新媒体和旧媒体的冲突地带．杜永明，译．北京：商务印书馆，2020.

7. 霍普金斯．科学的广告．史雷，译．上海：上海文化出版社，2019.

8. 凯瑞．作为文化的传播：“媒介与社会”论文集：修订版．丁未，译．北京：中国人民大学出版社，2019.

9. 科洛波洛斯，克尔德森．圈层效应：理解消费主力 95 后的商业逻辑．闫晓珊，译．北京：中信出版社，2019.

10. 麦克卢汉．理解媒介：论人的延伸．何道宽，译．上海：译林出版社，2019.

11. 斯道雷．文化理论与大众文化导论：第 7 版．常江，译．北京：北京大学出版社，2019.

12. 特劳特，里夫金．新定位．邓德隆，火华强，译．北京：机械工业出版社，2019.

13. 卡斯特．传播力：新版．汤景泰，星辰，译．北京：社会科学文献出版社，2018.

14. 李普曼．舆论．常江，肖寒，译．北京：北京大学出版社，2018.

15. 里斯，特劳特．定位．邓德隆，火华强，译．北京：机械工业出版社，2017.

16. 周宪．当代中国的视觉文化研究．南京：译林出版社，2017.

17. 阿姆斯特朗．广告说服力：基于实证研究的 195 条广告原理．吴国华，林升栋，康瑾，等译．北京：商务印书馆，2016.

18. 塔尔德．传播与社会影响：英文版．北京：中国传媒大学出版社，2016.

19. 波兹曼．娱乐至死．章艳，译．北京：中信出版社，2015.

20. 霍夫兰，贾尼斯，凯利．传播与劝服：关于态度转变的心理学研究．张建中，李雪晴，曾苑，等译．北京：中国人民大学出版社，2015.

21. 鲍德里亚．消费社会．刘成富，全志钢，译. 4 版．南京：南京大学出版社，2014.

22. 冯捷蕴．广告话语与中国社会的变迁：英文．北京：对外经济贸易大学出版社，2014.

23. 勒庞．乌合之众：大众心理研究．冯克利，译．北京：中央编译出版社，2014.

24. 鞠惠冰．广告文化学．北京：北京师范大学出版社，2013.

25. 史蒂文森．认识媒介文化：社会理论与大众传播．王文斌，译．北京：商务印书馆，2013.

26. 巴尔特，鲍德里亚．形象的修辞：广告与当代社会理论．北京：中国人民大学出版社，2005.

27. 加菲尔德．广告箴言．曾晶，译．北京：中国财政经济出版社，2005.

28. 李尔斯．丰富的寓言：美国广告文化史．任海龙，译．上海：上海人民出版社，2005.

29. 杰哈利．广告符码：消费社会中的政治经济学和拜物现象．马姗姗，译．北京：中国人民大学出版社，2004.

30. 梅萨里．视觉说服：形象在广告中的作用．王波，译．北京：新华出版社，2004.

31. 舒德森．广告：艰难的说服．陈安全，译．北京：华夏出版社，2003.

32. 张金海．20 世纪广告传播理论研究．武汉：武汉大学出版社，2002.

33. 瑞夫斯．实效的广告：达彼思广告公司经营哲学：USP. 张冰梅，译．呼和浩特：内蒙古人民出版社，1999.

34. 舒尔茨，马丁，布朗．广告运动策略新论．刘毅志，编译．北京：中国友谊出版公司，1994.

35. 苏尔马尼克．广告媒体研究．刘毅志，译．北京：中国友谊出版公司，1991.

二、杂志推荐（26 种）

（一）中国部分

1.《中国广告》
2.《现代广告》
3.《广告大观》
4.《广告研究》
5.《新闻与传播研究》
6.《国际新闻界》
7.《现代传播》
8.《新闻大学》
9.《当代传播》
10.《新闻记者》
11.《新闻界》
12.《新闻与传播》（中国人民大学复印报刊资料）
13.《中国电视》
14.《传媒》
15.《当代电视》
16.《中国市场营销》
17.《销售与市场》
18.《国际品牌观察》

（二）外国部分

1. *Advertising Age*（《广告时代》）

2. *Journal of Advertising*（《广告学刊》）
3. *International Journal of Advertising*（《国际广告学刊》）
4. *Journal of Advertising Research*（《广告研究学刊》）
5. *Journal of Marketing*（《市场营销杂志》）
6. *Journal of Marketing Research*（《市场营销研究杂志》）
7. *Journal of Interactive Advertising*（《互动广告杂志》）
8. *Journal of Consumer Research*（《消费者研究杂志》）

附录二

全球七大著名广告奖项简介

夏纳国际创意奖、纽约广告奖、克里奥广告奖、莫比广告奖、伦敦国际广告奖、金铅笔奖、艾菲奖一起被公认为世界七大广告奖项。

一、戛纳国际创意奖

戛纳国际创意节（Cannes Lions International Festival of Creativity），原名为戛纳国际广告节，是全球广告和创意界最具影响力的年度盛事，被誉为广告界的奥斯卡。

戛纳国际创意奖源于戛纳电影节。1954 年，电影广告媒体代理商发起组织了戛纳国际电影广告节，并以威尼斯圣马可广场的狮子雕像作为狮像奖杯的形象标志，希望电影广告能同电影一样受到世人的瞩目。此后，戛纳同威尼斯开始轮流举办此大赛，1977 年戛纳正式成为永久举办地。1992 年组委会又增加报刊、海报与平面的竞赛项目，这使得戛纳广告大奖成为真正意义上的综合国际大奖。2011 年，戛纳国际广告节正式更名为“戛纳国际创意节”。

戛纳国际创意节于每年 6 月中下旬举行。每年有 7 000 多位代表送出 10 000 多件作品角逐戛纳广告大奖。活动为期五天，包含每年于法国戛纳节庆宫举办的狮子奖（ Lions Awards）颁奖典礼。在此期间，各国知名创意人、广告集团高层及各界代表云集于此。利用此机会，广告客户、制作公司、策略部门、创意团队在此开设一系列交流会，共同讨论产业现行议题，洽谈业务。2008 年，第 55 届戛纳国际广告节首次推出“戛纳中国论坛”“中国主题创意风暴日”等多项中国主题活动，中国广告人第一次登上戛纳国际广告节的主讲坛，向世界展示中国的广告文化。

如今的戛纳广告大奖评选涵盖了促销、公关、直效、创意特效、媒体、移动、户外、平面、设计、广播、网络、影视、影视工艺、品牌娱乐内容和整合营销等多个方面。近年主要奖项有平面与户外创意奖、媒体创意奖、直效创意奖、广播创意与钛狮创新奖、设计创意奖、公关创意奖、影片技术奖、创意效果奖、品牌内容与娱乐奖、行动创意奖、科技创新奖、电子商务行销创意奖以及社群及影响者奖等。

戛纳国际创意节还于2012年设立了两项新的竞赛项目。

一是幼狮竞赛（Young Lions Competition，过去名为青年创意竞赛），向30岁以下的广告专业人士开放，以两人一组报名，于戛纳国际创意节期间举行，分为以下7个竞赛项目：平面、网络、影片、设计、青年行销者、媒体以及公关。多数国家或地区会先举行区域竞赛以遴选参加戛纳国际创意节的代表队伍，优胜者可至戛纳国际创意节参与最终竞赛。

二是健康行销创意节。该创意节旨在推广并交流医疗保健、健康卫生及永续发展议题的创意，此举获得各产业特定部门的热烈欢迎。

2013年，戛纳国际创意节又适时推出了新分组科技创新奖，旨在“呈现能促进创造的技术及创意”，并选出十大创业公司。

二、纽约广告奖

纽约广告奖（The New York Festivals，NYF）创始于1957年。当时主要是为非广播电视媒体的全球广告佳作而设。此后二十年间，这项大奖在全美的工业界与教育界取得了非凡的声誉。20世纪70年代，又增添了电视电影广告、电视节目和促销等诸多项目。国际广播广告、节目和促销竞赛项目开始于1982年；印刷广告、设计、摄影图片、图像项目开始于1984年；为了适应技术和科技的发展，全球互联网络奖项亦于1992年正式设立；对于健康关怀的全球奖项也于1994年加入大赛；1995年又添设了广告市场效果奖，以嘉勉那些创意精良且市场销售突出的广告活动。

大赛初审于4月，5月寄出决赛通知书，各分类奖项于5月选出，最大奖项将在6月的第一周最终揭晓。接着，广告节开幕并举行颁奖盛会，全球的广告精英欢聚一堂，煮酒论英雄。获奖者的作品将刊载在《广告时代》（*Advertising Age*）等权威杂志上，并在互联网上和全球的创意爱好者分享这些佳作。所有决赛作品将被收入当年广告年鉴出版发行。

1990年，纽约广告节专门为联合国公共信息部门设立了联合国大奖，授予那些把联合国的宗旨及种种设想诠释得最为出色的公益广告作品。在纽约广告节广告大赛中获得决赛资格的公益作品将成为这个荣誉的候选者。内容包括：和平和安全、妇女优先权、社会进步、健康问题（包括 HIV 和艾滋病）、人权、犯罪与暴力、民主、持续发展和摆脱贫困。公益项目的印刷、广播和电视广告作品的决赛将由联合国的“蓝带”评审团亲自评选，选出金、银、铜奖获得者。近年来每次大赛均有 60 个以上国家和地区的作品参加角逐。

三、克里奥广告奖

克里奥广告奖（Clio Awards，CLIO）是为了纪念古希腊神话中的缪斯女神克里奥而设的，她是掌管艺术和诗歌的女神。该广告奖于 1959 年在美国创立，是规模最大的国际性广告奖项之一，其最大特点就是它突出的艺术性倾向，看重原创作品意图。

克里奥广告奖评委会由数名广告界的知名专家构成，每年 5 月在迈阿密南滩举行颁奖仪式，旨在表彰广告业最富创意的精英，鼓舞和奖励现代文化中最为生动有趣、最富有影响力的艺术形式。这一盛会是对当今世界广告作品的一次总巡视和总检阅，也为人们提供了观摩世界最优秀广告作品的机会。克里奥广告奖的主要奖项如下：

（1）经典荣誉杯奖。参赛的作品首先必须是视频广告，其次是已经发布了五年以上，最后还要求已取得过一次国际性金奖。

（2）单项视频文选奖。要求片长不得超出 180 秒，Betucam、U-matic、录像带均可报名。

（3）单项平面广告奖。其中包含报纸、印刷、招贴与户外等项，参赛时作品需经过装裱，并提供 35 mm 菲林片及媒介发布使用的证明资料。

（4）单项广播广告奖。要求录音带总时长不超过 180 秒。

（5）系列广告奖。为同一品牌广告、同一诉求点所做的系列作品，在影视、平面、广播任一媒体上发布 3 个以上。

（6）整合媒体运动奖。在两种以上的媒体发布了 3～6 种的系列作品。

（7）包装设计奖。

（8）全球互联网设计奖。

所有金奖、银奖的获得者都将受邀出席在纽约举行的克里奥广告奖颁奖典礼。克里奥广告奖的获奖作品，将由每个国家和地区的代表组织赴世界各地做巡回展览。

四、莫比广告奖

莫比（Augustus Ferdinand Moebius）是 19 世纪德国数学家和天文学家，他发现了一种数学上的莫比现象：将一长条的纸扭半转，圈一个圆圈，再把两端相粘，就成了莫比圈。1971 年，美国著名营销专家 J. W. 安德森（J. W. Anderson）在芝加哥创立了莫比广告奖（Moebius Awards），旨在为全球的广告公司、广告制作公司、艺术指导人员以及设计师、电影公司、电视台和广告主提供一个国际性的平台，并从中选出最优秀的作品，使他们能够获得对各自成就的恰当评价。

参赛作品范围十分广泛，电波广告包括广播广告、影视广告，平面广告包括户外广告和印刷品广告（包括招贴、报纸、杂志等）、直邮宣传品、宣传手册以及包装设计等。网络广告另有单独的系列。对电视广告还设立了小成本制作类奖。

莫比广告奖的评委以美国、加拿大等地的著名创意人员为主。作品的评判在美国、加拿大等不同地点进行。评委独立评判，避免了人为的相互影响。评委代表来自不同文化背景及不同规模的公司，领导潮流的主题和国际化的创意表现常常更受青睐。在项目类别上必须对作品整体上进行评判；而创作技巧类则允许依据某一特殊创意因素来进行评估，如广告文案、艺术指导、摄制手法等。虽然每一个类别都设有奖项，但评审要求严格，所以许多项目的大奖会空缺。而同时其他类别中却可能有一个以上的获奖者。只要它们值得嘉奖，评委会并不限制其数目。

在参赛作品送达评委之前，先要听取艺术界、媒体、企业等社会各界代表的意见，也就是说，评审过程加入了消费者的意见。之后，作品被分发到评委手中，经过详细的研究后，每个评委拿出初评意见，再集中到芝加哥的会议室进行最后的评审。尽管过程较长，但评委可以对作品仔细研究，尤其有助于评委细细品味、研究不同地区、不同文化背景的作品，为世界各地的广告人创造尽可能公平的比拼平台。对参赛作品，允许提供英文影视广告脚本，允许提供英文的创意说明。这样，同样为评委充分了解作品提供了良好的条件。

莫比广告奖对作品的分类非常细致，每个类别都分设了金奖（第一名）和杰出创意证书（第二名）两个奖项。广告奖不同于体育比赛，它的目的不是评出“究竟谁第一”，而是“鼓励好作品”。广告不同于艺术作品，对它的评估要考虑经济、市场等各方面的因素。莫比广告奖的评审，尽可能多地考虑了这些客观因素。莫比广告奖认为，对广告作品的评价要基于作品自身水平以及和同类作品的对比。例如汽车广告之间的对比等，就如同在市场竞争中的真实情况一样。同时，也为参赛者提供更为公平的获奖机会。

每年 10 月 1 日，莫比广告奖的参赛作品在芝加哥汇集，12 月中旬评选工作结束，转年 2 月在美国芝加哥城文化中心及广播通信博物馆举行全球瞩目的盛大颁奖仪式。随后，获奖作品在世界各地巡展，作为业界观摩之用。

五、伦敦国际广告奖

伦敦国际广告奖（London International Advertising Awards，LIAA）于 1985 年正式创立，是最漫长的广告节。所有参赛作品在 6 月即被要求送达组委会，每年 11 月在英国伦敦开幕并颁奖。所有的获奖者都将得到一个展翅飞翔的超现实主义的人形铜像。

伦敦广告奖的评委来自世界各地，他们有着不同的背景（包括创意大师、电影/电视导演、录音编导及制作专家等），创意是共同且唯一的评奖标准。该比赛同时也为所有媒体作品设立了一项大奖，从获奖者中推选出的评奖主席将一票认定最终大奖的归宿。

伦敦广告奖的分类极具特色，不仅在三大媒体（平面、影视、广播）项目上分类细致，而且在包装设计、技术制作上也划分详尽，充分体现了该项评奖在创意概念、设计手法、技术制作等方面多项并重的特色。奖项分为平面类别、广播类别、电影/电视类别、技巧评选项目、产品类别、包装设计类别等。

六、金铅笔奖

金铅笔奖（The One Show）由美国 One Club 创办的面向高校在校学生以及 28 岁以内的年轻创意人设立的青年创意、设计竞赛。

1920 年，纽约艺术指导俱乐部与文案俱乐部两个相对独立的广告组织在美国纽约成立。1974 年，两个俱乐部的广告奖进行合并，共同设立了金铅笔奖。金铅笔的含义，源于柯南道尔领导的创意革命中提出的艺术指导与文案一体化的概念。在金铅笔奖设立之前，广告奖项一般把重点放在视觉与文案上，但 One Club 向广告界宣称，将把创意作为一个作品是否有机会赢取金铅笔奖的主要标准。这种新颖的主张使金铅笔奖迅速从纽约最佳广告奖项一跃成为全美乃至全球最佳广告奖项。

后来，金铅笔奖的涉及领域日益扩大。1994 年，金铅笔奖创立了教育部门并设立年度最佳学生作品展，使金铅笔奖成为世界权威级广告大奖中唯一注重学院风格的奖项。也正是基于这种远见，各种互动类作品早在1996年就出现在金铅笔奖中。

作为一个世界性的广告奖项，金铅笔奖除了在美国举办每年一度的广告节外，更注重与世界其他国家和地区的交流，如南美的巴西、阿根廷，非洲的南非，亚洲的新加坡、中国，以及欧洲的许多国家。2000年金铅笔奖登陆中国（One show中华）后，引起了中国广告创意界和教育界的极大关注与参与。2020年，One Show中华升级为亚太赛事。2021年One Show中华正式更名为“万亚国际创意奖”（One Asia）。其中，人们熟知的One Show上海国际创意周便是One Show国际创意节在大中华区举办的顶级区域性活动。

金铅笔奖的获奖作品展览每年如期举行。在此期间，组委会邀请国际广告界顶级讲师跟随广告展览一起远赴各地举办免费讲座，以加强各国之间的广告交流，推动广告业的共同发展。

七、艾菲奖

艾菲奖（Effie Awards）由美国市场营销协会于1968年创立，是为表彰每年度投放广告达到目标，并获得优异成绩的广告主、广告公司所专门设置的广告奖项。它与戛纳国际创意奖、克里奥广告奖等国际奖项的区别在于，它更集中关注广告带来的实际效果，即awarding the ideas that work——创意，以实效论英雄！

艾菲奖每年评选一次，旨在表彰当年最具实效的营销传播创意——这些创意完成了预定的目标，取得了卓越的成就，从而为推广有效的营销传播树立了标杆。自1968年起，赢得艾菲奖已被视为取得国际性成就的证明。中国广告协会于2003年底与美国市场营销协会签署协议，正式引进艾菲奖。中国艾菲奖在全套引进国际（美国）艾菲奖的完整理论、评估体系的基础上，根据中国市场情况，以广告运动、营销手段、传播效果、创意创新程度为主要评估指标，是中国境内唯一一个官方引入的国际大奖，它是以品牌传播运动（campaign）为评估对象的营销传播大奖（marketing communication awards）。中国艾菲奖与美国、法国、德国等其他成员国的艾菲奖一样，每年评奖一次，使用同一标志，执行同一评审标准，并具有同等的国际权威性，是中国与国际营销传播界接轨的象征和体现。

时至今日，艾菲奖通过艾菲全球奖、两个区域奖项和40多个国家奖项来表彰全世界范围内的有效营销传播。

除了这些奖项之外，影响较大的广告奖项还有长城奖和黄河奖、虎啸奖、釜山国际广告节奖、龙玺广告奖、时报广告金像奖、广州日报奖、亚太奖青年创意大赛奖、迪拜 LYNX 广告奖、瑞士蒙特勒广告奖、美国奥比户外奖、南非洛瑞广告奖、国际金鼓奖、欧洲平面广告奖等。

中国广告经营情况统计表（1981—2018年）

年份 \ 项目	全国广告营业额（亿元）	广告费占国内生产总值比重（%）	人均广告费（元）	全国广告经营单位数（户）	全国广告从业人数（人）	广告从业人员人均营业额（元）
1981	1.180	0.024	0.117	1 160	16 160	7 302
1982	1.500	0.028	0.147	1 623	18 000	8 333
1983	2.340	0.039	0.227	2 340	34 853	8 716
1984	3.652	0.051	0.350	4 077	47 529	7 729
1985	6.052	0.067	0.571	6 052	63 819	9 783
1986	8.447	0.082	0.786	6 944	81 130	10 412
1987	11.120	0.092	1.017	8 225	92 279	12 050
1988	14.929	0.099	1.345	10 677	112 339	13 313
1989	19.989	0.118	1.774	11 142	128 203	15 529
1990	25.017	0.134	2.188	11 123	131 970	18 957
1991	35.089	0.161	3.030	11 769	134 506	26 088
1992	63.221	0.252	5.792	16 652	184 279	34 307
1993	126.437	0.379	11.314	31 744	310 638	40 702
1994	2 00.262	0.414	16.709	43 046	410 094	48 833
1995	273.269	0.450	22.562	48 082	477 371	57 245
1996	366.637	0.515	29.957	52 871	512 087	71 596
1997	461.963	0.585	37.368	57 024	545 788	84 642
1998	537.832	0.637	43.528	61 730	578 867	92 910
1999	622.050	0.694	49.760	64 882	587 474	105 886
2000	712.663	0.718	55.895	70 747	641 116	111 160
2001	794.887	0.725	62.101	78 339	709 076	112 102
2002	903.146	0.751	71.679	89 552	756 414	119 398
2003	1 078.684	0.794	82.980	101 786	871 336	123 796
2004	1 264.560	0.791	97.283	113 508	913 832	138 380
2005	1 416.348	0.773	108.328	125 394	940 415	150 609
2006	1 573.001	0.742	119.670	143 129	1 040 099	151 236
2007	1 740.962	0.698	132.890	172 615	1 112 528	156 480
2008	1 899.561	0.632	145.010	185 765	1 266 393	150 000
2009	1 984.475	0.609	152.910	204 937	1 333 087	148 863
2010	2 340.507	0.588	175.350	243 445	1 480 525	158 086
2011	3 125.552	0.663	234.120	296 507	1 673 444	186 773
2012	4 698.270	0.900	351.970	377 778	2 177 840	215 730
2013	5 019.745	0.880	376.070	445 365	2 622 053	191 443
2014	5 605.603	0.900	419.560	543 690	2 717 939	207 407
2015	5 793.410	0.860	421.460	671 893	3 072 542	188 554
2016	6 489.130	0.880	469.300	875 146	3 900 384	166 372
2017	6 896.410	0.870	496.120	1 123 059	4 381 795	157 388
2018	7 991.480	0.910	572.700	1 375 892	5 582 253	698 525

资料来源：根据《中国广告年鉴》等历年资料整理。

后记

撰写一部广告学专业导论的想法已经产生很久了。原因有三：其一，中国改革开放这么久了，广告对社会经济发展和大众生活方式改变的贡献有目共睹。但遗憾的是，社会上仍然有不少人对广告的认知存在很大的误区。不久前，一位中国著名的广告学者指出："许多人，对广告有成见、有误解。更搞笑的是，一些主管省市经济发展的领导，对广告几乎一无所知。很难相信这样的领导能把当地的经济发展搞好。"其实，这种情况在教育界也不罕见。一位友人曾告诉我这么一件事：2002年，他所在的某高校设立了广告学专业并开始作为新闻传播类招生。不久，他向当时的学院领导申请转入广告学专业执教，领导不同意，理由是广告是画画，你学的是经济学，不懂画画不能去。尽管他进行了解释说明，可效果甚微。更令人啼笑皆非的是，该校后来进行全校专业调整时，一位校级领导说，广告就是写写画画，应当并入艺术设计专业之类。后来，还真的这样做了。结果，搞了几年，还是分开了。此事传为笑谈。

其二，很多广告学专业新生对广告的认知十分模糊。笔者有幸担任广告学系主任多年，在主持教学工作的过程中发现，绝大部分初入校的广告学子其实是广告"小白"，根本不知道这个专业的内涵、价值、意义与使命，也不知道如何去学习这个专业，应该读哪些书，应该掌握哪些基本技能，将来能干什么。有的是冲着这个专业的名称听起来时尚、很酷而填报的，有的是认为自己正好有一定的美术基础而选报的，有的则是在别人的影响下选择这个专业的。有的同学反映，他原来不知道大学还有广告学专业，只是在阅读填报志愿手册时才知道的。有些人虽然知道大学有广告学专业，但认为广告所从事的职业不是开打印店的，就是散发传单、贴小广告的，没啥出息。凡此种种，不一而足。可见，无论是在社会大众中，还是在大学生中，都有相当多的人不仅不了解广告学专业，而且还存在较多的误解甚或偏见。

其三，从课程设置来看，以前大多数高校的专业教学方案是，在大一的时候就给广告学专业的学生开设广告学概论课。顾名思义，概论应当是对广告理论和广告运作的理论概括，具有系统性、纲领性、前瞻性、引导性的特点。但目前我们的教材尚未达到这一点。很多教材名义上是概论，实际上是广告知识和基本理论内容的浓缩。问题是，概论课程学完不久，在后续的一系列专业课程学习中，学生感到几乎每门课中都有些内容在概论里已经学过，有似曾相识、知识点重复之感。笔者认为，当学生从中学来到大学，刚接触新专业时，对专业的认知极为有限，迫切需要给他们一个专业性的说明与指导，使他们很快认清专业的性质、意义、要求、课程设置、学习方法、就业方向以及发展趋势等问题，以坚定他们的专业信心，激发他们的学习斗志，明确他们努力的主要方向。因此，在教学计划中，广告学专业导论课程前置，是非常有必要的。

事实证明，经过广告学专业导论课程的学习后，同学们普遍反映，这门课开得很及时，十分有必要，让他们对广告的认识发生了极大的改变。有的学生说："我原来是报别的专业的，但在录取时被调剂到了这个专业，一度很沮丧。但广告学专业导论课就像黑暗中的一道光，照在了我的眼前，将我原本模糊的专业认知彻底照亮，我从此懂得了广告的价值与使命，也有了前行的勇气与决心。我为专业调剂而感到庆幸。"还有的学生写道："就像看一座山一般，远看，你只会感慨这座山的巍峨高耸，但只有登上这座山的时候，你才会感受到山上的风景是多么壮丽神奇。广告就是这样一座山，当你初次见它时，或许对它感到不屑或未知，渐渐地，专业导论课就像一只无形的手，为你拨开迷雾，看清广告的意义与未来：为客户创造价值，为消费者沟通信息。这是一件既有意义也有创意的事业，值得为之奋斗、付出！"

欣闻在当前新文科教学改革中，许多双一流大学的广告学专业都为新生开设了专业导论课程，这是一个可喜可贺的现象，它表明我们的广告学专业课程的设置越来越科学合理了。

在此，感谢各位好友、家人的鼓励与支持，感谢中国人民大学出版社翟江虹等编辑的辛勤付出。你们“为悲戚之人带来欢欣，助怀才之人追逐梦想”，善莫大焉。

何玉杰

2021年5月写于故乡新兴

图书在版编目（CIP）数据

广告学专业导论/何玉杰著. -- 北京：中国人民大学出版社，2022.8
新编21世纪新闻传播学系列教材
ISBN 978-7-300-30839-5

Ⅰ.①广… Ⅱ.①何… Ⅲ.①广告学-高等学校-教材 Ⅳ.①F713.80

中国版本图书馆CIP数据核字（2022）第128423号

新编21世纪新闻传播学系列教材
广告学专业导论
何玉杰 著
Guanggaoxue Zhuanye Daolun

出版发行	中国人民大学出版社		
社　　址	北京中关村大街31号	**邮政编码**	100080
电　　话	010－62511242（总编室）		010－62511770（质管部）
	010－82501766（邮购部）		010－62514148（门市部）
	010－62515195（发行公司）		010－62515275（盗版举报）
网　　址	http://www.crup.com.cn		
经　　销	新华书店		
印　　刷	北京联兴盛业印刷股份有限公司		
规　　格	185 mm×260 mm　16开本	**版　　次**	2022年8月第1版
印　　张	14 插页1	**印　　次**	2022年8月第1次印刷
字　　数	252 000	**定　　价**	39.90元